国家出版基金项目
NATIONAL PUBLICATION FOUNDATION

清代战争全史 ◎ 李治亭 杨东梁 主编

·第五卷·

清代台湾战争

袁飞 著

中山大学出版社
SUN YAT-SEN UNIVERSITY PRESS

·广州·

版权所有　翻印必究

图书在版编目（CIP）数据

清代台湾战争/袁飞著.—广州：中山大学出版社，2020.12
（清代战争全史/李治亭，杨东梁主编；第五卷）
ISBN 978-7-306-07031-9

Ⅰ.①清…　Ⅱ.①袁…　Ⅲ.①战争史—中国—清代　Ⅳ.①E294.9

中国版本图书馆 CIP 数据核字（2020）第 215772 号

QINGDAI TAIWAN ZHANZHENG

出 版 人：	王天琪
策划编辑：	徐　劲
项目统筹：	李　文　赵丽华
责任编辑：	麦晓慧
封面设计：	刘　犇
责任校对：	姜星宇
责任技编：	何雅涛
出版发行：	中山大学出版社
电　　话：	编辑部 020-84111946，84113349，84111997，84110779
	发行部 020-84111998，84111981，84111160
地　　址：	广州市新港西路 135 号
邮　　编：	510275　传　真：020-84036565
网　　址：	http：//www.zsup.com.cn　E-mail：zdcbs@mail.sysu.edu.cn
印 刷 者：	广州市友盛彩印有限公司
规　　格：	787mm×1092mm　1/16　16 印张　270 千字
版次印次：	2020 年 12 月第 1 版　2022 年 11 月第 2 次印刷
定　　价：	48.00 元

如发现本书因印装质量影响阅读，请与出版社发行部联系调换

总　序

李治亭　杨东梁

2015年春夏之交，中山大学出版社策划了一个选题——清代战争史，并盛情邀请我们主持其事，组织撰写团队。

这实在是机缘巧合，我们都曾研究过清代战争史，发表过相关论著，期待将来能写出一部完整的清代战争史。多少年过去了，终因种种缘故，迟未动笔。现在，中山大学出版社有此创意，我们自然乐于玉成！于是，就设计出一套共九册的"清代战争全史"丛书，并约请了九位研究有素的中青年学者共襄此举。在本丛书的撰写接近完成之际，有必要把我们对有清一代战争的认识及本丛书撰写思路披露于众，以与各册的具体阐述相印证，也许读者会从中获得对清代战争的新认识。

一

提起战争，即使未经历过战争的人们也会懂得：战争就是杀戮、毁灭、灾难……尽管人们厌恶战争，但战争或迟或早总是不断发生。数千年来，在世界各地发生的大小战争不计其数。仅世界性规模的大战就有两次，几乎将全人类都卷入其中。即使今天，战争也仍然在地球上的某个地方进行着。可以说，战争与人类相伴相随，自从产生了私有制，形成不同利益的阶级及集团，战争便"应运"而生。人类的历史证明，战争是人类生活的一部分，在其要爆发的时候一定会爆发，实非依人们的意志为转移。

在中国数千年漫长的历史进程中，充斥着无数的战争记录，二十四史中哪一个朝代没有发生过战争？从传说中的黄帝大战蚩尤开端，到有文字记述的夏、商、周时代，战争从未间断过。史称"春秋战国"时期的四五百年间，实则是"战争年代"，从上百个诸侯国，兼并成七国，最后，秦战胜诸国，一统天下。自秦始，王朝的兴替，哪个不是通过战争来完成的（只有个别王朝通过政变或所谓禅让获得政权）！再者，几乎每一代中原王朝都面对北方及其他边疆地区的"夷""狄"政权，彼此冲突不断，战祸惨烈，又远胜过地方割据与农民起义。其历时之久长、战事之激烈、规模之庞大，为世界所仅见。例如：

西周末年，西夷"犬戎"族攻到骊山，杀死了西周最后一位国君周幽王。

匈奴与中原王朝之争，自周秦，历两汉，至魏晋，几近千年，战争不断。

隋朝西北与突厥，东北与高句丽，征战频繁，终至亡国。

唐朝与突厥、高句丽的战争也是烽火连天。

北宋先与契丹族建立的辽王朝争战数十年；以后女真族崛起，建立金王朝，先灭辽，再灭北宋；继而蒙古族崛起，先后灭西夏和金，建立元王朝，再灭南宋，一统天下。

明朝建立后，与北方蒙古族的战争持续了很久，与东北女真族的战争也时断时续。努尔哈赤统一女真各部后，又与明军在辽东地区征战了近30年，直至明亡。同时，明政权与西南土司之间的战争，也旷日持久。

以上所列，主要是中原中央王朝与边疆各民族之间的战争，不过举其大略，具体战役则不胜枚举。

贯穿中国古代史的反封建战争，是农民起义。历朝历代都发生过规模不等的农民起义。其中，陈胜、吴广起义敲响了大秦帝国的丧钟；赤眉、绿林起义导致了新莽政权的覆灭；东汉末年的黄巾起义动摇了东汉王朝的根基；唐末黄巢领导的农民起义，声势浩大，席卷全国；元末的农民大起义，历时近20年激战，终把元朝推翻；明末的农民大起义，持续17年，直至攻占首都北京，宣告明朝灭亡！

这是清朝以前历代农民战争之大略，其战役何止千百次！

还有一类战争，即统治阶级内部各政治、军事集团之间的战争。例如：西汉宗室吴王刘濞发动的"七国之乱"；东汉末年的军阀混战，进而演变成"三国鼎立"；西晋的"八王之乱"及少数民族进入中原，最后形成南北朝的对立；唐中叶后有藩镇反唐的"安史之乱"；明初则有燕王朱棣起兵夺位的"靖难之变"；等等。这些战争，都属于统治阶级内部为争夺最高统治权而引发的武装斗争。

以上各类战争中，绝大多数属于中华民族内部各阶级、阶层，各民族，各政治集团之间的战争，并不存在近代意义上的国与国之间的战争。少数例外的是中原王朝对高句丽、安南的战争以及明万历年间援朝抗倭的战争。

清朝以前的历代战争，大略如此。

下面，有必要对清代战争做一全面回顾，以扣本丛书主题。

以明万历十一年（1583）努尔哈赤起兵创业为开端，迄宣统三年（1911）清帝退位，共历328年，战争的历史贯穿了清史的全过程。若与历代战争相比，有清一代展示了各类战争的全貌，其战争次数之多、战争时间持续之久、战争规模之大，可以说，超过了以前任何一个朝代！

第一，清统一全国之战。以努尔哈赤创业为起点，以康熙二十二年（1683）收复台湾为标志，实现了国家统一，其间恰好是100年！在这一个世纪的战争中，历经女真诸部统一之战，明（包括南明政权）清之战，与李自成大顺军、张献忠大西军之战，与台湾的郑氏政权之战，还有清军与部分地区抗清武装之战，等等。在中国历史上，还没有一个王朝经历过如此之久的统一战争！

第二，清朝同西北准噶尔分离势力展开的战争。始自康熙二十九年（1690）征剿噶尔丹，经雍正朝，至乾隆二十四年（1759），历70年。先后同噶尔丹策零、达瓦齐、策旺阿拉布坦、阿睦尔撒纳等为首的分离势力展开不间断的征战；又在南疆回部，平定了大小和卓之乱，始将新疆完全纳入版图。道光时，大和卓博罗尼都之孙张格尔发动叛乱，清军反击，历三年将其平定。同光年间，又有浩罕军官阿古柏入侵，勾结国内分离势力占领天山南北，经左宗棠率兵西征，新疆才得以重归版图。

第三，雍正五年（1727），在西南少数民族地区实行"改土归流"，引起部分土司反抗，遂爆发平定土司的大规模征战。至乾隆时，战事再起，此即大、小金川之战。

第四，康熙年间，西藏动乱，清军进藏，驱逐准噶尔叛乱势力；乾隆年间，廓尔喀（今尼泊尔）入侵我国西藏，清军迎击，终将其击溃。

清代农民战争的规模也超过历代水平。先有嘉庆元年（1796）爆发的白莲教大起义，后有道光末年爆发的太平天国起义。白莲教起义使清王朝元气大伤，成了清朝由盛转衰的转折点。太平天国起义则始于广西，挺进两湖,沿长江顺流东下,奠都江宁(今南京),清王朝竭尽全力,耗时14年才将其镇压下去。同时,北方还有捻军起义,角逐于中原地区;在云贵等地,则有回民、苗民起义。在台湾岛,康熙时有朱一贵、乾隆时有林爽文先后两次起义。嘉庆时,天理教在山东、河南起义;更有部分天理教徒闯进北京皇宫,造成古今之"奇变"!

由清圣祖决策撤藩引发了"三藩之变",平西王吴三桂率先反清,其他两个藩王(靖南王耿精忠、平南王尚之信)随即响应。战乱波及八省,持续八年,以吴三桂等失败而告终。清代统治阶级内部为争夺政权引发的战争,仅此一例。

清代还有以前历朝所不曾经历过的战争,即康熙年间的两次雅克萨抗俄之战,以及近代以来反抗西方殖民主义侵略的战争。正如人们所熟知的,诸如第一次、第二次鸦片战争,中法战争,中日甲午战争(包括台湾军民抗击日本侵略之战),八国联军侵华及义和团反帝之战,沙俄侵占东北及东北义军抗俄之战,英军入侵西藏之战,等等。自道光二十年(1840)以来,迄光绪二十六年(1900),西方列强(包括东方后起的日本军国主义)侵华与中国军民的反侵略战争,前后持续了60年。

清代战争史上的收官之战,当属革命党人发动的武昌起义。此战一打响,便敲响了清王朝的丧钟。不久,宣统皇帝退位,清朝就此灭亡!清代的战争史至此谢幕。

以远古黄帝战蚩尤的涿鹿之战为开端,至清代最后一战——辛亥革命,共历4600余年。可见,中国战争史之漫长,在世界战争史上恐怕也是独一无二的!至此,人们不禁会发出疑问:战争何以不断发生?直到当今文明高度发达的时代,世界上战争不但没有停止,规模反而更大,杀伤力更强,破坏程度更深,其原因是什么呢?这就不能不牵涉到战争的本质问题。

19世纪上半叶,普鲁士杰出的军事战略家克劳塞维茨在其不朽的《战争论》中,阐述了关于战争的一个基本思想:"战争无非是政治通过另一种手段的继续。"① 毛泽东进一步发挥了克氏的观点,更明确地说:"政治是不流血的战争,战争是流血的政治。"② 他在《中国革命战争的战

---

① [德]克劳塞维茨:《战争论》(中文版),第25页,陕西人民出版社,2001。
② 《毛泽东选集》第二卷,第447页,人民出版社,1966年横排本。

略问题》中，又具体指明，战争是"用以解决阶级与阶级、民族与民族、国家与国家、政治集团与政治集团之间的矛盾的一种最高的斗争形式"①。总之，战争是关系到国家、民族、阶级、政治集团命运的生死搏斗，是一种特殊的社会活动形态。远离战争，和平发展，一直是人类社会孜孜以求的梦想。但现实的世界却是残酷的。只要世界上还存在着阶级，还存在着国家，战争就不会消灭。因此，我们必须不断地了解它的来龙去脉，研究它的发展规律。

战争的实践也推动人们开展对战争的研究，总结其胜败的经验与教训，并在认识战争的过程中提出种种军事理论主张，用以指导战争，以获取战争的胜利。如同政治、经济、文化诸领域的学术研究一样，军事学、战争论也是一门特殊的学问。春秋战国之交，这门学问被称为"兵家"，与儒、墨、法、名及黄老等学说并列为"诸子百家"。孙武、吴起、孙膑、尉缭等都是兵家的代表人物，他们的著作《孙子兵法》《吴子兵法》《孙膑兵法》《尉缭子》，及战国时由齐国大夫合编的《司马法》（即《司马穰苴兵法》），流传百世。其中，以《孙子兵法》最为著名，已成千古不朽之作，它所阐发的军事思想及作战原则与规划，为历朝历代所继承，用作战争攻防的指南。如今，《孙子兵法》早已走出国门，为世界各国兵家所公认，如美国西点军校便将此书列为教学的必读之书。

值得注意的是，自秦汉以后，尽管战争并未减少，也出现了一些军事家、战略家，但军事理论的研究却相对薄弱。宋代曾公亮、丁度等编辑了《武经总要》，朱服等人校订了我国古代第一部军事教科书——《武经七书》（即校订《孙子》《吴子》等七部兵书）。明代戚继光撰《纪效新书》，颇有影响；茅元仪辑《武备志》，汇集兵家之书2000余种，算是略有成效。到了文化繁盛的清代，典籍如林，著述山积，唯独兵书不足；学者之众，文艺千万，"兵家"却寥若晨星！何以至此？历来以"战"为国之"危事"，视为凶险，故学者罕有论兵之人；又清代科举制度盛行，文人沉湎于八股，武人少通文墨，故兵家论述稀见。总之，不论什么原因，自秦汉以降，迄清代，有关军事、战争的研究并没有超越前代。

---

① 《毛泽东选集》第一卷，第155页，人民出版社，1966年横排本。

二

中国几千年来历朝历代之兴亡盛衰,战役、战斗无数,内容丰富而厚重,适足以构成一部系统的中国战争通史!其中,清代战争史就是中国战争通史中最精彩的篇章之一。

清朝是我国历史上最后一个封建王朝,它处在从传统社会向近代社会转型的重要历史时期,处在中西文化碰撞、交流,中国逐渐卷入世界历史漩涡的特殊时代,各类社会矛盾错综复杂,不同性质的战争此起彼伏,不但对当时而且对以后的中国社会都产生了深刻影响,留下了许多宝贵的经验教训,这些都是后人要认真研究和总结的。那么,学术界又如何对其展开研究,并取得了哪些成就呢?下面就做一简单的学术回顾。

早在20世纪初,清亡前后,国人耻于列强侵华、中国丧权辱国,刘彦的《鸦片战争史》于1911年出版。其后,又有两部鸦片战争史问世。1929年,王钟麟的《中日战争》,由商务印书馆出版;1930年文公直的《最近三十年中国军事史》,由太平洋书店出版。至40年代,谢声溢的《中国历代战争史》(1942)、黎东方的《中国战史研究》(1944)等也相继出版。

中华人民共和国成立前,有关中国战争史的探讨不过如此,已出版的这几部战争史,尚缺乏深入、全面的研究。专门研究整个清代战争史、中国近百年战争史的著作则付之阙如。正如毛泽东在《改造我们的学习》一文中指出的:中国"近百年的经济史、近百年的政治史、近百年的军事史、近百年的文化史,简直还没有认真动手去研究"[①]。该文写于1941年,距1840年鸦片战争爆发约100年。

这种状况在中华人民共和国成立后稍有改变。但有关战争史的研究,明显偏重于中国近代战争及历代农民战争。例如,1950年至1955年间,先后出版了与《鸦片战争》同名的五本通俗读物,仅有一部可算作学术著作,即姚薇元的《鸦片战争史实考》(新知识出版社1955年版)。1955年至1965年,魏建猷、方诗铭、来新夏、蒋孟引等四位学者,分别撰写出版了关于第二次鸦片战争研究的著作。此外,牟安世的《中法战争》(上

---

① 《毛泽东选集》第三卷,第756页,人民出版社,1966年横排本。

海人民出版社1955年版）也于此时出版。中日甲午战争是当时的一个研究热点：贾逸君的《甲午中日战争》（新知识出版社1955年版）、郑昌淦的《中日甲午战争》（中国青年出版社1957年版）、陈伟芳的《朝鲜问题与甲午战争》（生活·读书·新知三联书店1959年版）、戚其章的《中日甲午威海之战》（山东人民出版社1962年版）等，也于这一时期问世。

农民战争史研究，主要集中在太平天国运动、义和团运动以及各地农民起义几个主题。史学领域堪称"热门"的有关太平天国史的著作就有八部之多。其中，较有影响的成果，当推罗尔纲的《太平天国史稿》（中华书局1957版）、戎笙的《太平天国革命战争》（生活·读书·新知三联书店1962年版）等。史学界还关注清代中叶以后的农民起义，如白莲教、天理教、捻军、苗民以及上海小刀会、山东宋景诗等农民起义，发表的论著颇多。再有就是关于辛亥革命史的研究，成果如陈旭麓的《辛亥革命》（上海人民出版社1955年版）、章开沅的《武昌起义》（中华书局1964年版）、吴玉章的《辛亥革命》（人民出版社1961年版），但这些还算不上纯粹的战争史著作。

概括这一时期的战争史研究，著作者的本意似乎不在军事与战争本身，战争不过是外在形式，着眼点则在于阐发阶级斗争理论。故其研究远未深入。虽然这些著作不失为爱国主义教材，但终归学术含量不足。

十年"文革"动乱，极"左"思潮泛滥，学术凋零，整个历史学研究领域被"影射史学"笼罩，更何谈战争史研究？

改革开放，拨乱反正，迎来了史学研究的春天，战争史研究也呈现出空前盛况。军事科学院率先推出全三册的《中国近代战争史》（军事科学出版社1984—1985年版），这应该是第一部较为完整的中国近代战争史，具有学术开创意义。但这一时期研究成果仍然集中在鸦片战争、太平天国、中日甲午战争、辛亥革命等专题[①]，属于旧题新作。值得称道的是，

---

① 这些著作是：茅家琦等《太平天国兴亡史》，上海人民出版社，1980；金冲及、胡绳武《辛亥革命史稿》，上海人民出版社，1980；章开沅、林增平《辛亥革命史》，人民出版社，1981；郦纯《太平天国军事史概述》，中华书局，1982；孙克复、关捷《甲午中日海战史》，黑龙江人民出版社，1981；戚其章《甲午战争史》，人民出版社，1990；罗尔纲《太平天国史》，中华书局，1991；茅海建《天朝的崩溃：鸦片战争再研究》，生活·读书·新知三联书店，1995；萧致治《鸦片战争史》，福建人民出版社，1996；等等。

这些著作摒弃了"阶级斗争为纲"的治学理念,实事求是地表达了作者较新的学术见解。另一部较有代表性的著作,当推戴逸、杨东梁、华立的《甲午战争与东亚政治》(中国社会科学出版社1994年版)。该书不但进一步阐释了战争与政治的关系,而且把甲午战争史的研究内容扩展到整个东亚地区。该书为纪念甲午战争一百周年国际学术研讨会的推荐图书,并由日本学者翻译成日文,在日本出版。

　　从军事学眼光看,这些"战争史"还不是严格意义上的战争史之作,说到底,仍是政治观念的图解。从战争史的角度讲,尚没有明显的突破。

　　改革开放时期,战争史研究新进展的突出表现之一,是开拓新领域,研究新课题,产生新成果。例如,明、清(后金)战争持续近半个世纪,其战争史内容极为丰富,多少年来,一直无人问津。直至1986年,孙文良与李治亭的《明清战争史略》(辽宁人民出版社1986年版)问世,才弥补了该项学术空白。该书2005年江苏教育出版社再版,2012年中国人民大学出版社重版,可见此书已得到社会认可。

　　民国以来,清代战争史研究一直局限在鸦片战争、太平天国运动、甲午战争、辛亥革命、义和团运动等几个重大历史事件的范围内,其中鸦片战争史10余部、甲午战争史近10部。学界和读者急需一部清朝军事或战争通史。迟至1994年,杨东梁、张浩的《中国清代军事史》(人民出版社版)问世,才填补了这一重要空缺。尽管军事史与战争史还是有差异的,但该书也勾勒出清代战争的基本状况。稍晚,1998年多卷本《中国军事通史》(军事科学出版社版)出版,其第十六卷为由邱心田、孔德骐撰《清前期军事史》,第十七卷为由梁巨祥、谢建撰《清后期军事史》。同年,杨东雄、杨少波的《大清帝国三百年战争风云录》(中原农民出版社版)问世。

　　2000年以后,有关清代战争史、军事史的研究成果层出不穷,又形成一个不大不小的高潮。世纪之初,有郭豫明的《捻军史》(上海人民出版社2001年版)、廖宗麟的《中法战争史》(天津古籍出版社2002年版);到2015年,则有十几部鸦片战争史出版,内容大同小异,如欧阳丽的《鸦片战争》、李楠的《鸦片战争》、张建雄的《鸦片战争研究》、刘鸿亮的《中英火炮与鸦片战争》、张建雄与刘鸿亮的《鸦片战争中的中英船炮比较研究》等。中法战争史研究也推出新书,如汪衍振的《中法战争》(中国青年出版社2012年版)。甲午战争史亦有新著面世,如许华的《再见甲午》（人民出版社 2014 年版）、杨东梁的《甲午较量》（中国青年出版社 2015 年版）等。

与此同时，有两部中国战争通史出版。一部为《中国历代重大军事战争详解》，全九册，其第八册为《清代战争史》，第九册为《近代战争史》，由吉林文史出版社于 2006 年出版。另一部是武国卿与慕中岳的《中国战争史》，其中第七卷为"清朝时期"，这部多卷本中国战争通史于 2016 年由人民出版社出版。

值得注意的是，台湾地区学者也颇关注清代战争史研究。早在 1975 年，罗云的《细说清代战争》由台北祥云出版社出版。自 1956 年始，台湾又集中全岛军事专家与史学家合力编纂《中国历代战争史》，历时 16 年，至 1972 年书成，1976 年由黎明文化事业公司出版。该书出版后，复成立"修订委员会"予以审订，至 1979 年完成。全书共 18 册，近 500 万言。其中，第十五册至第十七册为清朝战争史，最后一册（第十八册）为太平天国战争史。这是一部中国战争全史的鸿篇巨制，实属空前之作。该书"修订委员会"阵容强大：由蒋经国任主任委员，聘请钱穆、王云五、陶希圣、蒋复璁、黄季陆、方豪等学术名家出任委员。其规模之庞大、内容之翔实、文笔之流畅是有目共睹的，但在史观把控、材料搜集、学术规范等方面仍有可斟酌之处。

任何一部史书都难称完美无缺，必然要受到认识水平和客观条件的限制，因此，存在一些缺陷也是不足为怪的。已经面世的战争专史或通史，必将为其后的战争史研究提供借鉴。我们撰写"清代战争全史"时，上面提到的研究成果俱有参考价值。

纵观以往百年特别是改革开放以来清代战争史研究的状况，我们觉得有三点是值得思考的。

其一，研究的着重点不平衡。从各时期战争史出版的状况看，一个明显的现象是：其内容主要集中在鸦片战争、中日甲午战争、中法战争、太平天国运动、义和团运动、辛亥革命等主题，仅鸦片战争史就多达 20 种，其他的也有四五种或七八种。相反，清兵入关前以及清朝前中期，虽然战事频发，内容丰富，却少有学者问津，研究成果不多。其中原因，一方面是自中华人民共和国成立后，近代史从清史中分离出来，成为一个独立的研究领域，并且成为显学。这固然是政治思想教育的需要，但对完整的清史研究不能不产生一定影响。另一方面，研究经费不足、研究人员缺少也限制了清代战争史研究的进展。改革开放后,清史研究突飞猛进,成果累累,琳琅满目,唯独清代前期战争史研究不显,除有关个案战役的零星论文发表外,并无一部战争史著作问世。直到1986年,始见孙文良、李治亭的《明清战争史略》出版;至今已过去了30余年,该书仍是国内唯一的一部明清战争史。清代战争史研究明显落后,是毋庸置疑的。

其二,忽略了战争本身的特色。在以往战争史研究中,一种倾向是,以政治史观为指导,把战争史写成政治史,而忽略了战争本身的特色。战争史的要求,是写战争,也就是以军事斗争为主要内容,如战争准备、战场环境、战争过程、指挥艺术、后勤保障、武器装备等。当然,国家的政治状况、经济与财力等,是孕育战争的母体和保证战争进行的物资条件,无疑也是不可或缺的重要因素。

其三,没有处理好人与武器的关系。在战争中,武器和人的因素哪一个更重要?这是一个老问题了,但时至今日,仍有一些学者过分强调武器的作用。毛泽东早就指出:"武器是战争的重要因素,但不是决定因素,决定的因素是人不是物。"[1] 这是对以往战争中人力、物力对比的科学总结。我们从清代战争史中也足以证明这一论断。仅以近代为例,在中法战争中,冯子材率领清军,面对装备精良的法军,仍取得了镇南关大捷;甲午中日战争时,北洋海军的实力与日本相比并不弱,结果却在"避战保船"的错误方针指挥下,全军覆灭。可见,武器不是战争胜败的决定性因素!

我们讲人是决定因素,但绝不否定物的重要作用,"落后就要挨打",这是我们从近代备受列强欺凌的事实中总结出来的深刻教训。在近代,中国与西方的差距是明显的。在生产方式、政治制度、科学技术、人员素质等方面,清朝统治下的中国都远远落后于世界潮流。洋务办了几十年,虽然聊胜于无,却没有取得突破性的进展,所以有人说"仅有空名而无实效"[2]。恩格斯讲,战争的胜负"取决于人和武器这两种材料,也就是取决于居民的质与量和取决于技术"[3]。无数事实证明"落后就要挨打"是一条铁律。

---

[1] 《毛泽东选集》第二卷,第437页,人民出版社,1966。
[2] 〔清〕王韬:《弢园文录外编》卷三。
[3] 《马克思恩格斯选集》第三卷,第210页,人民出版社,1972。

三

任何学术研究，都应坚持继承与创新相结合的原则。对前人或当代学者的研究成果及科学结论，毫无疑问应予以借鉴与吸收。但学术研究的脚步是不能停滞的，更重要的是要在前人的基础上大胆创新！所谓学术创新，就是突破传统观点，放弃已不适用的成说、规则，提出新说新解，补充前人之缺失。一句话，发前人所未发、论今人所未论，纠正其谬误，开拓学术发展之路。我们这个学术团队正是遵循这一原则：在继承以往研究成果的基础上，坚持学术创新，力图写出一部富有个性特点的清代战争史。那么，本丛书有哪些特点呢？

特点之一，在于"全"，它系统地展示了有清一代战争的全过程。本丛书以努尔哈赤于明万历十一年（1583）起兵复仇为开端，终结于最后一战——辛亥革命战争（1911），历时328年。在这漫长的历史过程中，凡发生的较重要战争，均无遗漏。一般战争史著作，对具体战役的描述失之于简，本丛书则要求对每场战役战斗尽量展示其全过程，全景式地再现战争的历史场面。

特点之二，是规模大。本丛书共九册，330万字。综观已经问世的中国战争史，尚未有一部断代战争史达此规模。

特点之三，是体例上的创新。体例是对全书框架的整体设计，如同盖一座楼，设计方案好坏，直接关系到建筑物的质量、使用价值及美观程度。传统的战争史体例模式或以时间为序，从首战直写至战事结束；或按战争性质分类，将同类战争分成若干板块，组合在一起。我们则在认真研究清代战争全过程的基础上，分析与归纳其战争特点，试图打破传统的体例模式，重新设计全书的架构，从九个方面（分为九册）来构建有清一代的战争史系列。

清朝创业伊始，即以战争为开端，先战女真诸部，后战明帝国、大顺军，由辽东入关，定鼎北京；复战大顺、大西农民军，由山陕而四川；伐南明，平定江南；最后战郑氏，收台湾。至此，统一大业告成，历时一百年。故首册名曰《清代统一战争》。

国家统一不久，整个西北地区又燃战火，历经康、雍、乾三朝，血战70年，终于统一蒙古，平定西藏、青海的叛乱，此战横跨两个世纪。故名曰《西部世纪之战》。

西北分离、分裂势力再燃战火。道光年间，叛乱头目张格尔在浩罕汗国支持下，骚扰南疆，清廷出兵平叛，终于活捉张格尔，献俘京师；以后，浩罕军官阿古柏入侵，直至新疆大部分地区沦陷。左宗棠临危受命，力挽狂澜，终将新疆收复。故称《保卫新疆之战》。

当时西南地区实行土司制度，实际处于半独立状态，清朝推行大规模"改土归流"，遭到反叛土司的抗拒，战争由此而起。同时，西南邻国缅甸、越南因多种原因与清王朝发生冲突，导致清缅、清越战争。故名为《西南边疆之战》。

台湾岛孤悬海中，战略地位重要，对内、对外战争频繁，故自成一个系列。前有收复台湾之战，后有朱一贵、林爽文起义及甲申、甲午两次保卫台湾之战。故名《清代台湾战争》。

自1840年开始，西方列强不断发动侵华战争，其间有两次鸦片战争、中法战争、甲午中日战争、英军侵藏战争、八国联军侵华战争等，为清代战争史的重要组成部分。故名曰《近代反侵略战争》。

东北地区有其特殊性，即沙俄不断蚕食、侵吞东北领土，前有雅克萨之反击战，后有日本入侵东北，直至沙俄占领东北全境。故以《保卫东北边疆之战》为一册，叙述其全过程。

清代农民武装反清斗争频发，以清代中叶以后为盛，如川楚陕白莲教起义、太平天国运动、捻军起义等大规模农民战争，还有少数民族（以农民为主体）反清战争等，足以构成一个战争史系列。故集中编为一册，定名为《农民反清战争》。

清代最后一次大规模战争，毫无疑问，就是辛亥革命战争，此战结束后不久，大清王朝寿终正寝。故《辛亥革命战争》即为本丛书的殿后之作。

以上九个部分组成有清一代的战争全史。

我们认为，这九个部分或称九种类型的战争，基本反映了清代战争史的全貌，充分体现了其战争的特点。纵的方面，以时间为线索贯穿了清王朝的兴、盛、衰、亡；横的方面，以空间为线索，突出了发生在不同地区的战争特色。有些战争未囊括在"纵横"之中，就按战争性质分类，如农民反封建、各民族反侵略、辛亥革命反帝制等，各有特点，自成一种类型。

如此布局，是根据清代战争的不同特点做出的，反映了清代战争的真实面貌。仅以保卫新疆之战为例,从清初到清末,新疆地区战事频发,其中既有追求统一的战争,也有平定叛乱的战争,更有驱逐外来入侵势力、捍卫国家主权和领土完整的战争,在同一个地区却体现了战争的多样性、复杂性。这有利于读者更加全面地认识清代战争。

特点之四,在于观察视角上的全面性,即不就战争论战争。研究战争史、编写战争史,最忌讳孤立地看待战争,只关注战争本身,却忽略与战争有关联的其他方面,这就是单纯军事观点,把本来复杂的战争历程简单化了。

我们认为,考察每次战争,必须将战争置于时代大背景下,考察作战双方的经济状况、军资储备、精神要素(包括国家领导人的决策能力、军队统帅的指挥才能、民族的精神面貌、人民对战争的态度、参战人员的素质等)。这些都是关系战争胜负不可缺少的因素。"战争的胜负,主要地决定于作战双方的军事、政治、经济、自然诸条件,这是没有问题的。然而不仅仅如此,还决定于作战双方主观指导的能力。"① 我们需要"大局观",或称"全局观",也就是要全方位地关注与战争直接或间接相关的方方面面。以上认识是我们研究、撰写"清代战争全史"丛书的指导思想,我们将努力在实践中贯彻之。

那么,怎样才能写好战争史呢?这是我们一直关注并在不断深化认识的问题。坦率地说,对于军事或战争,本丛书的主编和全体作者基本上是"门外汉"(因为我们没有战争的经历和经验)。为克服自身的弱点,力求避免以往战争史研究中的某些缺失,我们提出,要正确处理好九个方面的关系:

其一,战争的必然性与偶然性。从理论上说,任何事情的发生都有其必然性,而必然性往往通过偶然性表现出来。历史上的重大战争的发生各有其必然性,至于哪一天爆发,却是出于某种偶然。本丛书要求,对每场战争之发生,首先要从社会诸矛盾中,以及交战双方矛盾逐渐激化的过程中,寻找战争的必然性;从战争发生的直接原因,或称导火线来确认其偶然性。只有按此思路去研究战前的种种矛盾,才能说清楚战争的由来。

---

① 《毛泽东选集》第一卷,第166页,人民出版社,1966年横排本。

其二，战略与战术。战略是指导战争全局的计划和策略，战术则是进行战斗的原则和方法。前者是全局，后者是局部，两者密不可分。战略目标是通过各个具体的战役、战斗来实现的，如果战役、战斗都失败了，战略目标也就化为乌有！本丛书要求，既要突出战争的战略指导，又要具体阐明指挥者的战术原则，两者不可偏废。

其三，在叙述战争过程时，交战双方都应兼顾，不以其为正义方或非正义方而决定详略。也就是说，要写清楚作战双方的战略、战术，如一方写得过多过细，另一方写得少而笼统，势必出现一方独战而无交战了。

其四，战役的共性与个性。凡是战争，不论大小，必然是交战双方的互动。每次战役作战的双方都有筹划、准备，调兵遣将，这就是战役的共性。所谓个性，是指每次战役、战斗并不尽相同。例如，各自的战法或谋略不同，战场地形、地貌不同，战场状况瞬息万变，经常出现意料不到的新变化，如此等等。这些就构成了各个战役、战斗的不同特点。本丛书强调，要写出每次战争、每个战役、每场战斗的特点，不雷同，力戒千篇一律，只有这样，才有可能把战争史写得更真实可信！

其五，战争与战场。这两者自然是密不可分的，试问哪场战争、战斗不是在特定的战场上对决的？但以往战争史多数战场不明，只有地名，却无具体的地形、地貌，实则是把战争的空间隐去了！在军事上，占据有利地形、控制交通线、据险而守等，是打赢一场至关重要战役的必要条件，故对战场的描述是战争史必不可少的组成部分。本丛书要求，每写一场战役特别是重大战役，要在材料许可的前提下，把战场写得具体细致些。

其六，将军与士兵。战争是人类的一种实践行为，人是这一实践过程中的主角，所以，写战争必写人！须知统帅或将领在一场战争、战役中扮演着主要角色，因此，要把他们的智慧、勇气，乃至个性、作风等逐一展示出来；而当军队投入战场，与对方捉对厮杀时，无疑士兵就成了战场的主人，他们的勇气、意志、作战技能往往是决定胜负的关键因素。不言而喻，写战争史不写统帅、将领的运筹帷幄，不写士兵在战场上的战斗表现，战争史将变得空空洞洞而索然无味。总之，战争史不写人，就不能成为名副其实的战争史！

其七，战争的阶段性。在一次历时较长的战争中，自然会形成若干个阶段。写战争全过程，重在写各阶段的衔接与异同。通过对战役不同阶段的描写，以反映战局的不断变化，反映出战争的发展规律。

其八，战役的胜与败。每次战役结束后，胜败自不难分辨，即使难分胜负，也可以看出交战双方的各自得失，这是不言自明的。问题的关键是要求对胜败做出有深度的分析。何以胜，何以败，何以不分胜负，都应有理论上的阐述，给人以启迪。有的战役，很难以胜败论，遇此情况，只需如实反映战况，不必做出结论。

其九，正义与非正义战争。这是就战争的性质而言的。对于帝国主义列强侵华，尽人皆知，是非正义的侵略战争，自无疑义。但对于国内战争，如何界定，却是一个复杂问题。总之，不能一概而论，要区分不同情况，给出不同定位。我们的标准是：不站在清王朝的立场，不以维护清政权的利益为转移，而是要坚持维护中华民族的整体利益，维护国家的主权和领土完整；凡分裂祖国、分裂中华民族，闹割据、搞独立的集团和个人，都应予以否定。如新疆噶尔丹叛乱及其后的张格尔之乱，皆属分裂、分离势力背叛祖国的活动。又如明清鼎革之际，天下大乱，已分裂成几个军事政治集团，他们之间的火拼、搏斗，意在争夺天下。这里，既有民族的冲突，也有阶级的斗争，还有权力之争。对此我们要做具体分析，不可简单地厚此薄彼，表现出明昂的倾向性。

以上所列九个方面的问题，可以勾勒出我们撰写清代战争史的"路线图"。当然，肯定地说，归纳得还不够全面，只是提出了一些基本的规则，以便统一本丛书作者们的思想，以求认识上的趋同。同时，我们也鼓励各位作者勇于创新，在基本趋同的规则下，努力发挥个人的才智，使每册战争史各具特色，精彩纷呈。

最后，还要说说史料和语言。目前已出版的清代战争史，一个明显不足就是史料单薄。受史料局限，一些战役、战斗写得不够形象生动，而是干瘪平庸。本丛书强调，各位作者一定要厚集史料，除《清实录》、《清史稿》、各种官书等基本史料外，更要注重参考历史档案，以及个人文集、地方志书、国外记载等。只有史料丰富，战争史的内容才能随之而丰富。

一部书的质量如何，文字表达也是一个重要方面。我们要求作者使用精练的现代汉语书面语言，力求准确、流畅、简洁、生动。我们的语言应该有中国的做派，有时代的生命力，只有如此，读者才会欢迎！

我们期望这套330万字的"清代战争全史"丛书能成为一部爱国主义教材，因为它讴歌了无数为国家的统一、为维护国家主权、为正义的事业而勇敢战斗的仁人志士。同时，也揭露、鞭挞了那些残暴、凶恶的外国侵略者以及分裂祖国、分裂民族的历史罪人，把他们永远钉在历史的耻辱柱上！

　　这部战争史能否符合要求，能否实现我们的愿望，只有等待广大读者的鉴定和批评指正了。

2017 年 7 月 6 日
于北京神州数码大厦

内 容 简 介

　　台湾自古就是中国领土不可分割的一部分。据考古研究证实，远古时期，台湾与大陆之间就有往来，并已载入中国的早期文献。台湾大片土地吸引着祖国大陆人民前往开发，其中一些人开始迁入台湾。明清鼎革之际，连续不断的战争使东南沿海一带的人们又掀起了一股移民潮，不少人向台湾迁移。

　　因为台湾的战略地位，17世纪初，荷兰人东来，占领了当时疏于管辖的台湾岛。他们在岛上大兴土木，建热兰遮城，并不断地向周边的大陆移民与原住民进行武力征服、血腥扩张和凶残镇压。荷兰殖民主义者的暴行激起了台湾各族人民的愤怒反抗，其中以郭怀一为首的台湾民众反荷起义影响最大，展示了中国人反抗外来侵略的力量和决心。1661年，郑成功率军入台驱逐荷兰侵略者，先后攻克荷兰侵略者的热兰遮城、赤嵌城两处要塞，荷兰侵略者投降，撤出台湾。至此，郑成功从荷兰侵略者手里收复了沦陷38年的台湾。台湾虽回到了中国人的手里，但对清中央王朝来说，两岸仍是一种分裂的状态。圣祖为实现国家的统一，决定进攻台湾郑氏政权。1683年，圣祖派施琅率水军2万人、战船230余艘，攻占澎湖，郑氏向清廷投降，台湾重新接受中央王朝的统治。清政府在台湾设一府三县，隶属于福建省。

　　圣祖朝晚期，吏治日渐败坏，台湾官员更是贪污日盛。以朱一贵为首的台湾民众被迫揭竿而起，先后攻占了凤山县、台湾府、诸罗县。清政府调南澳总兵蓝廷珍、水师提督施世骠等率师入台平叛，同时采用招抚之法，农民军最终失败。高宗朝中后期，台湾官吏贪婪无度，敲诈勒索，林爽文遂率众反抗，攻军营垒，奸官兵，建元顺天。高宗命大学士福康安为将军、领侍卫大臣海兰察为参赞大臣，率水师渡海平叛。清军多路出击，农民军战败。

　　19世纪80年代，法国侵略者侵略中国西南边境，并派远东舰队副司令利士比率舰队进攻台湾。清廷任命刘铭传督办台湾防务。台湾军民在刘铭传等人的领导下积极备战，台湾军民全力反抗法国对台湾的封锁，并在全国的大力支持下，彻底粉碎法国侵略者的封锁阴谋。不久，清军取得镇南关大捷，法国与清政府重启和谈，中法战争结束。中日甲午海战后，清政府被迫签订割让台湾的《马关条约》，引起了两岸民众的极大愤慨，纷纷起来反抗割台。从台北沦陷后，当地民人吴得福的反抗活动开始，在其后长达8年的反割台斗争中涌现出无数的仁人志士，他们抛头颅、洒热血，前仆后继，谱写出一曲曲可歌可泣的壮丽史诗。

　　近代以来，中华民族在追求国家独立和民族解放的道路上付出了巨大的牺牲。在维护主权独立和领土完整的斗争中，两岸人民团结一致，共同谱写了一幕幕可歌可泣的悲壮故事。历史虽已远去，但绝不能忘记。"台湾是中国不可分割的一部分"是无法改变的历史事实，任何居心不良的图谋和企图无异于痴人说梦，最终会被钉在历史的耻辱柱上遗臭万年。

目　　录

一、17 世纪之前的台湾 ………………………………………… 1

　　1. 台湾与大陆的早期往来 ……………………………… 3
　　2. 汉人移居台湾 ………………………………………… 6
　　3. 海上武装入据 ………………………………………… 8
　　4. 台湾首次击败日本人侵略 …………………………… 12
　　5. 西方殖民者东侵 ……………………………………… 15

二、荷兰强占台湾 ………………………………………………… 17

　　1. 两次中荷澎湖之役 …………………………………… 19
　　2. 荷兰攻占台湾 ………………………………………… 24
　　3. 荷兰在岛内的殖民统治 ……………………………… 26
　　4. 郭怀一"驱荷"起义 ………………………………… 30

三、郑成功收复台湾 ……………………………………………… 35

　　1. 谋取台湾 ……………………………………………… 37
　　2. 登陆鹿耳门 …………………………………………… 40
　　3. 郑、荷海陆大战 ……………………………………… 42
　　4. 围困热兰遮城 ………………………………………… 47
　　5. 逼降荷兰 ……………………………………………… 53

四、圣祖统一台湾 ………………………………………………… 61

　　1. 夺取金门、厦门 ……………………………………… 63
　　2. 三攻澎湖与和谈失败 ………………………………… 69

3. 郑氏进犯沿海 …………………………………… 73
4. 澎湖决战 ………………………………………… 84
5. 建府设防 ………………………………………… 92

五、清前期的反清之战 ……………………………… 97

1. 朱一贵武装反清 ………………………………… 99
2. 林爽文率众暴动 ………………………………… 110

六、台湾保卫战 ……………………………………… 127

1. 法国发动侵华战争 ……………………………… 129
2. 基隆失守 ………………………………………… 135
3. 清军淡水大捷 …………………………………… 145
4. 反封锁战 ………………………………………… 153

七、反割台战争 ……………………………………… 165

1. 清被迫割让台湾 ………………………………… 167
2. 割台前期的抗日斗争 …………………………… 175
3. 日本侵占台北与台湾北部的抗日斗争 ………… 185
4. 台湾中部的抗日斗争 …………………………… 194
5. 台湾南部抗日之战 ……………………………… 208
6. 沦陷后台湾人民继续抗日 ……………………… 217

参考文献 ……………………………………………… 225
附录　本卷涉及的战役战斗名录 …………………… 230
后记 …………………………………………………… 231

一、17世纪之前的台湾

一、17 世纪之前的台湾

1. 台湾与大陆的早期往来

举世皆知，台湾自古以来就是中国领土不可分割的一部分。作为一个与大陆分离而孤悬海中的岛屿，台湾归属中国是从它与大陆的交往开始的。

台湾与祖国大陆的渊源关系最早可以追溯到远古时代，现代的考古研究证实了这一点。1970年在台南县左镇发现古人类化石，经鉴定，与大陆著名的"山顶洞人"属于同一个时期的古人类。尤其是之后陆续发掘出土的旧石器时代和新石器时代的遗迹和遗存中大量的遗物，如旧石器时代的骨器、陶器、石器等的制作方法明显与大陆所发掘出的旧石器遗物有着许多共同的特征。新石器时代以黑陶最具代表性，黑陶被视为龙山文化的典型标志，是中国特有的文化特征。20世纪30年代初大陆首次发掘出黑陶以后，各地陆续出土了各种各样的黑陶器物，而台湾从1938年于高雄首次出土黑陶后，在全岛很多地方都有黑陶被陆续发掘出来。除此之外，台湾各地还出土了各种样式的彩陶。这些文化类型与大陆相同或相似，进一步说明，台湾地区的文化受到了大陆文化的极大影响，甚至很多文化是经东南沿海传入的。① 考古证明，早在远古时期，台湾与大陆之间就有了往来。

---

① 李震明：《台湾史》第3页，中华书局，1948。

随着文明的发展，大陆与台湾之间的交往被载入中国的早期文献，如《禹贡》将中国分为"九州"，其中"扬州"的范围大致包括今天的安徽、江苏、浙江、福建、江西部分地区及东南沿海岛屿，此条中记载的"岛夷卉服，厥篚织贝，厥包橘柚，锡贡"明确地指出：生活在海岛上的"夷人"，即远古的台湾人，已经向大陆中央王朝纳贡了。根据"九州"的划分，台湾岛当在"扬州"的范围内。康熙年间修的《台湾府志》中记载，扬州之域东南至海，台湾在扬州之境。乾隆年间的《重修台湾府志》也明确指出："台湾，《禹贡》扬州之域。"因此，此处的"岛夷"当指台湾的原住民。可以确认，在舜禹时代，台湾已被涵盖在中国"九州"之内，换言之，台湾自古即是中国的一部分，并非虚语。无论如何，台湾与大陆之间的联系在逐渐加强，实际中的交流往来日渐增多，见于文字的记载越来越多，也越来越确切。至三国时期，大陆与台湾的交流更加深入，对台湾的了解也更多了。有关台湾的历史，相关文献不但清楚地记载了大陆与台湾之间往来的具体情况，而且对台湾社会的记载也为详细。

三国时期，吴国丹阳太守沈莹撰成的《临海水土志》一书，对台湾（当时被称为"夷州"）进行了具体、详细、准确的记述和描写。据记载，"夷州"在临海东南，去郡二千里，土地无雪霜，草木不死。四面是山〔溪〕，众山夷所居。① 记载内容包括夷州的地理、社会状况及原住民的风俗习惯等，如果没有充分的了解和长时间的观察，是绝不可能有此记载的。从这一个侧面，我们可以认为，三国时代大陆与台湾的交往已经越来越密切。吴国黄龙二年（230），由于连年征战，兵源匮乏，影响吴国争夺天下的霸业，吴主孙权遂派将军卫温、诸葛直率领甲士万人，浮海求夷洲及亶洲（古岛名，在东海中），② 试图开辟新的兵源地。卫温、诸葛直用了近1年的时间到达了当时称为夷州的台湾，而前往亶洲的努力却失败了，最后强行从夷州带回数千人。虽然卫温等人的泛海行动没有完成吴主孙权的目标，实际上却起到了加强交流、加深了解、启迪后者的巨大效果和作用。

隋朝大业三年（607），隋炀帝派羽骑尉朱宽、海师何蛮率兵出海，前往流求（台湾旧称）省方问俗，以图将"夷人"纳入王化。隋军到

---

① 〔三国·吴〕沈莹：《临海水土志》第1页，中央民族大学出版社，1998。
② 〔西晋〕陈寿：《三国志》卷四七，中华书局，1973。

一、17 世纪之前的台湾

了流求,因语言不通,无法交流,只带一土著返回。次年,隋炀帝再派朱宽前往流求,慰抚当地土著,然而流求人并未回应,朱宽等只带回了一些当地的"布甲"。两次和平的接触并没有取得效果,这让隋炀帝非常恼怒,便决定用武力来达到目的。大业六年(610),隋炀帝派武贲郎将陈稜、朝请大夫张镇周率东阳兵万人出征,自义安泛海东行,月余而至。隋军刚至,流求人初见船舰,以为是商旅,纷纷前来贸易。陈稜乘机派张镇周为先锋率军出击。当地头人率兵出战,不敌,节节败退。最后,隋军获得了全胜,俘获男女数千人而回。①

随着经济社会文化的发展,中央王朝的影响力也在逐渐增强。尤其是唐朝发展达到了古代社会的一个高峰,对外以及与四周的交流日渐频繁和深入。虽然此时大陆与台湾的交流往来并没有见于官方资料,或者说中央王朝与台湾之间没有进行官方交流,但这并不能说明大陆与台湾之间在这一时期没有交往。可以肯定的是,这一时期的交往主要发生在民间,大陆特别是东南沿海一带与台湾之间的交流进一步密切。至宋、元、明三朝,大陆与台湾的交往更加频繁,对台湾的记载日益丰富,对台湾的了解认识更加深入,也开始对其进行有效管辖。南宋乾道七年(1171),时任泉州郡守的汪大猷因"平湖"(即澎湖)汉民常受外来海盗和其他原住民侵扰,遂于平湖造屋200间,派兵驻守,由福建晋江县管辖此地。中央王朝开始对澎湖进行有效管辖后,此地的发展得到了保障。澎湖开拓后,汉人开始向台湾拓展。近年来,台湾地区出土了大量宋代钱币,这也直接证明了两岸之间的交流和往来。元朝建都燕京,因大运河还未完全成型,无法承担江浙地区粮米北运的任务,于是创设了漕粮海运法。元朝政府对海运的支持和依赖,促使了航海技术的发展及海上活动的大增。民间的贸易交流日益繁盛,亲自到过台湾的汪大渊在其《岛夷志略》中记载了当时大陆与台湾之间的贸易往来。除民间频繁交往外,官方也有大的动作。至元二十九年(1292),元世祖任命海船副万户杨祥为宣抚使,偕礼部员外郎吴志斗、兵部员外郎阮鉴携带诏书,前往"瑠求"(台湾)招抚,因误将澎湖作"瑠求"而无果而返。5年后,元贞三年(1297),福建行省平章政事派省都镇抚张浩、福州

---

① 〔唐〕魏征:《隋书》卷六四,中华书局,1973。

新军万户张进二人率军前往瑠求招抚，仅掳 130 余人而归。两次行动并没有达到预期目的。为了实现招抚瑠求的目标，元朝在澎湖设立了巡检司①，专管澎湖、台湾及其周边水域的巡逻和罪犯缉查。由于当时地理知识的局限，时人无法将现在的澎湖岛和台湾岛完全区分开来，而是用"澎湖"这一泛称指代东南沿海的诸多岛屿，其中包括台湾。因此，澎湖巡检司的设立使瑠求由宋朝时的事实控制转变成一级地方建制，瑠求正式纳入中央王朝的管辖范围。明朝时，台湾与大陆的往来更加频繁，大量汉人开始迁居台湾，这不仅促进了两岸的交往，加深了双方的认识，更重要的是使大陆先进文化源源不断地向台湾传播。

2. 汉人移居台湾

　　宋元以来，由于工商业的发展以及开放的对外贸易政策，远洋国际贸易曾出现盛极一时的景象。这一繁荣促进了航海知识技术的发展、海洋知识的丰富及相关认识的深化，航海活动也变得越来越频繁和习以为常。往来海上的商船在把中国所产的丝绸和瓷器销往世界各地的同时，也把沿途的风土民情、各种见闻等相关信息带了回来。这不仅加深了中国对世界的了解，也激发了人们出海冒险和淘金的热情。

　　在东南沿海居住的汉民除了从事渔业和农耕外，还依靠贸易为生。从事渔业的汉民不但到澎湖周边海域捕捞，还到台湾沿海作业。在捕鱼作业过程中，逐渐与台湾岛上的原住民发生了以货易货的交易活动，后逐渐发展成贸易活动。交易的发展促进了认识的加深。台湾大片未开发的土地吸引着大陆汉人，他们中的一些人开始迁入台湾，成为最早一批"吃螃蟹"的人。由于大陆耕地的有限以及各种苛捐杂税，在最早一批迁台者的启发和引导下，东南沿海一带的农民也开始向台湾移居。开始是一个人、一家

---

① 关于澎湖巡检司的设立时间，学术界有着不同的意见，本文赞成张崇根先生的考证。

人，后来是整个家族的人。民间的这种迁移虽然很慢，却一直没有间断。

　　元末明初，侵扰山东沿海一带的倭寇开始向南蔓延，长江以南的省份也深受其害。另外，明朝建立之初，与朱元璋争夺天下的方国珍、张士诚残余势力逃亡海上，一直对大明王朝虎视眈眈，大有卷土重来之势。为此，明王朝在东南沿海实行禁海政策，对沿海一带迁界移民，以防倭寇，以阻海上反明势力。然而这一政策对原来生机勃勃的闽南和其他沿海地区黎民商贾的生计造成了毁灭性的打击。① 海禁切断了沿海百姓和商贾的生路，迫于生计，他们不得不私自出海谋生路：或者举家迁往台澎，或者冒险前往台澎贸易；更有渔民前往台澎捕鱼，以避官府之禁。这种形势渐渐成为一种洪流，越来越多的汉人前往台澎谋生。嘉靖年间，已经有很多商船和渔船经常前往台湾，从岛南北港直至岛北淡水、鸡笼一带都能见到大陆船只的身影。隆庆年间，出海的限制被取消，前往台湾贸易、捕捞或垦荒种植的人越来越多，有些渔民在岛上搭棚建寮，开始长期居住。天启二年（1622），荷兰人到达澎湖后，发现岛上有许多汉人居住，还有有人看守的庙宇，为数不少的猪、牛、羊。他们还了解到，在澎湖岛的北部有大量的渔民居住。他们抵达台湾岛时，还是两个汉人来到船上与他们接洽，并引导他们到"台窝湾"。② 在"台窝湾"港附近有许多汉人，他们与当地少数民族——如高山族——杂居在一起；港口里有来自大陆的各种船只约100艘，有从事渔业的，也有从事贸易的。③ 在高山族集中的萧垅地区，大约有1000多汉人，他们从事着各种商业活动。另外，由于自然灾害频繁，以及大陆地区沉重的徭役赋税，而台澎"地居海中，催科所不能及"，因此，大量汉民更是纷纷举家逃往台澎，其中"同安、漳州之民为最多"。④ "中国之民潜至，生聚于其间者已不下万人。"至明末，台澎地区的汉人大增，据记载：明朝灭亡前，"原住澎湖百姓五六千人，原住台湾者二三万人，俱系耕渔为业"。⑤ 而且汉民与当地高山人互相融合，已经

---

① 汤锦台：《大航海时代的台湾》第25页，台湾如果出版社，2011。
② 陈孔立：《简明台湾史》第11页，九州出版社，1998。
③ 《巴达维亚城日记》第49页，台湾省文献委员会，1989。
④ 〔清〕林谦光：《澎湖纪略》，见《小方壶斋舆地丛钞》第9帙。
⑤ 〔清〕施琅：《靖海纪事》卷上。

开始"言语渐同,嗜欲渐一"①。明清鼎革之际,连续不断的战乱迫使大量的汉人外逃,东南沿海一带的汉民又掀起了一股移民潮,其中多数汉人向台湾迁移。

3. 海上武装入据

　　明朝禁海之后,民间公开的出海虽然被限制了,但没能阻止东南沿海人民为求生路而不断冲破海禁,前往台澎谋生。在这一过程中,很多人逐渐联合起来,组成了一批海上武装势力,利用力量优势横行海上,抢劫商船和民船,甚至还掠夺沿海民众。起初,因为势力不强、流动不定,他们伺机劫夺商船和民船;势力壮大后,则开始抵抗官兵和海上其他武装力量,确立自己的势力范围,拥有固定的非法财源,还开始建立固定的后方基地。台湾孤立于大陆之外,中央王朝鞭长莫及,同时,台湾又是海外贸易的重地,可以说是一个"进可攻,退可受"的战略要地。海上武装势力纷纷入据台湾,以之作为他们的活动基地加以经营。当时较大的海上武装力量分属林道乾、林凤、颜思齐、郑芝龙等势力,他们时而联合,时而单独行动,对海上商路及沿海商民产生了极大的威胁,明朝政府为此不断地派出官兵围剿这些民间海上武装。

　　较早领导民间海上武装的人当属林道乾。其人又名林悟梁,生于广东澄海县苏湾都南湾村(今属湾头镇),青年时曾为潮州小吏,善机变,有智谋。嘉靖年间海禁更严,林道乾为了谋利,冲破禁令,并组织200余人与朝廷抗衡,以武装掩护海上商贩活动,骚扰官军。林道乾因违禁进行走私贸易等非法活动,为朝廷所不容,遂聚众抗衡官军。嘉靖四十二年(1563),林道乾被明将俞大猷追击,逃至鸡笼(今台湾基隆),后退至赤嵌城(今台湾台南)。林道乾遂以此为据点,对外称其为北海。② 嘉靖四

---

① 〔明〕周婴:《远游篇》卷一二。
② 〔清〕俞正燮:《癸巳存稿》卷五。

一、17 世纪之前的台湾

十五年（1566）三月，林道乾率战船 50 余艘，自南澳岛攻诏安，陷山南和厩下等村，又被时任都督俞大猷所败，遂退归台湾北港（今台湾北港溪下游一带），并大造战船，不久又潜回潮州。隆庆元年（1567），林道乾率众两次攻打澄海，第一次攻寨被寨勇击退，第二次则成功破寨。林道乾回到旧地后，深沟高垒，日夜以丝绸为甲，治战舰，派差使飞刍挽粟至海上，同时经营后路。隆庆四年（1570），林道乾受明朝招安，偕澄海人朱良宝率众 3000 人归顺，被安置于潮阳招收都下尾村。然而，这个安排却遭到了当地士绅的强烈反对，他们认为将原为海盗的林道乾安置于此，"实为潮人附背之痈。其未招，势既外溃，今曰招，势复内食。痈溃，其毒犹在外；内食，则腹心将朽矣。今秋敛甫毕，谷入贼仓，人家悬罄，钱入贼帑。曰为改岁，妇子无由而室处，豺狼在道，征夫何以自旋归？景象如此，海滨恶得而不坐毙耶？"① 潮阳地区士绅的反对并没有改变明廷的决定，林道乾及所部不但被安置于此，还得食膏腴田千余亩。林道乾被招安后，为了戴罪立功，成功平定了不少小股海盗，"遇有他盗窃发，听明文征调，截杀立功"，"于是军中大事悉咨询乾"。② 然而，日益站稳脚跟的林道乾并没有安于现状，他一面"据膏腴之田，以自安固"，另一面却"杀掠如故"，③ 暗地里仍与其他海盗武装互相勾结。林道乾充分利用被招安这段难得的和平时期快速招募成员，扩充队伍，"亡赖之徒，相继归往，每悬赏招募，人各一金，致十人者予三金，即以其人统之，故相附者日众"④。林道乾不安分的举动引起了朝廷的警觉，并有意消除这一隐患。正当提督两广军务殷正茂伺机剪除林道乾时，林道乾收到侄儿、在彭亨国（Pahang，今马来西亚东部）担任"都夷使"的林茂来信，邀请他前往。林道乾知道朝廷已不再信任他了，若不及早寻找退路，恐被剪除干净，于是借机率众离去。没能及时离去的朱良宝遭到了官军的猛烈剿杀，双方激烈交战，损失巨大，最终朱良宝部被官军剿灭。

第二股民间海上武装是由广东潮州饶平县人林凤领导的。其人生于明嘉靖年间，江湖义气重，豪迈宽厚，19 岁参加海上武装"泰老翁"的队

---

① 〔明〕林大春：《井丹先生文集》卷一五。
② 《万历武功录》卷三。
③ 《明神宗实录》卷三，隆庆六年七月壬子。
④ 〔明〕林大春：《井丹先生文集》卷一五。

伍，以机智勇敢得其头目赏识。后头目病故，林凤被举为头领，他以台澎为基地，开拓海上贸易，最盛时辖舰 300 余艘，部众可达 4 万余人。力量逐渐壮大的林凤除了在海上进行非法的海盗活动外，还在积极地筹划袭扰和掠夺东南沿海地区。隆庆元年（1567），林凤率部与明政府为敌，公然攻占惠来县神泉镇。万历元年（1573）屯聚于南澳，十二月攻澄海，大败官军刘国宾部。次年二月，攻潮州、惠来。四月，攻入清澜（今海南文昌市）。六月，兵败广东，退居福建沿海一带。十月，被福建总兵胡守仁率部所败，被迫逃亡至澎湖和台湾北港、鸡笼。十一月，卷土重来，先后攻潮州海口港之踏头埔（今汕头达濠）、饶平柘林、惠来靖海、陆丰碣石等广东沿海要镇。明廷集中水陆主力对林凤进行围剿，并严令闽粤两省各级官员"同心戮力，务使片航不遗"。林凤以南澳岛为营地，与明军相持不下。不久，为了避官军之锋芒，林凤率战舰 62 艘，部众 2000 名（多数是农民、工匠）、水手 2000 名、妇女儿童 1500 名，共 5500 人，携大批生产工具、种籽等向吕宋岛（今菲律宾）转移。① 次年，又被西班牙殖民者围攻，被迫退至台湾。后以台湾为据点，台湾与福建之间的海上势力因之复振。

第三股民间海上武装系由福建海澄县（在今福建龙海市）人颜思齐所领导。颜思齐，字振泉，生于明万历年间，习武出身，因被官宦欺凌，一怒之下打死官宦家的仆人，逃亡至日本平户，以裁缝为生计，兼营中日间海上贸易。数年后，积蓄渐渐富裕，因其仗义疏财，扶危济困，在侨日汉人中闻名遐迩。其间，颜思齐结识了一批流寓日本、从事海外冒险的闽南人。天启四年（1624），颜思齐与杨天生、郑芝龙等 28 人结盟，并被推为盟主，因不满日本德川幕府的统治，密谋起事。后不幸事泄，德川幕府遣兵搜捕，颜思齐率众分乘 13 艘船仓皇出逃。驶至九州西海岸的外岛洲仔尾，僚属建言："吾闻琉球为海上荒岛，势控东南，地肥饶可霸，今当先取其地，然后侵略四方，则扶余之业可成也。"② 颜思齐等遂决意前往琉球，海上航行 9 日后，在琉球南部笨港（今台湾云林县北港和嘉义县新港一带）登陆。颜思齐上岸后，见这片土地地肥水美，大片荒野未辟，适合

---

① 黄继澍：《潮州史志资料选编：海外潮人》，潮州市地方志办公室、潮州市外事侨务局，2004 年。

② 连横：《台湾通史》第 546 页，商务印书馆，2010。

一、17世纪之前的台湾

开发生存，决意在此开疆拓土，成一番事业。于是率众伐木辟土，构筑了井字型营寨10座，并妥善地处理了与土著的关系。① 立足之初，颜思齐深感仅靠从日本来台的200多人无法满足其开发当地的需求，急需大量的劳动力来开垦这片广阔的沃土，于是派人分领10艘大船前往漳州、泉州等地招募贫民来笨港垦殖，来台民户每户给银4两，以及牛和农具等。在此优厚条件的激励下，有3000多百姓前往拓垦。同时，为了积累资金，颜思齐一方面挑选了一批有航海经验的漳、泉人，利用海上交通之便，以原有的13艘大船为资本，开展与大陆、南洋等地的海上贸易，同时也从事海盗活动；另一方面组织海上捕鱼和岛上捕猎，发展山海经济，以解决移民生产和生活的物质需要。经过移民的辛勤开垦，岛上的大片荒地逐渐变成良田。

影响最大的民间海上武装当属郑芝龙领导的一支。郑芝龙，字曰甲，小字一官，号飞黄（或称飞虹），生于明万历三十二年（1604），福建南安石井人。天启二年（1622），18岁的郑芝龙离开家乡南安，前往广东香山澳（在今珠海市西南）投奔其舅黄程。两年后，郑芝龙前往日本，帮助其舅黄程打理在日本的贸易，在平户娶日妇田川氏为妻，次年长子郑森（即郑成功）出生。郑芝龙在日本期间，与颜思齐等28人结盟，因不满日本幕府统治而并约起事，后事泄，随颜思齐等逃亡台湾北港。天启五年（1625），颜思齐在台湾染病身亡，郑芝龙被推举成新首领。在颜思齐的基础上，郑芝龙大力发展海上势力，用各种手段和方法笼络士人，招募平民百姓，"遇诸生则馈以赆，遇贫民则给以钱，重赏以招接济，厚糈以饵间谍，使鬼神通，人人乐为之用"②。势力日强，声望日隆。次年开始，郑芝龙经常率战船多艘，分扰金门、厦门等福建沿海及广东沿海一带，声势浩大，沿海一带官军不敢迎战。同时，郑芝龙的海上贸易活动也相当活跃，"置苏杭细软、两京大内宝玩，兴贩琉球、朝鲜、真腊、占城、三佛齐等国"③。直至崇祯初年，郑芝龙因其雄厚的经济实力和强大的军事实力，成为东南海域最大的武装力量。明廷虽一直想设法消灭郑芝龙的海上力量，但苦于无计可施，明军几次与郑芝龙所部的交战皆以失败告终。崇

---

① 〔清〕江日昇：《台湾外记》卷一。
② 《明熹宗实录》卷八七，天启七年八月癸丑。
③ 〔明〕计六奇：《明季北略》卷一一，中华书局，2012。

祯元年（1628），明朝辽东战事吃紧，而郑芝龙正在向明廷示好，在泉州知府王猷的建议下，时任福建巡抚熊文灿决定改征为抚，遂派游击卢毓英前往招抚。郑芝龙归顺明朝后，任海防游击。而在同一年，福建发生大旱灾，饿殍遍地，郑芝龙向熊文灿建议招募饥民赴台湾拓垦，得到后者首肯。郑芝龙募饥民数万，每人发给一定数量的牛、种、银，"用海舶载至台湾，令其芟舍开垦荒地为田。厥田为上上，秋成所获，倍于中土。其人以衣食之余，纳租郑氏"①。郑芝龙因此获利最大，成为台湾最大的地主，也是东南沿海最富裕的官员及商人。他不但借助官方力量先后消灭了李魁奇、杨六、刘香老等沿海武装力量，为其海上贸易和非法活动清除了竞争对手；还凭借其雄厚的海上武装力量和官方势力独霸海上，从来往商船谋得巨利。郑芝龙凭借其亦官亦商亦盗的身份，发展成拥有船只3000余艘、兵众10多万人，贸易范围从日本到东南亚诸国的一方豪强，可以说是富甲天下。客观来看，郑芝龙在台湾的经营也对当地经济社会发展产生了重要的推动作用，② 促进了两岸人民的交流和融合。

明朝后期，很多民间海上武装都以台湾为据点进行海盗活动，明政府在力所能及的范围内对其进行了有力地打击，不仅维护了海上航路及东南沿海一带的安全，更重要的是遏止了占据台湾的势力坐大，确保了对台湾的管辖权。

4. 台湾首次击败日本人侵略

16世纪后半叶，丰臣秀吉结束了日本国内的混战局面，实现统一。随着统治权力的巩固和对外接触的增加，丰臣秀吉认识到海上贸易和南方海路的重要性，甚至想让已经牢牢控制远东贸易的葡萄牙、西班牙人向他

---

① 〔清〕黄宗羲：《赐姓始末》，见《郑成功收复台湾史料选编》第34页，福建人民出版社，1982。

② 田珏：《台湾史纲要》第36页，福建人民出版社，2000。

一、17 世纪之前的台湾

屈服。万历十八年（1590），丰臣秀吉派人告知葡萄牙驻印度总督须向日本纳贡。二十一年（1593），又派原田喜左卫门前往吕宋，要求西班牙驻吕宋总督进贡，在途经台湾时要求台湾向日本称臣纳贡，否则就要发兵攻打。紧接着，丰臣秀吉便开始调兵遣将，派钦门墩率领200多只战船攻打澎湖和鸡笼。早在元朝时，大陆就已经在澎湖设立巡检司，管辖包括台湾在内的诸海岛。但由于台湾离大陆较远，且当时大陆的海上军事力量较弱，因此对台湾的实际管理并不像在大陆那样牢固。明朝时，朝廷除了在澎湖设立巡检司管辖台湾在内的诸海岛，还在澎湖设兵防守。日本侵略军见明军"先事设防，谋遂阻"①。不久，针对东南沿海的局势和日本的蠢蠢欲动，明王朝在澎湖设兵850人、哨船20只，加强戒备。丰臣秀吉侵台阴谋没有得逞。

丰臣秀吉死后，德川家康建立幕府，掌握了日本大权，并继续推行丰臣秀吉的政策，抢占台湾的野心不死。万历三十七年（1609），德川家康派日本九州大名有马晴信率军3000人南下侵略台湾，目标有二：一方面要详细侦察台湾港湾、物产等情况，为日本占据台湾后进行海外贸易做好准备；另一方面要让台湾原住民向日本纳贡。有马晴信率军先侵占澎湖，然后再转向台湾北部，但遭到了当地原住民的顽强抵抗，"一月不能下，则髡渔人为质于鸡笼，请盟。鸡笼人出，即挟以归"②。最后在台湾人的强烈抵抗下，日本侵略军征服台湾的计划失败了。但德川幕府的南向扩张计划并没有就此停止，万历四十三年（1615），长崎代官村山等安请命，自愿出资组建征服台湾的军队。次年，在德川的支持下，村山等安组建了一支3000余人、战舰13艘的军队，准备远征台湾。村山攻台的消息很快传到了琉球岛，琉球国王尚宁立即遣通事蔡廛渡海向明政府报告："倭寇各岛造战舰五百余只，欲协取鸡笼山。"③ 得到这一信息后，福建巡抚黄承玄立即调兵遣将，积极防范，同时知会浙江温州等处将领警惕倭寇的突然来犯。

万历四十四年（1616），村山等安派其次子村山秋安为指挥，率船13

---

① 〔明〕徐学聚：《初报红毛番疏》，见《明经世文编》卷四三三。
② 〔明〕董应举：《崇相集选录》，见《台湾文献史料丛刊》第8辑，台湾大通书局，1987。
③ 《明神宗实录》卷五四六，万历四十四年六月乙卯。

艘，从长崎出发，远征台湾。当船队航行至大琉球海面时遭遇到强暴风雨，船队被打散，村山等安自率的3艘战船一直漂流到交趾（今越南），1年后才得以回到日本。村山部将明石道友率领3艘船最后到了台湾北部，其中1艘船搭载有士兵一两百人，靠岸后登陆，很快被当地原住民包围，自知不敌，全部自杀。其余2艘船见状迅速逃离，一直逃到了福建北部的东涌等处，并在这些地方烧杀抢掠，无恶不作，在短短的几天内杀害当地平民百姓1200余人，甚至将海面上的中国船只全部截住，将船上人员扔进大海，前往侦探的明朝官员董伯起也被逮住，后被掳往日本。另外7艘日船先是侵入琉球几个月，后侵入台湾海面。日本战船先进犯金门，又攻宁德，最后从澎湖侵入台湾竹堑港（今新竹）。但日本侵略者并不敢登陆，而是胶着了一段时间后驶离，回到了闽浙海面继续作恶，最终被明朝水师官兵痛击，败退回国。村山等安入侵台湾的计划宣告破产。日本为谋取海上贸易的利益，欲维持与明朝的关系，遂于万历四十五年（1617）以送董伯起回国为名，派遣明石道友率数十人，携带重礼，专程来到福建要求通商。海道副使韩仲雍至小埕，召见日本人头目明石道友，向其发出警告："汝若恋住东番，则我寸板不许下海，寸丝难以过番，兵文之利钝未分，市贩之得丧可睹矣！"① 明石道友指天拱手，连称"不敢"。

德川家康死后，继任者一改其政策，进而渐渐影响到对外通商贸易。因其国内矛盾，日本掌权者无暇继续进行对外扩张，岛原、天草之乱后日本开始全面闭关锁国，长达200多年，日本对台湾的威胁也暂时告一段落。此系历史上台湾第一次反日本侵略之战，击碎了日本侵略者的阴谋，维护了明朝对台湾的主权管辖。

---

① 《明神宗实录》卷五六〇，万历四十五年八月癸巳。

一、17 世纪之前的台湾

5. 西方殖民者东侵

丝绸之路的开辟架起了东西方经济、文化交流的桥梁。通过这条路，中华文化源源不断地传播到世界各地，越来越多的西方人带着各种目的不远万里来到东方国度。13 世纪，意大利人马可·波罗来到东方，他在中国游历了 17 年，曾到过云南和东南地区，亲眼看到了让他诧异的中国富庶景象。回到威尼斯后，马可·波罗写下了著名的《马可·波罗游记》，记述了他在东方最富有的国家——中国的见闻。该书很快便成为中世纪最畅销、对欧洲人影响最大的游历著作，激起了欧洲人对东方的热烈向往，对以后新航路的开辟产生了巨大的影响。

早在日本侵台之前的 15 世纪末，葡萄牙人达伽马开辟了由欧洲绕过好望角到东方的新航线。自此，西方人为了他们的"财富梦"开始竞相东来。明嘉靖三十六年（1557），葡萄牙人首先"租借"了中国澳门，继而北上，相继在厦门、宁波分设机构，以垄断中国与西方的贸易。当时的葡萄牙船员在经过台湾海面时，从海上远望台湾，发现台湾岛上高山峻岭、林木葱绿，甚为美丽，于是称其为"Formosa"（"福摩萨"，即"美丽之岛"的意思），这个名称被荷兰人一直沿用。

紧随葡萄牙人东来的是西班牙人、荷兰人。明隆庆四年（1570），西班牙人占据吕宋，并以此为据点在中国与日本之间从事贸易。为了巩固海上势力和海上贸易，在吕宋的西班牙殖民者向其国王建议，攻占包括台湾在内的吕宋周边邻近地区。① 不久，吕宋西班牙人听闻日本要进攻台湾，认为这是进攻吕宋的先声，将会直接威胁到西班牙的利益，于是立即上书其国王，再次要求攻占台湾。万历二十六年（1598），西班牙驻吕宋总督派 2 艘军舰、士兵 200 余人前往台湾，因受海风阻挠，阴谋未能得逞。

---

① 宋光宇：《台湾史》第 46 页，人民出版社，2007。

16世纪末，脱离西班牙控制而独立的荷兰后来居上，成为远东地区一股不可小觑的新殖民势力。荷兰欲从葡萄牙、西班牙所控制的海上贸易利益圈中分一杯羹，多次派商船组成商队前往东亚，开启了荷兰前往东方的殖民之路。然而，此时远东贸易已被葡萄牙、西班牙牢牢把持着，并建立了巩固的据点。在这种情况下，荷兰有两种选择：一是采用更强大的武力从葡萄牙、西班牙手中抢夺；另一个是开辟新的据点和贸易基地。为获取远东贸易中的巨大利润，荷兰一开始选择了第一种办法，即用武力先后几次夺取葡萄牙和西班牙人的贸易基地，但都未成功；最后，才被迫选择了第二种办法，开辟新的基地。台湾便成了荷兰人在远东志在必得的贸易据点。

二、荷兰强占台湾

二、荷兰强占台湾

荷兰势力来到东方后,其与中国的贸易即受到葡萄牙、西班牙的诸多压制。其中,葡萄牙反应最为强烈,它激烈反对荷兰参与到与中国的贸易中来,并处处设绊,使荷兰人无法登岸,更无法进行贸易活动。面对葡萄牙人、西班牙人的竞争和压制,荷兰人一面巩固和增强自己的实力,于明万历三十年(1602)成立"荷兰联合东印度公司",可以荷兰官方名义与东南亚各地订立通商条约,并在重要之处修筑城防要塞、配备守军、任免司法警察人员,并被政府授予在海外指挥军队作战之权力;① 一面积极寻找机会,企图从葡萄牙、西班牙手中抢占利益。

1. 两次中荷澎湖之役

为了尽快融入东方贸易圈,万历二十九年(1601),荷兰人范聂克首次率领两艘船来到中国,当"二夷舟至香山澳,通事者也不知何国人,人呼之为红毛鬼,其人须发皆赤,目睛圆,长丈许。其舟甚巨,外以铜叶裹之,入水二丈"②。明朝在澳门的税使李道瞒着明廷引范聂克入城,并准许其住了1个月,后因害怕被明廷降罪才将范聂克遣回。占据澳门的葡萄牙人见荷兰人来到澳门欲与其"互市争澳",加上税使李道还将其头目召进城中,遂"以兵逐之",荷兰人不敌,率船撤退。次年,荷兰人韦麻郎率领庞大船队再次从荷兰出发,经过1年多的航行抵达了澳门,并向澳门

---

① 《巴达维亚城日记》第1册,第3页,台湾省文献委员会,1989。
② 〔明〕王临亨:《粤剑编》卷三,中华书局,1987。

的葡萄牙人发起了攻击，但遭到了葡萄牙人的强烈抵抗，最后被迫撤退。在回航的途中，韦麻郎遇到了福建商人李锦、潘秀等人。他们立即给荷人献计，"若欲通贡市，无若漳州者。漳南有彭湖屿，去海远，诚夺而守之，贡市不难成也"①；同时，用重金贿赂明朝税使高寀，此事必成。荷兰人遂委托李锦等人处理与明朝通商事宜，并约定一旦议成，立即遣人相告。但韦麻郎等人迫不及待，未等李锦等人回信，即率两艘战舰前往澎湖。

万历三十二年（1604）七月，驻守澎湖的明兵此时已撤回大陆。荷兰人如入无人之境，轻而易举地占据了澎湖，并在岛上伐木筑舍，准备长期霸占。同时，荷兰人立即派通事前往大陆请求互市，但为福建官员所拒，荷兰通事也被捕下狱。而潜至福建为荷兰人谋划的李锦也因事泄而被捕，随后福建官员又将其释放，允许他戴罪立功，命他前往澎湖告知荷兰人撤出澎湖，立即回国。然而，由于沿海商民与荷人悄悄地进行贸易、税使高寀收取荷人贿赂后从中疏通，明朝官员内部对如何处理荷兰人的问题意见不一，荷兰人觉得还有利可图，遂不肯离去。双方之间不断交涉，一时形成僵局。

福建巡抚徐学聚力主反对，向朝廷奏明情况。明神宗谕徐学聚："红毛番无因忽来，狡伪叵测，著严行拒回吕宋也。著严加晓谕，毋听奸徒煽惑，扰害商民。"② 得到最高统治者的指令后，徐学聚命总兵施德政立即驱逐荷兰人出境。施德政派把总沈有容承办此事。沈有容，安徽宣城人，从小习兵，因功升至把总。此人有勇有谋，在对倭战争中战功颇著，深得上司赞许。沈有容认为荷人无非为了通商，先晓之以理，若不遵从离去，再施以武力。同年闰九月，沈有容在金门料罗湾调集水师战船20艘，带着被捕的荷兰通事林玉前往澎湖劝谕荷人退出澎湖。沈有容带着强大的军队而来，荷兰首领韦麻郎见后甚是谦逊，感谢明廷释放通事林玉。沈有容对韦麻郎说："若辈夙不通中国，兹非误听奸民诱来耶？天朝体统甚肃，上有抚、按二台，中有藩、臬诸司，外有将领、郡邑百执事，纲纪相承，凡事非商定不敢以闻。若欲求互市于闽，互市事至巨，孰敢主之？若等皆良商，独不识此乎！"③ 同时，告诉他指望通过贿赂就可以开关通商的想

---

① 〔清〕张廷玉等：《明史》卷三二五，中华书局，1974。
② 《明神宗实录》卷四〇三，万历三十二年十一月丁亥。
③ 〔明〕陈学伊：《谕西夷记》，见《闽海赠言》卷二。

二、荷兰强占台湾

法是不现实的,只有皇帝才有决定权,而这次行动正是由皇帝下令的。沈有容晓之以理,既然通商已无可能,留在澎湖也无益,"今令若守空岛中十余年,终无所市,留无益也,不如去"①。在沈有容的劝说下,韦麻郎同意率船从澎湖撤走。韦麻郎以铜铳、铳弹及荷兰产方物相赠,沈有容只收下了铜铳、铳弹,其他退还。沈有容返回福建后,荷兰人并没有立即离去,而是一拖再拖。为了切断对荷人的接济和贸易联系,福建巡抚、按察使严禁附近沿海地区一切人下海,犯者一律治罪。同时,沈有容再次向荷人施压。在种种压力下,韦麻郎认识到与中国通商的愿望暂时无法实现,被迫率船从澎湖撤走,向南洋驶去。

荷兰人虽在与中国通商方面进展暂时不太顺利,但在南洋等地却逐渐获得权益。万历四十七年(1619),荷兰人占领了爪哇岛,并于岛上建巴达维亚城(今印尼首都雅加达)。随着荷兰商业势力在南洋得到巩固,荷兰人更加迫切希望打开对华贸易的端口。正在此时,马尼拉的西班牙人也决定抢占台湾为基地,以突破荷兰与英国的海上封锁。天启元年(1621)年底,这一消息被来往于马尼拉与澳门之间的西班牙人所泄露,得到此消息后,新任荷兰驻巴达维亚总督科恩决定及早动手,用武力从葡萄牙人手中抢占澳门,若不成功,则先于西班牙人占据台湾。次年,科恩命雷约兹为司令官,率兵1024人,分乘战船12艘,于三月初四日从巴达维亚港出发。五月十六日抵达澳门近海,3天后,荷兰人开始对盘踞澳门的葡萄牙人发起攻击。葡萄牙人作战勇猛,使荷人伤亡颇多,进攻受挫。在一无所获的情况下,雷约兹派3艘船留在澳门港外,另令2艘驶至厦门海面截捕自马尼拉返回的中国商船,余下战船则由其率领向澎湖开进。当时澎湖诸岛上的居民较少,总数不满百人,其中原住民约60余人,因此,荷兰人很轻易地占据了澎湖。同时,雷约兹在当地渔民的带领下率舰船2艘前往台湾寻找合适的港口,因没发现他们所期望的天然良港而退回澎湖。为了把澎湖打造成荷兰牢不可破的贸易基地,荷兰人开始大兴土木。为了筑城,荷兰人从海上掳掠了600余艘渔船,强迫全部船员成为他们筑城的苦力。被掳掠而来的中国百姓将近1200人,至最后完工,役死571人,剩下的全部被送往巴达维亚城,途中又病死486人,最后只剩下不到100人

---

① 〔明〕李光缙:《却西番记》,见《闽海赠言》卷二。

存活。① 此外，为了在澎湖维持生存，荷兰人经常到福建沿海一带烧杀抢掠，这种状况持续了1年多，给当地的百姓造成了极大的灾难。荷兰人曾对此有过记述，让我们看一看荷兰人笔下所记载的"罪恶"场景：

> （一六二二年）十一月二十五日，我们派出三艘单桅帆船进入河内，停泊在一个村庄旁边，船上的人就在那里登陆，向中国人猛烈进攻。中国人把九艘帆船缚在一起，纵火焚烧，让它们向我们的单桅帆船漂来，意欲使其着火，可是它们没有命中。同月二十八日，我们两艘大船到达，在那里用我们的旋转炮，射向它们用七门小炮向我们单桅帆船上的人射击的地方……我们的人就在村庄前面焚烧四艘中国帆船，傍晚又回到船上。
>
> 十二月二日，我们又登陆，抢劫了另外一个村庄，象前一个村庄那样放火烧掉了它。我们在这里一个仓库内发现二十一大包丝线，把它连同其他掠夺品一道运到船上。②

然而，这样的海盗行为并不能实现通商贸易，他们也意识到如此下去难以达到目的，为此开始改变策略。次年，雷约兹与刚到达澎湖的荷兰首席商务代表一起前往厦门，希望通过谈判的办法解决通商事宜。时任福建巡抚商周祚与荷兰人初步达成协议，并约定由中方派人前往巴达维亚城，与荷兰驻巴达维亚总督直接商谈。双方虽然达成了初步协议，但是很多关键问题却没有得到解决，荷兰人对沿海一带的劫掠并没有停止。

天启三年（1623）夏，福建迎来了新的巡抚，陕西人南居益接替商周祚。他上任后一改前任对荷兰人的态度和立场，针对荷兰人的强盗行径，南居益主张予以痛击，并开始积极备战。同时，荷兰人为达到他们的商业利益目标，不断地加强武力威慑，由5艘舰船组成的荷兰舰队在法兰斯尊（Christian Franszoon）的率领下增援澎湖。十月下旬，荷兰舰队司令雷约兹命高文律率领5艘舰船前往厦门一带，控制厦门出海通道，阻止任何中国船只前往马尼拉与西班牙人贸易。同时，威胁明廷答应其贸易要求，若

---

① 戚嘉林：《台湾史》上册，第6页，台湾自立晚报社，1986。
② ［荷］威·伊·邦特库：《东印度航海记》，姚楠译，第83页，中华书局，1982。

二、荷兰强占台湾

要求被拒绝,则立即向中国宣战,用武力来达到他们的目的。法兰斯尊的舰队开到福建海面后,通过一位中国商人向福建官员发出了武力威胁和最后通牒。南居益将计就计,与总兵谢隆仪商定以诈许诱荷人上岸,然后一并将其擒获。十一月十七日,法兰斯尊等一行13人登岸,谢隆仪率兵将之一举擒获。半夜,守备王梦熊率50艘火船伪装成渔船潜往荷船周围,未登陆之荷人并没有发觉。王梦熊命火船乘风起纵火,荷兰船着火,荷兰人纷纷弃船落水。此役,荷兰舰队受到重大打击,包括法兰斯尊在内被擒52人、被杀8人。① 雷约兹在澎湖的力量受到严重削弱,虽想反攻,却心有余而力不足,只能固守澎湖。南居益等并没有就此罢兵,而是不顾天气寒冷,加紧备战,准备继续追击。

　　天启四年(1624)正月初,南居益派守备王梦熊率大军由吉贝屿突入镇海港,明军采取了稳扎稳打的办法,且击且筑,垒一石城为营,以营为据点,屡出奋攻,各有斩获,最后迫使荷兰人退守风柜一城。为了彻底将荷兰人赶走,南居益再次增兵澎湖,调派都司顾思忠等统领舟师至澎湖、镇海与前军会合,继续攻打,荷兰人仍固守不去。直到农历四月,澎湖仍未能攻克。于是,福建巡抚南居益第三次增兵,并亲赴海上指挥,会同漳、泉二道向澎湖进攻;名将俞大猷之子副总兵俞咨皋率海道孙国祯,督同水标刘游击,澎湖把总洪际元、洪应斗驾船,于五月二十八日到妈祖庙前侦察敌情,然后寻机先攻荷船,再攻荷兰人固守之城。不久,明军占领山冈,紧接着火铳部队也赶来支援,逐渐对荷兰人形成了包围之势。南居益率领火器部队,负责接应;王梦熊等至中墩扎营,断绝其水道;把总洪际元等率船置于镇海营前,直对荷船,等候时机水陆齐进。此时,荷兰新任司令官孙克抵达澎湖后发现中荷战事正在扩大,他了解到中国兵力还在源源不断地增加,双方之间的实力差距进一步扩大,形势已十分严峻。七月初三日,明军兵分三路,直逼荷兰人所固守的最后据点风柜城。孙克被迫承认:"中国人不但拥有一万人及包括战船、击沉船、火船等合计戎克船二百艘,而且中国对我方有令人难以置信之戎克船兵士等大量准备,盖战争系奉中国国王之特命所行。"在明军的强大压力下,荷兰人预感到"纵得守城一时,终亦必被中国兵包围而至陷落"。② 孙克决定与明朝官员

---

① 〔清〕周凯:《厦门志》卷一六《旧事志》。
② 《巴达维亚城日记》第1册,第44页。

进行交涉,以争取主动。中方强调,荷兰人必须拆毁据点离开澎湖,相应地,中方将同意台湾与巴达维亚之间进行贸易。最后,荷兰人不得不拆毁风柜城,全部人员登上13艘船只向台湾岛驶去,从而结束了其对澎湖两年多的非法霸占。

2. 荷兰攻占台湾

从澎湖撤离之后,荷兰人侵入了台湾的大员(今台南市安平区),并以此为据点开始了他们在台湾长达38年的殖民统治。荷兰人从澎湖撤至台湾后,在大员设置管理机构,在相邻的北线尾岛设商业区。然后在大员开始大兴土木,在原来的砦城旧城址上重新兴建规模宏大的城堡"奥伦治城"(Orange),不久便将在北线尾岛的商业区迁至城旁。天启七年(1627),奥伦治城改名为热兰遮城(Zeelandia),又称安平城,至崇祯五年(1632)始完成首期堡底工程。

大员至北线尾岛一带地狭人稠,无法满足荷兰人的利益需求。天启五年(1625),荷兰人用15匹粗布加上花言巧语骗取了新港社原住民在赤嵌区沿河的大片土地,在此处建造房屋、仓库、商铺、医院等,并用优厚的奖励措施吸引商人前来居住,很快这一带便形成了一条繁华的街市,被称为"普罗民遮"。荷兰人后在此地修造城堡,称为赤嵌城,与热兰遮城隔台江相望,成为荷兰人占台时期的政务中心之一。

在大兴土木的同时,荷兰人也开始设置较为完善的殖民统治机构。他们在大员设立了总揽台湾行政事务的行政长官和最高决策机构——评议会。行政长官下设政务员、税务官、检查官、会计长等。另外,为了确保荷兰人的利益和安全,他们在其修建的城堡和各个重要据点都驻扎了人数不少的军队。起初机构较小时,军队只有三四百人,随着机构的日益扩大和膨胀,驻军人数也越来越多,至清顺治十一年(1654),驻军已近千人。

在台湾逐渐站稳脚跟的荷兰人,本以为利用台湾可以与明朝进行通商贸易,却发现事与愿违。不但明政府实行严厉的海禁政策,仅存的对外贸

二、荷兰强占台湾

图2.1 热兰遮城（《1661，决战热兰遮：中国对西方的第一次胜利》，九州出版社，2004）

易也被葡萄牙和西班牙所垄断。于是，荷兰人故伎重施，用武力和海盗行为频频侵扰大陆。崇祯三年（1630）、六年（1633）、十二年（1639），荷兰人多次派舰船从台湾出发，屡屡侵扰福建沿海一带，企图用武力强迫明朝政府和福建当局答应他们互市通商的要求，最终皆被挫败，其提出的通商请求也不了了之。虽然多次侵扰均被明军挫败，但荷兰人凭借台湾便捷于往来大陆的优势，对明朝沿海地区造成了严重威胁。福建巡抚南居益等人曾多次请求朝廷出兵，将荷兰人从台湾赶走以消除明朝海上的威胁，但此时的明帝国已日薄西山、自顾不暇，根本没有精力顾及西方殖民者在海上对大陆产生的威胁，收复台湾也就无从谈起。

荷兰人在台湾海域的活动直接威胁到另一股西方殖民势力——西班牙人的海上利益，特别是对马尼拉通往日本的贸易航线造成影响，因此，西班牙人也企图在台湾占有一席之地。天启六年（1626）四月，西班牙驻马尼拉的总督施尔瓦（Fernando de Silva）派遣上尉巴尔德斯（Antonio Carreno de Valdes）率领由14艘舰船、200余名士兵组成的远征军，于五月自卡加延（Cagayan）出发，沿台湾岛东海岸北上。五月中旬，西班牙船队到达台湾东北部一个巨石遍地的海角，他们把这个地方命名为"圣地亚哥"（San Tiago，即今三貂角），这是台湾岛最东边的岬角。此处周边没有河、湖，只有嶙峋巨石，地方也太小，不适宜长期居住。西班牙人没有在此处登岸，而是绕过此海角向西北方继续往前航行，不久便发现了他们称之为"特立尼达"（Santisima Trinidad，"至圣三位一体"之意）的鸡笼港。经过几天的仔细调查，他们认为此处适合长期经营，决定在此建立据点，并在鸡笼港附近的社寮岛（今基隆和平岛）上举行占领仪式，宣布这里成为西班牙人的新殖民地。其后，西班牙人在此处建立起第一个城堡，命名为"圣萨尔瓦多城"（San Salvador）。作为外来入侵者，西班牙人明白，想要永久占领这里，不但要防备他们毫不了解的遍布周围的原住民，还要预防荷兰人的随时攻击。很快，他们便在圣萨尔瓦多城周边构筑起了很多防御工事，配备了相应的火力和兵力，然后建起官邸、民宅、教堂等。同年六月，西班牙重新任命了驻马尼拉总督塔沃拉（Juna Nino de Tavora），此人对西班牙军征服台湾取得的成效不甚满意，决定要独占台湾全境，把荷兰人赶走。他派出战舰8艘，携带大炮30门、军队2000余人进攻荷兰的地盘，但因途中遇飓风而返。此后，在台的西班牙人逐渐向台湾北部蚕食。崇祯五年（1632），西班牙人沿淡水河而上，占据了台湾北部。西班牙人在所占之处建筑城堡要塞，设教堂，强迫原住民改信天主教，并缴纳沉重的税收和贡物，因此不断遭到原住民的反抗和袭击。

西班牙人对台湾的占领以及在海上的活动也影响了荷兰人的利益，尤其是对荷兰与中国、日本之间的贸易构成了威胁，这是荷兰人所不能容忍的。于是，这两个西方殖民主义强国开始展开争夺。崇祯十五年（1642），荷兰人派战舰8艘、士兵690人大举进攻盘踞台湾北部的西班牙人。西班牙人兵少力弱，当荷兰人登陆后，便主动献城投降，随后被逐出台湾。自此，荷兰人又占据了台湾北部地区。

3. 荷兰在岛内的殖民统治

在台湾站稳脚跟的荷兰人终于撕破了伪善的面具，开始向周边的原住民和汉人移民进行武力征服。崇祯二年（1629），荷兰人首先攻击麻豆社（今台南麻豆镇）原住民。麻豆社是当地原住民相对集中的一个大社，他

二、荷兰强占台湾

们奋起反击，荷兰侵略者死伤50多人，惨败而归。事后，荷兰人非常愤怒，但对麻豆社又无可奈何，转而进攻与麻豆社相邻、力量较小的目加溜湾社，将这个较小的原住民部落夷为平地。随着荷兰人侵台兵力的增多，其实力也在日益增强，开始征服周边力量弱小的原住民部落或村落。崇祯七年（1634）二月，荷兰新任安平最高长官普特曼斯（Hans Putmans）率兵进攻小琉球岛（今台湾屏东县西南），大肆烧毁该岛居民的房屋，毁坏田地，抢夺粮食。但因兵力不足，旋即撤走。同年五月，荷兰人再次进攻小琉球岛，并强征原住民参与征伐，原住民不愿意为其出征，千方百计逃离，荷兰人最后因兵力不足而取消进攻。

崇祯八年（1635）十一月下旬，荷兰侵台首领普特曼斯率领荷兰兵500人及部分强征而来的原住民，再次进攻麻豆社。由于装备精良、准备充分，荷兰人很快攻下了麻豆，杀害麻豆男女老少共26人，并将原住民房屋财产付之一炬。麻豆原住民措手不及，纷纷弃家逃走。月底，麻豆原住民被迫派代表前往热兰遮城，向荷兰人表示归顺。次月，荷兰人与麻豆原住民签订协议，规定：麻豆人的土地归荷兰人所有，麻豆人必须参加荷兰人的军事行动，有义务服劳役；荷兰人"保护"麻豆人，"保护"此处的汉人，"保护"此处居民的通行自由等。① 不久，普特曼斯率荷兰兵500人、周边原住民兵四五百人，向安平东南十二三里的他卡拉扬进攻。此时荷兰人的力量已大增，加上有许多原住民被迫参战，他卡拉扬居民见状，没有抵抗，纷纷逃走，荷兰人不费一枪一炮就占领该处，焚毁房屋、掠夺财物，满载而归。

次年年初，节节胜利的荷兰人又开始征伐萧垄地区，萧垄居民在荷兰人未抵达前便已全部逃离，之后派代表与荷兰人商谈并签订协议，仿麻豆向荷兰人归顺。很快，荷兰人通过炫耀武力，逼迫许多弱小部落纷纷投降。至崇祯九年（1636）二月，先后有诸罗山、大武豆、大目降等近20个原住民区向荷兰人投顺。荷兰人并不满足现状，而是继续以武力向全岛扩张，以达到独占全岛的目的。第一次征伐小琉球岛的失败并没有打消荷兰人的野心，而是等待力量强大后再次入侵。同年五月，荷兰侵台长官普特曼斯率领携带精良装备的侵略军并裹胁周边原住民，对小琉球岛发起了进攻。面对荷兰人咄咄逼人的攻势，小琉球居民奋起抵抗，最终不敌荷兰

---

① 《巴达维亚城日记》第1册，第151页。

侵略军的枪炮，被迫隐藏起来，或躲进洞穴，或躲进避难所，或躲进丛林。荷兰人将整个聚落区围困起来，用火攻逼迫原住民出来，最后荷兰人将整个岛扫荡一光，共杀害当地居民300余人，俘获男女老少554人，其中青年壮丁被送至安平做苦役，其他人则被送至新港。荷兰人对小琉球岛的残余居民进行了野蛮的杀戮，此前侥幸逃脱的又被荷兰人捉住30人，最后除一个小孩幸存外，其他人皆被荷兰人割下头颅。七月，荷兰人率部队返回。荷兰人抢占小琉球岛后，将此处以300里耳（荷兰货币单位）的价格租给汉人使用。① 崇祯十年（1637）年底，虎尾珑地区原住民制止持有荷兰人颁发的捕猎许可证的人在该处捕鹿，双方爆发冲突，打猎者死伤7人。荷兰驻台湾总督范德堡（Johan van der Burgh）大怒，遂率领荷兵200人及大量的原住民兵攻打虎尾珑。虎尾珑系当时较大的原住民聚落区，比麻豆还要大，人口约3500人。面对强敌，当地居民奋起抵抗，800名青壮男子拿起最简陋的武器抵御装备精良的荷兰入侵者，后因力量悬殊不敌，20余人被杀，4000座房屋和粮仓被焚毁。在荷兰人的淫威之下，虎尾珑原住民被迫派代表前往大员向荷兰人投顺。为了避免遭到荷兰人的蹂躏，虎尾珑周边几个小部落也派出代表向荷人归服；台湾北部地区的许多原住民部落不得不放弃抵抗，效仿新港、麻豆等向荷兰人投顺。至崇祯十四年（1641），经过一系列武力进攻、野蛮屠杀，荷兰人已基本上控制了台北北部，而尚不在其控制中的台北南部便成了他们下一个征服目标。

崇祯十四年，荷兰新任驻台湾长官特罗德纽斯（Paulus Traudenius）率领荷兰兵及原住民约400人从安平出发，向大波罗、华武珑等原住民居住地发起进攻，当地人无力抵抗，纷纷逃走。荷兰人遂对原住民村落进行大肆破坏和焚烧，大波罗被焚毁房屋150户、谷仓400座，华武珑被焚毁住户400家、谷仓1600座。无家可归的华武珑等处原住民被迫派出代表与荷人签订协议，向荷兰人投顺。后荷兰人又用同样的手段迫使他马拉高等处向其投顺。

虽然有很多原住民部落迫于荷兰侵略者的屠杀而向其投顺，但也有不少原住民奋起反抗，其中鸡笼、淡水等地就有不少汉人和原住民英勇反抗荷兰侵略者。荷兰侵略者为报复台湾原住民的反抗，展开了更加疯狂的镇

---

① 程绍刚译注：《荷兰人在福尔摩莎》第180页，台湾联经出版公司，2000。

二、荷兰强占台湾

压。而此时,中央王朝正是多事之秋,大明王朝被李自成的大顺军所推翻,很快,关外的清兵又大败大顺军。处于改朝换代之际的中央王朝根本无暇顾及台湾的战事。清顺治元年(1644)九月,荷兰上尉彼得尔·榜(Piter Boon)率兵300人自鸡笼出发,开始征服台湾北部还没有完全臣服的原住民部落。军队一路南下,用武力迫使原住民向其投顺。在荷兰人的武力恫吓下,鸡笼的原住民部落全部被迫投顺。十月,彼得尔·榜继续率军前往淡水,又征服了该处南北两路的原住民。十月下旬,彼得尔·榜率军从淡水南下,在八仙溪山下遭到了台湾中部二十二社原住民首领柯达王(Quataong)率众的强烈反抗。由于天气不佳,荷兰侵略军纷纷患病,不得不中止进军,以待时机。次年元月下旬,荷兰商务员哥尔尼利士·谢札尔、亨多立克·苏田与上尉彼得尔·榜率兵210人向柯达王统治的地区进军,在行军途中遭到了原住民的反抗和攻击。狡猾的荷兰人绕道而至,烧毁数村、杀害数人,逼迫这些村社向其投降。接着,荷兰人继续征服了安平、淡水剩下的村落,摧毁反抗之村落13座,杀害反抗者126人,柯达王被迫向荷兰人臣服,自此台湾西部平原原住民基本上被征服。① 经过20余年的扩张,荷兰人以武力在台湾西部、北部建立起稳固的殖民统治。

荷兰人的扩张是血腥的武力征服和凶残镇压,为了牢牢控制原住民,确保原住民绝对顺从,先后建立起长老制、纳贡、传教等一系列统治原住民的制度。荷兰人首先用"众建分治""以土治土"的"长老评议制"来控制台湾原住民。荷兰人将各个原住民部落的头人委任为"长老",让其互不统属且又能相互牵制,共同对荷兰人负责。这些被委任为"长老"的头人平时管理原住民,不定期参加荷兰人召开的长老会,向荷兰人汇报治理情况。之后,为了进一步控制原住民地区,荷兰人又在各土人区大量任命"长老",以达到分权制衡便于统治的目的。同时又在每个政务区设立一荷兰政务员,该政区内的所有原住民长老都必须向荷兰政务员负责,向其汇报,听其指挥。为了笼络这些原住民上层人士,荷兰人对其"恩威并济",一方面进行严格控制,另一方面又给他们很多恩惠和好处。荷兰侵略者规定原住民不能随意迁徙,甚至不能越出规定的界限狩猎,否则将会受到严厉的惩罚。为了防止汉人鼓动原住民反抗,禁止原住民与汉人之间

---

① 《巴达维亚城日记》第2册,第464页。

的自由交往，不允许汉人在原住民村落中居住和定居、不能在原住民村落周边活动，农业生产也被禁止。在经济上，荷兰人对原住民大肆掠夺。起初，荷兰人对非自愿归顺的原住民征收大量的赋税和贡物。不久后，荷兰人开始对其控制下的所有原住民部落征收赋税和贡物，而且有过反抗行为的原住民部落必须加倍纳贡，除此之外，还有一些不定期的额外征收事项。荷兰人通过种种强迫手段获得了大量的不义之财。为了配合其殖民统治，荷兰人同时也在不遗余力地推行"奴化教育"。一是传播宗教，二是开展殖民教育。宗教是荷兰人进行征服和统治的另一种重要手段。荷兰人欲利用西方宗教改变原住民的本土信仰，使他们心甘情愿地顺服于荷兰人的统治之下。荷兰人创办学校，用优厚的待遇和政策吸引原住民儿童前来接受殖民教育，企图让原住民儿童从小就接受他们的那一套说教，服从荷兰人的统治。这种教育一开始面对原住民儿童，后来推及成年人，必须每天参加；成年男子天亮前上课，女子则在傍晚上课。

对于汉人，特别是对移民汉人的控制则由汉人中有影响的、财力雄厚的领袖人物承担，这些人与荷兰人关系密切，贸易往来频繁。他们为了维护自己在台湾的利益以及与荷兰人的关系，比较愿意与荷兰人合作。崇祯十七年（1644），为了加强对汉人的管理，荷兰人将汉人集中在几个特定的区域居住，并且要求汉人必须领取居住许可证；禁止汉人随意迁徙，更不允许与原住民交往；同时成立由4个荷兰人、3个汉人组成的"七人委员会"作为日常管理机构。荷兰人还对汉人进行经济上的掠夺，通过设立千奇百怪的赋税对汉人进行剥削和控制，诸如人头税、稻作税、狩猎税、渔业税、市场税、宰猪税、衡量税等等。名目繁多的苛捐杂税给汉人戴上了一副沉重的经济枷锁。

4. 郭怀一"驱荷"起义

荷兰殖民主义者在台湾的血腥征服和残酷统治激起了台湾各族人民的愤怒反抗。伴随着荷兰人在台湾岛内的侵略扩张，从没有停止过的是原住

二、荷兰强占台湾

民与汉人的反抗。17世纪中叶开始,荷兰人加大了对台湾岛上居民的经济掠夺:不仅创设各种新税种,提高旧有税收额度,而且还经常用各种借口、手段豪征强敛,甚至派士兵夜间入户敲诈勒索;特别是对汉人的搜刮,更是激起了强烈不满。顺治八年(1651),台湾出现年荒,甘蔗和粮食产量大幅下降,还有大量的人失去生计,民众面临着生存危机。此时荷兰人不仅不予以救济,还继续课以各种繁重的税赋,饱受饥寒之苦的民众对荷兰人越来越不满,怨恨情绪日益高涨,社会处于动荡之中,反抗一触即发。当时,社会上到处传播着郑成功即将率兵攻台的消息,对汉人反抗荷兰人具有巨大的鼓舞力量,极大地增强了其反抗的勇气和信心。而刚出任台湾长官没多久的富尔堡(Nicolaas Verburgh)对汉人非常敌视,比前任更加残暴,最终触发了汉人的反抗,郭怀一领导的起义就是在这样的情况下爆发的。

郭怀一,字昆山,福建泉州同安人,原为郑芝龙的部属,随其举家迁往台湾从商,并在赤嵌地区的士美村定居下来。郑芝龙归顺明朝后,郭怀一并未随同返回,而是依旧留在台湾南部,从事经商和垦殖。因其原为郑芝龙的旧部,为人仗义、扶危济困,在移民汉人中具有非常高的威望,也自然而然地成了当地汉人的领袖,荷兰人也顺水推舟,将其任命为管理该地的长老。在与荷兰人打交道过程中,郭怀一目睹了台湾同胞所遭受的种种欺压、凌辱,对荷兰人的贪婪与残暴也了解得比别人更加透彻,对当地平民百姓的境况抱有深切的同情。

顺治八年,台湾年景不好,平民百姓在节衣缩食中终于熬到了收获季节,虽然大幅减产,但剩下的作物还是勉强可以维持生存。荷兰人并不理会这些,不但一如既往地征收各种赋税,而且还加重了征收的额度,让已经在困境中挣扎的汉人雪上加霜,广大汉人怨声载道、群情激愤。这种集体情绪与郭怀一对荷兰人的不满产生了共鸣,汉人也都希望作为"领袖"的郭怀一可以为他们做点什么。郭怀一召集了一些从闽、粤来的头领商议解决办法。在商量陷入僵局时,郭怀一说:"诸君为红毛所虐,不久皆相率而死。然死等耳,计不如一战。战而胜,台湾我有也,否则亦一死。唯诸君图之!"① 郭怀一的想法让众人坚定了反抗的决心,纷纷表示赞同。

---

① 连横:《台湾通史》卷一,商务印书馆,2010。

怎样才能一举成功？最后，他们提出"擒贼先擒王"的策略，敌人再强大，只要首先解决了"首领"，其他的敌人就相对好办了，遂决定摆下"鸿门宴"，不动声色地把荷兰人的头领擒住。于是商定，于中秋节宴请荷兰上层人士来郭怀一家赴宴，趁荷兰人酒醉之际擒而杀之，然后率兵攻进赤嵌和大员。不料，有叛徒向荷兰当局告密。荷兰人大为吃惊，马上下令城堡和其他工事严加防守，派专人率兵前往赤嵌地区，配合当地荷兰人加强防备，并对郭怀一起事进行侦察。荷兰人到士美村后发现：该处聚集了成群结队的中国人，他们中多数人手执末端削尖的竹竿，有些人则拿着一些生产工具，如锄头、镰刀、船桨等。其中一个荷兰探子被准备起义的群众逮住了，然而，另一个则逃走了。郭怀一知道事已泄密，被迫提前起义。当晚，郭怀一立即召集汉人起义，并于次日拂晓向赤嵌城进攻。起义队伍高喊"杀死荷兰狗"的口号，攻进了赤嵌城。他们焚烧街市，搜杀荷兰人，得到台湾人民的热烈响应。

赤嵌城被占领后，荷兰殖民者恼羞成怒，随即派上尉夏佛莱（Hans Peter Schiffely）率领160名火枪手先行前往救援荷人、镇压起义，并调派新港、萧垅、麻豆、大目降和目加溜等地的原住民武装340人前往赤嵌地区配合荷兰人的镇压。虽然起义军已经占领了赤嵌城，但荷兰的残兵败将仍在负隅顽抗，他们凭借先进的武器让农民军很难完全攻下。为了阻止荷兰援军的到来，起义军4000人前往海边，阻止荷兰援军登陆。荷兰人被迫涉水，在齐腰深的水里用火器强行登岸。成功登岸后的荷兰军集中火力向起义军进攻，起义军不敌，被迫从赤嵌城撤退。起义军边战边撤，在抵抗荷兰人的头两天有500余人被杀，那些藏在甘蔗地和农田里的农民军被搜出后立即被枪杀。郭怀一率部放弃赤嵌城，急渡二仁溪，凭溪固守。

荷兰人在"土番"的带领下，循至二仁溪上游，涉水而过，从小路悄悄接近义军营地。义军居高临下，发现荷军接近时，十分英勇地直冲下来，荷兰人凭借手中的火枪，先后四次向冲下来的义军射击，把义军的队伍彻底打散了。在荷兰人和土著兵的追击下，起义军损失严重，2000余人被杀。在激战中，郭怀一身先士卒，冒着炮火，指挥起义军向荷兰殖民者勇猛冲杀，不幸中弹牺牲。取得胜利后的荷兰人在将起义军营地的一切物资付之一炬后返回赤嵌城。被打散后的起义民众在吴化龙率领下突围退至欧汪、大湖（今高雄市郊区）一带，继续坚持了8天，最后因粮尽援绝，除少数人逃走以外，绝大多数人壮烈牺牲。起义最后失败了。

二、荷兰强占台湾

　　荷兰侵略军对起义民众及其所在村落进行了血腥的屠杀。起义军的 3 位首领被荷兰人捉住后，被施以酷刑，其中有 2 人因为用刑过度而亡。血腥屠杀足足持续了半个月之久。仅仅在赤嵌地区，大量的汉人——无论妇女还是儿童——被捕或被杀，赤嵌地区的汉族人口急剧下降。除此之外，荷兰人还通过各种手段限制汉人的人数，加重各种苛刻赋税，减少或废除汉人的种种自由。

　　郭怀一领导的驱荷起义虽然在侵略者的血腥镇压下失败了，但它展示了中国人民反抗外来侵略的力量和决心。起义者的鲜血促使台湾同胞觉醒，使他们认识到只有将殖民主义者赶走，这片土地才能真正属于自己。起义虽然被镇压下去了，但反抗的精神却传承下来。10 年后，郑成功率军收复台湾时，成千上万台湾同胞纷纷响应并加入进来，最终把荷兰人逐出了台湾。

三、郑成功收复台湾

三、郑成功收复台湾

进入17世纪后,尤其是明思宗即位后,明王朝的状况更加艰难。不仅有东北新兴的后金虎视眈眈,而且在明王朝内部也是暗流涌动,犹如将要爆发的火山一般。崇祯十七年(1644),明王朝在内外夹击下灭亡,明思宗在煤山自缢。不久,清兵入关,并乘胜南征,全力剿灭反清势力以建立起对全国的统治;明朝宗室则在南方成立政权,试图延续明朝的统治。在这风云激荡的年代,海盗出身的郑芝龙开始成为历史舞台上的一个重要角色。起先,郑芝龙率部归顺明王朝;明王朝覆灭后,他便在福建拥立唐王建立隆武政权,后又投降清朝。郑芝龙之子郑成功并没有随父投降,而是在力劝无果的情况下与其父分道扬镳,领兵抗清,支持和维护南明朝廷。

1. 谋取台湾

离开了父亲的郑成功,在其叔父郑鸿逵的帮助下到广东招兵买马,并以"忠孝伯招讨大将军罪臣朱成功"的名义开始走上反清复明的道路。清顺治四年(南明永历元年,1647),郑成功率陈辉、张进等人在烈屿誓师,正式起兵抗清。之后,郑成功练兵筹饷,经略泉州、漳州、潮州等地,声势日隆。顺治七年(永历四年,1650),郑成功率部取厦门、金门,并以此作为抗清的主要基地。随着军事力量的日益增强,郑成功部逐渐成为当时抗清力量中最主要的一支。力量最鼎盛时,有陆军72镇、水师20镇,兵士近20万人,大小船只5000多艘。顺治十一年(永历八年,1654),郑成功被南明永历帝敕封为延平王,在之后的几年里先后三次率兵北伐。

顺治十五年（永历十二年，1658），清军进入云南，南明政权岌岌可危，永历帝急颁诏命郑成功北伐，进攻江南，直取南京，以达"围魏救赵"之效果，减轻南明政权的压力。次年五月，郑成功率领大军10余万人、大小舰船3000余艘从浙江沿海出发北上，与鲁王部将张煌言配合，水陆并进，北伐南京。很快，郑成功部进入长江，并连克焦山、瓜洲、镇江，围困南京。张煌言则率军溯江而上，连克许多州县。清廷一时震动，大江南北望风归附者四府三州二十余县。在占优势的情况下，郑成功大意轻敌，没有听从部将甘辉攻城宜速的建议，而是列兵于江宁城外10余天，江宁城内清军抓住战机，乘郑军放松警惕之际倾城而出，突袭郑军军营。郑军猝不及防，顿时大乱。郑军大败，损兵折将，大将战死10余人，军队损失近半，战船损毁500余艘，全军被迫南撤，尽弃江南之地，孤守金、厦。清军南方战事节节告捷，统一全国的大局已定，随即开始调兵遣以围剿固守的郑成功。

为了彻底消灭郑氏力量，清廷对福建等东南沿海一带实行禁海迁界的封锁政策，坚壁清野，不允许片帆下海，以围困金门、厦门等地的郑氏力量。面对此况，郑成功深感处境之艰难。其固守的金门、厦门等地地少人稀，一旦被围，根本无法支撑大军生存，更不用说将之作为屯兵和长期抗清的基地。正在踌躇之际，一个人的到来为郑成功解了燃眉之急，此人便是福建南安人何斌（又称何廷斌）。何斌系台湾荷兰殖民者的翻译，也是荷兰人任命的汉人长老，更是郑氏与荷兰人之间的联系人。何斌详细测量了鹿耳门等地的水路，将测量绘成的地图秘密地交给了郑成功，并劝说："台湾沃野数千里，实霸王之区。若得此地，可以雄其国；使人耕种，可以足其食。上至鸡笼、淡水，硝磺有焉。且横绝大海，肆通外国，置船兴贩，桅舵、铜铁不忧乏用。移诸镇兵士眷口其间，十年生聚，十年教养，而国可富，兵可强，进攻退守。"[①]力劝郑成功出兵台湾。

郑成功意欲入台，并向众将领表达了自己的这种看法，"若得有一处，方可以进战退守"，"吾闻台湾离此不远，意欲整师夺踞，何如？"不料，"诸人无以应，但持南北固守为对"。在条件还不具备的情况下，郑成功并没有立即东征，只是开始着手准备。即便如此，有关郑成功率兵东征台湾

---

① 〔清〕江日昇：《台湾外记》卷五，第156页。

三、郑成功收复台湾

的消息不仅在东南沿海一带广泛传播,在台湾更是甚嚣尘上。当时的荷兰侵略者头目台湾总督揆一听到郑成功要攻打台湾的传言后十分担心,立即请求巴达维亚出兵增援。在揆一的请求和鼓动下,巴达维亚荷兰东印度公司派出战船 12 艘、官兵近 1500 人前往台湾增援荷兰侵略者。同时,为了打听有关郑成功出兵的真实情况,荷兰侵略者派人前往厦门,名义上是向郑成功递送书信,实则刺探军情。揆一在信中向郑成功说:"迩来闻殿下将整师旅东征台湾,谣言充耳,使台湾民以惶惶不安,但敝国人尚不敢尽信。而数月来贵国之贸易船舶顿减,此尤足启东印度公司台湾政厅之疑虑者。所传然耶?不然耶?幸垂明教!"① 荷兰人直截了当的询问,让郑成功明白东征台湾的消息早已不胫而走,在台湾广泛传播了,荷兰侵略者也一定做好了防御准备。在时机还未成熟的情况下,只有先麻痹荷兰人才能争取足够的时间进行充分准备。于是,郑成功假装对台湾并不感兴趣,对荷兰来使也十分友善,并回信对荷兰侵略者揆一的疑问一一进行了答复:"彼此远隔,我愿在此向荷兰国表示善意与友好。适接来函,细读之下,始悉阁下误听种种谣传,信以为真。多年以前,荷兰人前来大员附近居住,我父一官当时统治此地,曾予开放、指导,并维持该地与中国之贸易,颇为顺利。在我统治期间,此项贸易并无减少,亦曾尽力促进。双方商船来往频繁,可资证明。此项让步,阁下想当视为我之善意表现。但阁下仍然致疑于我对荷兰国之善意,猜想我正在准备某些不利于贵国之敌对活动。显然,此乃出诸居心叵测者无稽之谈。我多年来与鞑虏交战,恢复国土,戎马倥偬,焉有余暇对此草莽丛生之小岛如台湾者采取敌对行动?"② 同时,郑成功也开始与台湾通商,以免除荷兰人的怀疑。郑成功的回信虽然并没有让揆一完全相信,但通商行为也让荷兰侵略者的防备有所松懈。不久,从巴达维亚前来援助揆一的大部分战船和全部军官撤离台湾,返回原地,只留下了 600 士兵、2 艘战舰、1 艘帆船和 1 艘传递消息用的快艇。

---

① 《中国历代战争史》第 15 册,第 337 页,台湾军事译文出版社,1983。
② 《郑成功收复台湾史料选编》第 138 - 139 页,福建人民出版社,1982。

2. 登陆鹿耳门

清顺治十八年（永历十五年，1661）正月，经过前期充分准备后，郑成功决定东征台湾，遂聚集众将领密议，商讨东征事宜。郑成功说："天未厌乱，闰位犹在，使我南都之势，顿成瓦解之形。去年虽胜达虏一阵，伪朝未必遽肯悔战，则我之南北征驰，眷属未免劳顿。前年何廷斌所进台湾一图，田园万顷，沃野千里，饷税数十万，造船制器，吾民麟集，所优为者。近为红夷占据，城中夷伙，不上千人，攻之可垂手得者。我欲平克台湾，以为根本之地，安顿将领家眷，然后东征西讨，无内顾之忧，并可生聚教训也。"① 然而，许多将领对东征台湾的计划并不赞成，虽面有难色，但不敢直言反对。此时，曾经到过台湾的将领吴豪起来反对，他说"风水不可，水土多病"，而且"港浅，大船难进"。前提督黄廷也起身表示反对，附和吴豪的意见。大将马信则提议派一支部队先行前往，如果进军顺利则大军立即跟进，若荷兰人防御坚固，则再做商讨。陈永华也同意马信的意见。此时协理中军戎政（军事行政官）杨朝栋力排众议，强力支持郑成功的东征计划。最后，郑成功驳斥了反对者意见，决定出兵台湾。

是年二月初一日，郑成功率马信、周全斌、陈瑞、杨祥、张志、薛进思、杨英等将领在厦门祭江，准备东征，并进行了详细的军事部署。命参军蔡协吉协助郑泰守金门；命杨富、杨来嘉、何义、洪天祐、陈辉督率水师驻守南日、围头、湄洲一带，毗连金门，以防清军北来之师；命洪旭、黄廷、王秀奇、林习山、杜辉、陈永华、冯锡范等人辅助世子郑经，驻守厦门，调度各岛之师。② 郑成功则亲率马信等众将领、士兵约 2.5 万人、

---

① 〔明〕杨英：《从征实录》第 185 页，见《台湾文献丛刊》第 32 种，台湾大通书局，1987。

② 〔清〕江日昇：《台湾外记》卷五。

三、郑成功收复台湾

战船400艘①于三月二十三日从料罗湾出发,浩浩荡荡,首尾10余里,向台湾进发。次日抵达澎湖,留3000人驻扎澎湖,主力则东进台湾,但在途中却遭到大风,被迫折返澎湖,等待有利的风向。在澎湖苦候几日皆未能如愿,此时郑军的粮草已告急。郑军从厦门出发时只带了几日的行军粮草,本以为可以满足抵达台湾之前的海上航行之需,却未料遇大风被迫折回,延误多日。粮草匮乏的郑军不得不于澎湖诸岛筹集粮草。但澎湖岂能供应如此大军的粮草?在万般无奈的情况下,郑成功当机立断,力排众议,决定强渡东进,他说:"冰坚可渡,天意有在。天意若付我平定台湾,今晚开驾后,自然风恬浪静矣。不然,官兵岂堪坐困断岛受饿也。"②经过一夜的航行,于四月初一日黎明,郑成功大军抵达台江外沙线。

天亮后,大军到达鹿耳门港外海面(今台南市安平港)。时从港外进港有南北两条路线:南线,在北线尾与鲲鯓之间,河道口宽水深,但荷兰侵略者的防备较严密,重兵把守,两岸还有重炮,难以通过;北线,在北线尾与鹿耳门屿之间,河道较为狭窄,河底砂石淤垫,水路长数十里,荷兰侵略者在此河中沉下了许多船以堵塞航道,平时船只无法通过,只有涨潮时方可通行。经过仔细考察和详细商讨后,郑成功等人决定从北航道进入,并采取"声东击西"之法,佯装从南航道进军,将荷兰人的注意力尽量吸引到南线航道,减轻北线航道的阻力。郑成功命大军大造声势以迷惑荷兰人,成功地把荷兰殖民者的注意力全部吸引到南航道上,北线航道基本上没有兵力把守。午后,乘潮水大涨之际,郑成功在何斌的引导下率大军从北线航道突入,大小战船很顺利地通过了鹿耳门。一时间,战船布满鹿耳港海面,旌旗蔽天。荷兰守军中有一位瑞士人阿布列特·赫波特记下了当时的场景:"雾散了之后,我们就看见有数不清的船舰在北线尾港口。桅樯甚多,好像光秃秃的森林。"③ 荷兰侵略者出乎意料,惊魂未定的荷兰人仓促抵抗,出动船只阻击郑军,同时送走了城内荷兰人的妇女和儿童。已占先机的郑军越战越勇,很快击败了阻击的荷兰人,冲破荷兰人在

---

① 一说船350艘、士兵14万,参见李震明编著《台湾史》,中华书局,1948。
② 〔明〕杨英:《从征实录》第186页,见《台湾文献丛刊》第32种,台湾大通书局,1987。
③ 〔瑞士〕阿布列特·赫波特:《爪哇、台湾、前印度及锡兰旅行记》,见《郑成功收复台湾史料选编》第316页,福建人民出版社,1982。

海面临时组建起来的防线,在禾寮港(约在今台南县永康市洲子尾附近)登陆,迅速切断了台湾城与赤嵌城荷军的联系。郑成功身先士卒,冒着荷兰侵略者的炮火向前突击,并首先登岸。全体将士深受鼓舞,一鼓作气突破阻击登岸。

3. 郑、荷军海陆大战

郑军登陆后,一部分部队由马信率领,包围普罗民遮城,并进占赤嵌街;一部分则在北线尾登陆,驻扎于鹿耳门,以牵制荷兰侵略军兵船,兼防北线尾荷军。郑军的到来受到了台湾汉人和高山族人的热烈欢迎,"土民男妇壶浆迎者塞道"①,不但出来迎接,还争先恐后地给予郑军帮助,"用货车和其他工具帮助他们登陆。这样,不到2个小时,大部分军队已进入海湾,几千士兵已经完成了登陆"②。下午1时半,一部分郑军已沿着海滩和赤嵌街北面小溪扎营,搭起上千个白色帐篷。

郑军的登陆让驻守热兰遮城的荷兰侵略头目揆一感到大事不妙,立即致信赤嵌城荷兰头目猫难实叮(Jacobus Valentijn),希望他一定要派兵阻止郑军登陆,并于当日下午从大员派兵400人,由上尉黎英三(Joan van Aeldorp)率领,乘船前来增援。当时系退潮时刻,荷兰人的船只无法靠近赤嵌城堡,郑军抓住机会,猛烈攻击荷人船只,最后只有五六十个荷人登岸成功,其余被迫返回热兰遮城。此时,赤嵌城堡内的兵力比较薄弱,只有400人,加上前来增援的荷人,共计人数不到500人。当晚,为了抵抗和牵制郑军,猫难实叮命掌旗官兰伯兹(Jan Lamberts)率60人前往赤嵌,将城中的稻米及其他食物焚毁,尤其是要将位于市镇北部的马厩粮仓焚毁,以免被郑军取用。兰伯兹等人从赤嵌沿海的房子烧起,一路向内,

---

① 〔明〕杨英:《从征实录》第152页。

② 〔荷〕C. E. S.:《被忽视的福摩萨》卷下,见《郑成功收复台湾史料选编》第142页,福建人民出版社,1982。

三、郑成功收复台湾

最后由于郑军的猛烈反击,荷兰人的阴谋并未得逞,烧了该市镇1/4的房子后,退回了城堡。① 为了防止类似的事再发生,郑成功命杨戎政督同援剿后镇张志官兵防御看守②,加强警戒和对该市镇街道的巡查。次日,即令户都事杨英将街中米粮全部分发给各镇士兵,计足够兵士们半个月的口粮。③

四月初三日清晨,猫难实叮派掌旗官兰伯兹带三四十人前往刺探郑军情况,并俘虏了两名郑军士兵,然而从他们嘴里得到的情报却寥寥无几。上午,荷兰人从萧垅逃回赤嵌城时,被郑军俘获的荷兰政务员博克斯(Gillis Box)的妻子和小儿子带着三封书信被郑军送到赤嵌城内。郑成功在信中令荷兰人必须投降,从城堡中撤走。此时,猫难实叮急派度量衡测定师帕特讷斯(Joris Pontanus)率领10个士兵,带一封求救信乘坐舢板驶往大员向揆一求救,同时命令荷兰妇女和孩童也一起乘船逃往大员,后因受到郑军的猛烈攻击,只有帕特讷斯带着10人侥幸逃出,搭上一艘舢板急忙向大员逃去,其余人则退回城堡内。

当日,揆一命令荷军从海陆两面出击,妄图打败郑军,解赤嵌城之围。陆上由上尉拔鬼仔(Thomas Pedel)率领240名士兵登陆北线尾;海上则由上尉阿尔多普率200人乘船增援赤嵌城,同时部分荷兰战船在海上攻击郑军。

拔鬼仔所登陆的北线尾,是一个面积约为1平方里的沙洲,其一端正对着热兰遮城堡,另一端延伸到鹿耳门湾附近。拔鬼仔登陆后,将队伍分成两队,摆好阵势,号召士兵勇敢作战,不要惧怕;他们相信中国人受不了火药的气味和枪炮的声音,只要放一阵排枪,打中其中几个人,便会吓得四散逃跑,全部瓦解。基于这样的成见和偏见,拔鬼仔十分自信,认为定能打败郑军。做了简短的祷告后,便命令战士排好队形向郑军进攻。与此同时,由陈泽等率领的郑军约4000人从北线尾的另一端登陆,面对只有区区二三百人的荷兰侵略者,陈泽从大军中抽出七八百人,绕过小山包

---

① 〔荷〕菲利普·梅著,江树生译注:《梅氏日记》第22-23页,台湾汉声杂志社,2003。
② 〔清〕阮旻锡:《海上见闻录》,见《郑成功收复台湾史料选编》第44页,福建人民出版社,1982。
③ 〔明〕杨英:《先王实录》第248页,福建人民出版社,1981。

从后面进行抄袭,以形成前后夹击之势。拔鬼仔指挥荷军以12人为一排,拉开战斗队形齐放排枪,逼近郑军,连放了三排枪。陈泽所率领的大部郑军从正面迎击,命令弓箭手予以强烈反击,一时"箭如骤雨,连天空似乎都昏黑起来";同时另一只郑军小部队已绕至荷兰人背后进行袭击。前有郑军大部队的顽强进攻,背后又有郑军小股部队的袭击,拔鬼仔发现自己腹背受敌,顿时手足无措。荷兰兵战前的猖狂自负这时完全为恐惧所代替,许多人甚至还没有开火便把枪丢掉了,抱头鼠窜,落荒而逃。拔鬼仔看到寡不敌众,坚持抵抗已没有意义,便企图集中兵力,有秩序地撤退,而此时的荷兰军已经大乱,惊慌恐惧、各自逃命,拔鬼仔的命令毫无作用。郑军乘胜猛攻,将荷军"一鼓而歼",消灭拔鬼仔及部下118人,其余的荷兰兵则在丢弃枪械后,徒涉过颈的水面,登上荷兰领航船逃跑。①另一路增援赤嵌城的200人小部队则由阿尔多普上尉率领战舰先期护送,沿台江南岸驶向赤嵌城,试图为猫难实叮解围。郑军发现后立即出动"铁人军"进行阻击,他们挥舞着被荷兰人称为"豆腐刀"的大刀,毫不畏惧地向荷兰侵略军砍去。赤嵌城沿岸水比较浅,运载荷兰增援军的荷兰领航船吃水较深,无法靠岸。最后,在郑军的攻击下,只有60个荷兰兵勉强涉水上岸,其他荷兰兵或被郑军消灭,或被迫乘船逃走。

护送完荷兰兵后,由阿尔多普率"赫克托"号(Hector)与"斯·格拉弗兰"号(S'Gravelande)在海上向郑军发起了进攻。当时,海面上的郑军舰队有大型帆船约60艘,每船各配备有2门大炮。荷兰战舰首先向郑军开炮攻击,两军海战开始。荷兰最大的战舰"赫克托"号作为主力舰驶在最前面,首先攻击郑军,并用大炮击沉了多艘郑军船只。但勇敢的郑军并没有被吓住,反而越战越勇,有五六艘郑军船只冒险从各个方向围攻"赫克托"号。见此情景,"赫克托"号上的士兵慌了手脚,为了自救,迫不及待地从上下左右前后各个方向进行阻击,瞬时间浓烟弥漫,以致在热兰遮城上的荷兰人无法辨认"赫克托"号和郑军船只。浓烟中,"赫克托"号船上的火药被点燃,瞬间发生巨大的爆炸,爆炸声响彻云霄,荷兰战船上的货物和荷兰人侵略者全部葬身大海。荷兰战舰的爆炸下沉使郑军的士气大受鼓舞,纷纷围住了荷兰人的其他船。见此情形,荷兰侵略者十

---

① [荷] C.E.S.:《被忽视的福摩萨》卷下,见《郑成功收复台湾史料选编》第145页,福建人民出版社,1982。

三、郑成功收复台湾

分谨慎小心,为了避免重蹈覆辙,荷兰人遂将船只驶离海岸、驶向深海,希望逃出郑军的包围。郑军紧追不舍,利用优势兵力和战船进行围攻,而荷兰侵略者则凭借他们先进的战船多次免于覆灭。郑军紧跟荷船,用点火的箭射击,又以铁链将火船扣在荷船的船头斜桅上,郑军士兵甚至一度登上了"斯·格拉弗兰"号。"斯·格拉弗兰"号数度着火,遭受重创,船尾洞开,只得挣扎逃出战场;较小的"白鹭"号(De Vink)也在受到重创后逃走;通讯船"玛利亚"号(Maria)逃往巴达维亚报讯。

荷兰人在海、陆作战中均告失败后,赤嵌城和热兰遮城已成为两座孤立的城堡,相互间的联系完全阻断。荷兰侵略者承认,当时赤嵌城守军"力量单薄,处境危急","热兰遮城堡也由于地势关系,难以坚守,热兰遮市区更是完全处于敌军的包围和控制之下"。郑成功遂即加紧对赤嵌城的包围。该城周长45丈,高3丈6尺,城墙上有4座炮楼。为加速荷兰人的投降,郑军切断该城的水源供应。据当时荷兰人的记载:"下午,在我的部下当中听到一个为饥饿和口渴而抱怨的声音,我上去城堡,要去为他们和我自己去找些吃的和喝的东西。但到了那里,天啊!厨师抱怨得更厉害了,他告诉我,井里完全汲不到水了……叫人下去挖井清理,并派出一个队长随时监督饭食,合理地分配,务必使每人都分得食物,并得解渴……虽然也派几个黑人青年去城堡的大门外,向海滩约四五竿的地方挖井,情况也一样不好,因系沙地,只舀出很少的水,挖出来的洞孔立刻被周围的沙子闭合起来了,所以最后就把洞挖大,挖到硬地下面,挖出一个大洞,但是过了很久,也只是汲得半含着泥浆的水。晚上,厨师就用这样的水煮饭。"[①]

为了尽早攻下赤嵌城,郑成功派出部将杨朝栋和翻译吴迈、李仲前往劝降,劝说猫难实叮不必等候长官揆一的指示,自行决定投降,并表示绝对不会加害他们,允许荷兰人带走自己的财产。猫难实叮却执迷不悟,仍负隅顽抗。然而,郑军对赤嵌城的围困对荷兰侵略者造成了巨大的压力,很快荷兰人纷纷逃离,投奔郑军。在万般无奈的状况下,猫难实叮派菲利普·梅等人携带书信前往郑军大营,商讨投降事宜。菲利普·梅记下了当时的情况,据记载:"国姓爷坐在帐幕正中央的一张桌子后面,桌子铺着

---

① [荷]菲利普·梅著,江树生译注:《梅氏日记》第26页,台湾汉声杂志社,2003。

刺绣得很贵重的桌巾,他身穿一件未漂白的麻纱长袍,头戴一顶褐色尖角帽,式样像便帽,帽沿约有一个拇指宽,上头饰有一个小金片,在那小金片上挂着一根白羽毛。年约四十岁,皮肤略白,面貌端正。眼睛又黑又大,那对眼睛很少有静止的时候,不断到处闪视。嘴巴常常张开,嘴里有四五颗很长、磨得圆圆、间隔大大的牙齿。胡子不多,但长及胸部。说话的声音很严厉,咆哮又激昂……中等身材……右手拇指戴着一个大的骨制指环,用以拉弓。"① 猫难实叮见援兵无望,孤城难守,最终不得不亲自前往郑成功大营商谈投降条款。条款规定:赤嵌城的荷兰人可以尽快前往马尼拉或其他地方,但大员除外;荷兰人须于第三天撤出城堡,全部住到赤嵌城街道上,有房子的住自己的房子,地方官要住在指定的办公区域,士兵要住在第一条街的空房子里,所有荷兰人的人身财产得到保护。不久,猫难实叮交出城堡钥匙,荷兰人撤离城堡。同时,他们将步枪交了出去,从郑军那里得到 80 袋米、10 头生猪、10 只羊、10 坛酒、10 担盐、20 个大小饭锅。很快,赤嵌城堡上升起了郑军的旗帜,表明郑军已完全控制了赤嵌城。

四月初四日,郑成功命令猫难实叮写信给热兰遮城的揆一,劝其开城投降;同时,将郑军大部兵力派往热兰遮城,对揆一施加压力。很快,猫难实叮用荷文写成了一封信派秘书送至热兰遮城堡。信中详述了其与郑成功的谈判情况、所达成的条款内容以及受到的保护。郑成功让他转告揆一,如果他能开城投降,也将获得同样的尊荣。不久,郑成功派使者前往热兰遮城招降揆一,并带去了郑成功的亲笔信。郑成功在信中说:"台湾者,中国之土地也,久为贵国所踞,今余既来索,则地当归我,珍瑶不急之物,悉听而归。"② 揆一却因为知晓郑军来台后粮草缺乏而拒绝了郑成功的招降,企图凭借坚固的城堡顽抗。揆一对郑成功使者道:"揆一无降。若藩主兵将□(抽)回,年输□□(税)若千万,并土产□□货,随意听从,年年照例贡纳。至此番大师船只,俱纳□□归官兵,愿送劳师银十

---

① [荷]菲利普·梅著,江树生译注:《梅氏日记》第 36 页,台湾汉声杂志社,2003。

② 蒋师辙、薛绍元:《台湾通志》,见《台湾文献汇刊》第 5 辑第 3 册,九州出版社,2004。

万两。"① 揆一试图通过贡纳财物使郑成功退兵,以达到让荷兰人长期霸占台湾的企图。跨越海峡而来的郑成功怎会因荷兰侵略者的贡纳而放弃把侵略者从我们自己的土地上赶走?郑成功当即严拒,并在分析形势后决定准备给侵略者以痛击。于是着手调兵遣将,开始对热兰遮城进行包围。

4. 围困热兰遮城

郑成功命令军队从鲲鯓南端登陆,"移扎鲲鯓山,候令进攻台湾城",并派兵前往七鲲鯓设伏,将行至七鲲鯓时还没来得及列阵的荷军击溃,荷兰侵略军死伤过半,其余士卒狼狈退回热兰遮城。郑成功命令士兵立栅栏、设炮台,加强对七鲲鯓的防守,以围困热兰遮城。同时,为了更好地管理已经收复之地、打击荷兰殖民者,郑成功将台湾改称东都,以赤嵌为东都明京,设一府二县——承天府(今台湾台南)、天兴县(今台湾嘉义县)、万年县(今台湾凤山),定法律制度,设官分职,为完全收复台湾后的治理做准备。

热兰遮城是荷兰殖民者在台湾的统治中心,荷兰人盘踞经营多年,城垣十分坚固,防御设施非常完整。城堡周长 200 多丈,高 3 丈多,分 3 层,下层深入地下 1 丈多,"城垣用糖水调灰垒砖,坚于石"。城四隅向外突出,置炮数十门。荷军炮火密集,射程远,足以封锁周围的通道。热兰遮城内荷军虽不足千人,但凭借坚固的城堡继续顽抗。自赤嵌城被郑军收复、招降揆一不成后,郑成功立即派大军包围热兰遮城,此时的热兰遮城显然成了一座孤城。由于郑军的围困,城内已开始缺粮、缺水,荷兰殖民者的处境愈发困难;加之当时南信风季节刚刚开始,他们要等待 6 个月进入北信风季节后,才能将台湾的有关情况通知巴达维亚,然后再等 6 个月才能利用下一次南信风季节获得巴达维亚的援助,因此形势更加困难。

---

① 〔明〕杨英:《从征实录》第 187 页。

郑军在热兰遮城外架起了大炮工事，连番向城内射击，荷兰人也以重炮还击。炮战持续了很长时间，每一方发射炮弹均超过 300 发，但因荷兰人居高临下，占据了地理优势，郑军损失不少。鉴于热兰遮城城池坚固，强攻一时难以见效，为了保存实力、减少伤亡，郑成功决定采用"围困俟其自降"的办法，他派遣提督马信率大军扎营大员，围困荷军。完成围困后，郑成功来到蚊港，考察形势和原住民对大军的态度。郑成功亲临蚊港后，当地原住各族人民热烈欢迎，百姓皆"壶浆迎者塞道"。见此情景，郑成功十分高兴。当时，郑军来台时粮草本就不足，至台后经过一段时间的战斗，粮草已十分匮乏，郑成功与其部将也为此多次筹划，甚至从各镇中抽调兵力分驻各地屯垦，以解决郑军长期驻扎的粮草问题。台湾各族人民尽其所有，纷纷捐助郑军。户都事杨英和通事何斌从各社共获得粮食 6000 石、糖 3000 余石，立即分发给兵士，暂时缓解了郑军的困境。①

为了减少伤亡，郑成功先后三次写信劝降揆一。郑成功在信中表示：你们荷兰人不可能坚守很久，也难等到明年援兵到达，因为在本年内巴达维亚只能有商船开来。即使巴达维亚派来援兵，至多也只能有 10 只战舰和 2000 士兵，数量仍然要比我方少得多。即使不断获得有限的增援，坚守 10 年之久，我们也有耐心等待。② 郑成功苦口婆心地劝说揆一，揆一却不领情，仍然臆想凭借他们坚固的热兰遮城防御工事顽抗到援兵到来。在之后的一段时间内，揆一等荷兰殖民者焦急地等待南风季结束，以便北风吹来，能够把台湾的情况通知巴达维亚，请求支援。很快，郑成功的援军 6000 人在黄安等将领的率领下，乘船 20 艘抵达台湾。郑军兵力得到加强、供给得到补充后，从五月初五日开始，在所有通向城堡的街道上筑起防栅，并挖了一条很宽的壕沟，围困荷军。

在与郑军的海战中战败逃走的荷兰快艇"玛利亚"号不顾逆风，沿菲律宾群岛航行 50 天，将荷兰人遭到郑成功围困的消息送至巴达维亚。这个消息当即在巴达维亚引起了巨大的震动，完全出乎巴达维亚荷兰人的意料，因为之前他们得到的报告已使巴达维亚荷兰人完全相信郑成功不可能收复台湾，而且这种观点还得到其他熟悉中国事务的荷兰人的确认。然

---

① 〔明〕杨英：《从征实录》第 188 页。
② 〔荷〕C. E. S.：《被忽视的福摩萨》卷下，见《郑成功收复台湾史料选编》第 163 页，福建人民出版社，1982。

三、郑成功收复台湾

而,两天前,巴达维亚当局已重新选派了荷兰驻台湾的新任长官克伦克(Harmen Klenk van Odessen),他已乘船起航前往台湾了。鉴于此,巴达维亚当局立即派出一艘快艇,以帮助克伦克为名进行追赶,试图追回给揆一的各种信件。同时,还凑集了700名士兵,外加一些水手和物资,分乘10艘战船。但是为如此迅速组成的军队选派一位合适的司令却非常困难,在巴达维亚的评议员中没有一个人愿意担任这个职务,因为他们知道执行这个任务将面临巨大的风险。最后,经过三番五次的动员和甚至许以重赏,当局终于物色到一位敢于担任这个任务的冒险家——巴达维亚的律师兼法院检察官雅科布·考乌(Jacob Caeuw)。这个人没有任何作战经验,更别说作为军队的司令从事指挥了,而且还口齿不清。在没有人愿意带领军队去台湾冒险的情况下,巴达维亚的荷兰当局实在没有其他办法。

雅科布·考乌率领拼凑出的支援战舰于五月二十八日开航,随船还带去了巴达维亚当局给揆一的一封信件。巴达维亚当局在信中说:总督和评议会对于去年揆一长官及其评议会为防御郑成功而做的许多准备工作和工程,对于他们放弃远征澳门而又阻留巴达维亚派去的援军深为不满,特别是郑成功的入侵和揆一的报警都没有成为事实,所以决定将揆一连同其第一、第二助理均予免职,并任命继任者。但两天后,快艇"玛利亚"号带来了意外的消息,说郑成功已带兵侵入大员,巴达维亚当局经过重新考虑,决定暂时不变更福摩萨政府的人事,因此,此前关于撤除揆一长官及其他两个评议员职务的决议应予撤销,并由其转达克伦克。[1] 但克伦克要比考乌早13天离开巴达维亚,考乌无论如何也赶不上他的船队了。

提前出发的克伦克于六月二十三日到达大员海湾。他原本以为福摩萨会旌旗飘扬,以一派欢乐的盛况来迎接新任长官。然而出乎他意料的是,他看到的不是平静的海面,而是几百艘郑军战舰,是热兰遮城堡上飘扬着的一面大血旗。这种状况让克伦克惊慌失措,不知如何是好,决定暂时观望,再做打算。同时,克伦克立即派人上岸,通知岸上的荷兰人和揆一他们已到达,并告知他到来的身份,以及因特殊原因暂时不打算登岸的决定。这一消息立即在热兰遮城中引起了轰动和不满,热兰遮城中的荷兰人明白从巴达维亚迅速获得救援的一切希望都破灭了,阴暗、沮丧的情绪笼

---

[1] [荷] C. E. S.:《被忽视的福摩萨》卷下,见《郑成功收复台湾史料选编》第166页,福建人民出版社,1982。

罩着每一个荷兰人。而此时热兰遮城堡中的荷兰兵士大减，城堡里只剩下400名健壮的士兵，其他的不是被郑军消灭，就是染上各种疾病。虽然揆一千方百计地邀请新任长官登岸就任，以便共同商讨顽抗事宜，但克伦克鉴于当时郑军的强大实力，一再推辞上岸。几天后，海上刮起了暴风，克伦克便率领他的船队离开了台湾海面，驶入深海。接下来的几日大风连日不停，克伦克以船队开始缺水、缺粮为借口，意欲率船队向日本驶去。克伦克率船队驶离台湾海面后，在海上遇到一艘由巴达维亚开出、持有荷印总督通行证的中国船，这些野蛮的侵略者无视荷印总督的通行证，以荷兰人正和中国人交战为理由，将所有中国籍船只都当作敌船看待，疯狂地对该艘商船进行攻击、劫掠，瓜分战利品。抢劫完后，荷兰侵略者不知道如何处理这艘中国船和船上的中国人，感到进退两难，既不愿意把他们带往日本，又不想让他们乘船自由漂流——这样很容易让侵略者的暴行暴露于世。最后，荷兰殖民者把中国人的通行证销毁，把中国籍船只击沉，把船上的人全部赶到最近的一个荒无人烟的小岛上，让他们自生自灭。

克伦克船队离开台湾后不久，由考乌率领的支援船队于七月初五日到达大员海面。考乌船队的到来让处于绝望中的热兰遮城又看到了所谓的希望，使他们受到莫大的鼓舞。困在城内的所有荷兰人一致认为大救星来了，揆一甚至派出领航船冒着被击毁的危险为考乌领航，后因为海面上的风势太大而作罢。次日，海面上的风浪仍然很大，揆一派人冒险从考乌船队上运走了2200磅火药、大量的急需物资和许多士兵。由于强风，考乌船队被迫驶离大员海面。之后的几天里，虽然船队试图靠岸，仍没有成功，一直在海面上停泊了28天。

在考乌带领船队到达的当天晚上，郑成功就派了150名士兵到热兰遮城。次日，又增派40艘装满了士兵的船只靠岸。郑成功从荷兰俘虏的口中得知，荷兰东印度公司只派来了10艘船和700名士兵，而且由1名没有任何作战经验的军官指挥，以此可以断定：巴达维亚当局不是无兵可派，就是对台湾抱着一种无所谓的态度。总之，被围的荷兰殖民者在年内已经不可能得到更多的援助，因此，郑成功必须在年后其他荷兰援助到来之前拿下热兰遮城，将荷兰殖民者赶走。

自考乌的船队离开大员海面后，大风刮了近1个月。进入八月，随着风力的减小，考乌船队又开始返回大员海面。从八月初二日开始的3天内，考乌的船队先后进入大员海面，士兵和物资都运上了岸，还有5艘船

三、郑成功收复台湾

只驶入航道,在热兰遮城前停泊。八月初八日,揆一等人与刚到达的考乌等人召开会议,商讨对抗郑军事宜。由于新来的官兵急于试探郑军的实力,荷兰殖民者最后决定:城堡内的荷兰人在新到士兵的援助下,把郑军从热兰遮城赶走,并且击毁郑军停泊在赤嵌附近航道上的船只。他们制定了详细的作战计划,打算先由2艘战船驶到热兰遮城后面,对着侧街,用大炮摧毁郑军安置的火炮,使郑军无法他顾;同时,从城堡的另一侧秘密出动三四百名士兵向市区进攻,打开一个缺口;为了牵制郑军兵力,另外有3艘战船、2艘双桅船和15只小艇装满士兵、火药等,快速冲向停在附近的十二三艘郑军战船,将其彻底摧毁。如果这种办法攻击成功,就用同样的办法进攻停泊在稍远处浅水中的另外2艘中国战船。

八月初十日,荷兰殖民者开始执行他们的作战计划。荷兰人的战船刚开始时顺着风势和海潮离开热兰遮城堡码头,但很快风便停了,而且还刮起了逆风,他们的战船无法到达预定地点,更做不到靠近郑军船只开火。在这种情况下,有勇无谋的荷兰军官命令所有士兵上小艇,然后划着小艇靠近郑军战船。郑军掩蔽得非常好,而荷兰侵略军则完全暴露在郑军的武力下,双方作战了1个小时,荷兰侵略者遭到了巨大的损失,有3艘小艇被俘,其余的则仓皇逃回;荷兰大船的命运也不太好,有2艘刚开船不久便被潮水冲上浅滩,有1艘被郑军密集的火力击碎,还有1艘被郑军的火船烧毁;1个艇长、1个尉官、1个护旗军曹和128名士兵被消灭,另外还有很多人受伤。陆战也因为海上行动的失败而没有成功。

八月十一日,在海上陆上的顽抗都失败的情况下,荷兰殖民者决定在陆地上再发起一次进攻。他们打算用400名士兵、50名弓箭手在拂晓时刻对郑军在布坚堡的军营发起偷袭,但作战所用的一应物资都无法及时得到供应,以及其他的一些困难,导致这个偷袭的"梦想"也破灭了。之后,随着反击的失利,热兰遮城内的守军也日渐减少,于是荷兰人决定收缩在台湾的阵线,把位于台湾北部淡水和鸡笼两个要塞的守军和物资迅速运来,并派出了3艘大船一同前往。热兰遮城的荷军被围数月,物资得不到补给,疾病流行、士气低落,厌战情形弥漫。

九月中旬,大量的郑军乘船来到了热兰遮城正对面的北线尾沙洲,并修建了工事,在上面安设了巨炮。十八日,荷兰人第二次向郑军发起攻击。几个荷兰尉官主动向揆一、考乌等人请求准许前往北线尾沙洲破坏郑军的计划,他们率领200名士兵,分乘各种船只驶向北线尾岛,但由于郑军防御坚固、炮火猛烈，荷兰侵略者无法接近，更没有登陆，最后只好败退。

仍在负隅顽抗的揆一深信只要坚守到明年，一定能够从巴达维亚得到充分的援助。揆一派人将城内的食物、弹药以及其他必需品进行清点，仔细计算。最后决定，先将妇女、儿童送回巴达维亚，以节省城堡中仅存的物资。而援助军司令考乌在一次会议上突然表示他要乘首班船回巴达维亚，因为他回去更有助于获得援助，当面汇报要比信件上的报告更能让巴达维亚当局相信守军的处境。热兰遮城中的官员都反对考乌离开，但他已下定决心要设法逃出陷入绝境的热兰遮城。为了达到返回巴达维亚的目的，考乌不得不改变策略，等待适当的时机。

十月，为了挽救行将灭亡的命运，揆一企图与清军勾结，前后夹击郑成功军。揆一的使者到福建后，清军要求荷兰人先派战舰帮助他们攻打厦门，然后再解荷军之围。揆一无可奈何，只好派考乌为司令，评议会秘书诺贝尔（Constantijn Nobel）为副司令，率领漂泊在海上的3艘威力最大、航速最快的战舰以及2只小艇，备足粮草、弹药及其他物资前去攻袭厦门，希望这样可以牵制住郑成功对台湾的行动。临行前，台湾的荷兰评议会指示考乌，在船队向厦门航行过程中，只有遇到大风的情况船队才能开往澎湖。可是考乌在顺风顺水的情况下，直接命令船队向澎湖开行。在澎湖停泊后，很快，其中的3艘船只被强风吹走。在风势平静后，其他人要求继续向厦门航行，考乌却下令各船起锚，向巴达维亚前进。考乌带着船队先到了暹罗（今泰国），然后命令所有的船只都要挂上彩旗飘带，鸣炮一百余响，装作胜利归来，继而回到了巴达维亚。于是，荷军勾结清军夹击郑军的企图完全落空了，热兰遮城内的荷军士气更加低落，热兰遮城可以说是朝不保夕了。

三、郑成功收复台湾

5. 逼降荷兰

考乌率领船队中途逃跑的消息在热兰遮城引起了巨大的恐慌,城内的荷兰人顿时像热锅上的蚂蚁,有些荷兰人开始害怕,为求活命,纷纷向郑成功投降。其中有一个名叫拉迪斯(Radis)的人投降后,向郑成功提供了非常详细的情报。拉迪斯提供的信息让郑成功掌握了热兰遮城内的实况,知道了考乌的逃跑让本来已经士气低落的荷兰殖民者没有任何可以让他们继续坚持下去的信心;而且荷兰物资和兵力严重缺乏;很多人疾病缠身,已经不能维持多久了。拉迪斯建议郑成功在这种状况下,不仅要用封锁的战术,而且要连续攻击,彻底打垮荷兰人。此时热兰遮城堡经不起大炮的猛烈攻击,最多只可坚持两天。后来,拉迪斯又指引郑军注意热兰遮城的工事网和乌特利支圆堡,工事网建造得很低,从乌特利支圆堡及小山头看去,可对工事内一览无余。如果郑军占领乌特利支圆堡及小山头,工事就可以不费吹灰之力地被摧毁。占领该工事后,就可以逼近上堡(Upper castle)的外墙,这样便不用担心荷兰人的大炮和步枪。

郑成功从荷兰投降者口中了解到热兰遮城内的真实情况后,为了抢在困守的荷兰人得到外援之前尽快拿下该城,决定改长期围困为主动进攻,按照拉迪斯的建议进行部署。清顺治十八年(南明永历十五年,1661)年底,郑成功将大部兵力集中到大员的沙洲上,在原有工事的基础上增建了3座炮台,1座在乌特利支圆堡南边,2座在其东面,加上之前修建的,共有28门巨炮;同时挖了许多战壕,派数千名武装士兵藏身其中。十二月初六日清晨,郑军开始发起总攻。首先从东面和南面用大炮轰击乌特利支圆堡,荷兰殖民者一直顽抗,很快,整个圆堡被郑军的炮火彻底轰平。乌特利支圆堡与热兰遮城互为犄角,郑军占领乌特利支圆堡,进据外堡山,居高临下,热兰遮城已处在郑军的炮口之下,荷兰殖民者的最后据点已朝不保夕。在这样的情况下,热兰遮城内的荷兰人当晚又召开了一次秘密会议,所有商务员和军官都参加。郑成功战场优势在增强,而他们当下的形势极端紧迫,通过会议商讨,他们认为目前的出路有二:一是抵抗,二是在最有利的条件下献城。到会的29人中只有4人支持主动出击,另外,揆一虽然不主张主动出击,但他坚持要在城堡内继续防御和抵抗郑军,并提出种种理由以支持他的观点。会议最后,抵抗的观点被否决,揆一决定与郑军谈判,在合理的条件下献出热兰遮城堡。很快,揆一向郑成功发出了求和信,他在信中说:阁下若是愿意就这座城堡真诚签订条约,请以荷文回复,置于石径半途,同时也停止使用武器以及建造水上与陆上的进攻工事,并且约束所有人员待在堡垒里,不得接近我们,否则他们将被视同敌人。①

郑成功收到揆一的求和信后,立即做出了善意的答复,除了命人通知部队暂时停火外,还命荷兰人梅氏向揆一翻译回复的信件。郑成功向荷兰人发出了两份信件②,一封给揆一,另一封则给城堡内的全体荷兰军官。给揆一的信件上写着:

> 大明招讨大将军国姓寄这封信给大员长官揆一及其议会:
> 我接到你们的信了。那封信写得那么短,以致我无法了解你们的意思。因此,我也不能说什么。如果你们有什么话要说,可派一个有资格的人来当面告诉我。你们如果不要派人来,我也不要求你们。为此,我将把所有战争武器的使用,暂停到中午,在那时以前要给我回答。这封信是由 Philip 用荷文写的,为要使你们能够充分了解。

郑成功给城堡内全体荷兰军官的信上则写着:

> 我本藩又开始强力准备,要来攻占你们的城堡了。造成这场战斗的原因是什么?不是别的,就是两撮人,即你们的首领们和那些自由民这些东西。你们看到吗?揆一和他的议会拒绝献城投降,使人受到极大的伤害。不过你们这些小官和普通兵士们是不必对此负责的。

---

① [美]欧阳泰著,陈信宏译:《1661,决战热兰遮:中国对西方的第一次胜利》第333页,九州出版社,2014。

② 以下信件内容皆转引自江树生《郑成功和荷兰人在台湾的最后一战及换文缔和》,《汉声》1992年,第54、56页。

三、郑成功收复台湾

本藩率领我的军队来此,并且在火药上和炮弹上耗费巨资,这些,我必须要公司用它的财物来赔偿;而揆一及其他领袖们和那些自由民,必须将他们的财物给我们的兵士们当作战利品,这样由上天来处罚他们的恶行。

不过,队长、中尉、中士、下士以及兵士们,都完全没有责任。因此,他们的财物都得丝毫不损地、自由地全部带往巴达维亚,就像地方官猫难实叮那样,我准许他不但可带走他全部的财物,还供应他航行途中所需要的粮食等物;住在赤嵌的Philip我也按月给他粮食和生活费。你们当中,如果有人在航行中可能会缺乏什么的,可以告诉我,我将帮他们,供应他们的需要。揆一和你们的领袖们,直到现在还把金钱和财物看得比你们的身体和生命重要。他们这样做是对的吗?他们到底是好人或坏人?你们心里不要害怕,因为这封信是写给你们这些队长、中尉、撑旗官、中士、下士和一般兵士们的,对此你们尽可相信。又因你们念不懂中文,所以这封信不用中文写,是我叫Philip用荷文写的,为了使你们会念而且明白。

接到郑成功的来信后,荷兰人立即召开评议会。会议在多数人的同意,以及他们自己的意愿下,决议派遣商务员Paulus de Vick和中尉Barent Harmansen携带用荷文写的信件会见国姓爷,与其当面谈判。信的内容如下:

菲特烈揆一及福尔摩沙议会寄这信给大明招讨等等殿下:
我们接到殿下的信了,据此,要用这封信来说明我们昨天的信,并向殿下提出我们要缔约的准备。即我们在下列条件下,愿将这城堡及其大炮、附属物,不再予以损坏或缓缺地交给殿下。这些条件是:
我们所有的人,包括这城堡里的、在福尔摩沙及在中国而在殿下势力之下的,以及这些未在殿下势力之下而还活着的,都得以将全部属于公司的以及属于我们自己的动产,装入我们的船,平安地离开此地。
每一个人,除了自己的财物之外,还得携带全副的武装。供应我们航往巴达维亚所需要的食物和其他需用品。
为要赶忙装货上船或甚至于为要航往巴达维亚,如果我们需要比我们现在的船还要多的船,则殿下须以合理的价格供应我们船只。

为要诚实履约,要像所有这种战争的一般情况,双方要互换两名要员为人质,直到一切都照条约履行完毕。

我们等候殿下对此的诚实意见和回答,今天带这封信去的是商务员 Paulus de Vick 和中尉 Barent Harmansen。

十二月初九日傍晚,荷兰谈判代表手持白旗,携带上述信件骑马来到郑军军营。虽然郑成功并没有亲自接见荷兰谈判代表,但在回复揆一的信件中基本上答应了荷兰人提出的投降条件,同时也提出了自己的条件。郑成功在信件中说:

大明招讨大将军国姓寄这封信给大长官揆一及其议会:
当初我率领强大的军队来到此地时,只要从你们手中得到那城堡,并不要你们的财物。对此,你们早就应该听从。后来我又给你们写了几封信,但你们都不愿意听。

现在你们被围了九个月,一切错误都是你们自己寻来的,还有什么话说。

而我率大军来此九个月,花了非常多的生活费,攻打那碉堡时也用了很多的火药,还有其他更多的费用,难道我现在得到一个空城就会满意吗?你们这些自认为聪明的人,可以自己想想看。

因此,我要你们把城堡里的全部财物都交出来给我。不过,城堡里所有的人我都会给他们活命。以前同意我的那些人,以及还在福尔摩沙活着的人,也一样会给他们活命。地方官 Valentijn 和那些目前在中国候船要往巴达维亚的人,以及还没有出现的在卑南的 Hen-drick Norden 等人,都可自由地去搭你们的船,离此前往巴达维亚。但从你们那边逃来投靠我的那十二个人,我不会交还给你们。

关于携带武器,像携带步枪之事,我同意。

关于粮食和生活费,我也同意,因为那些只是小事情。

而且,你们一定不要害怕,因为我对你们心怀善意,真心希望你们都能活下去。

现在再停战一天,即明天。你们的小船也不得再从大船到陆地之间来回航行,我们的戎克船也将停止不动,如果你们小船不停止航

三、郑成功收复台湾

行,我将命令我的戎克船去逮捕它们。我很不喜欢这些小船这样来回航行,这事我现在已经告诉你们,你们要知道了。如果你们了解这封信的内容,要再来跟我商量,那还来得及;如果你们不想出来,不要再谈了,我也不要求你们,这事也已告诉你们了。

在你们今天寄出的来信中,有几个字用得不恰当,因此你们派来的人,我不予接见。如果你们写得恰当,我就接见他们了。

在之后一两天内,双方就荷兰人投降的条件进行了多次书信谈判,最后达成了协议。十二月十三日,郑、荷双方代表在大员市镇的税务所内完成了荷兰投降协议的签订。荷兰人以荷兰文提出了条约18条,郑成功以中文翻译成16条,在赤嵌楼举行了受降仪式。荷兰人的18款投降条约为:①

1. 双方都要把所造成的一切仇恨遗忘。
2. 热兰遮城及其城外的工事、大炮及其他武器、粮食、商品、货币及所有其他物品,凡属于公司的都要交给国姓爷。
3. 米、面包、葡萄酒、烧酒、肉、咸肉、油、醋、绳子、帆布、沥青、柏油、锚、火药、子弹、火绳及其他物品,凡所有被包围者从此地到巴达维亚的航程中所必需者,上述长官及议员们得以自上述公司的物品中,毫无阻碍地装进在泊船处及海边的荷兰联合东印度公司的船。
4. 属于在福尔摩沙这城堡里的,以及在这战争中被带去其他地方的荷兰政府特殊人物的所有动产,经国姓爷的授权者检验之后,得以毫无短缺地装进上述的船。
5. 除了上述物品之外,那二十八位众议会的议员们,每位得以带走二百个二盾半银币;此外有二十个人,即已婚的、单位主管及比较重要的人,得以合计带走一千个两盾半银币。
6. 军人经过检查之后,可以带走他们的全部物品及货币,并依我们的习俗,全副武装,举着打开的旗子、燃着火绳、子弹上膛,打

---

① 陈国强、林瑞霞:《郑成功和荷兰侵略者的最后信件》,见《民族英雄郑成功》第215-217页,厦门大学出版社,1997。

着鼓出去上船。

7. 福尔摩沙的中国人之中还有人向公司负债的，他们负债的金额和原因、或因欠租或因其他缘故，都将从公司的簿记中抄录出来交给国姓爷。

8. 这政府全部文件簿记，现在都得以带往巴达维亚。

9. 所有的公司职员、自由民、妇女、儿童、男奴、女奴，在这战争中落在国姓爷领域里且尚在福尔摩沙的，国姓爷将从今日起八至十日内交给上述的船；对于那些不在国姓爷的领域里而仍在福尔摩沙的公司其他人员，也要立刻给予通行证以便去搭乘公司的船。

10. 国姓爷也要把他所夺去的船上的四只小艇及其所属设备立刻还给公司。

11. 国姓爷要安排足够的船给公司，以便运送人员和物品到公司的船。

12. 农产品、牛奶和其他家畜以及其他为公司人员停留期间所需要的各类货物，要由国姓爷的部下以合理的价格，从今日起每天充足地供应给公司的上述人员。

13. 在公司人员还留在此地或未上船以前，国姓爷的兵士或其他部下，如果不是为公司工作而来，就谁也不得越过目前用蓝堡式或该殿下的阵地所形成的界线，来接近这城堡或城外工事。

14. 在公司人员撤离以前，这城堡将只挂一面白旗。

15. 仓库监督官在其他人员和物品都上船之后，将留在城堡里二至三天，然后才和人质一起被带去上船。

16. 国姓爷将派官员或将官 Ongkim 及其幕僚 Pun-pauw 为人质，于本条约经双方各按本国的方式签字、盖章和宣誓之后，立刻送去停在泊船处的一艘公司的船；相对的，公司将派这政府的副首长 Joan Oetgens van Wanveren 及众议会议员 David Harthouwer 为人质，到大员市镇国姓爷那里，他们将各留在上述二个地方，直到一切按照条约内容确实履行完毕。

17. 国姓爷的人被囚在这城堡里或被囚在此地泊船处公司船里的俘虏，将和我们的人被囚在国姓爷的领域里的俘虏交换。

18. 本条约如有误会或确有需要而在此被遗漏之重要事项，将由双方基于能为对方乐于接受的共识立刻修正之。

三、郑成功收复台湾

十二月二十一日,城堡内的荷兰人和东印度公司的职员、士兵、自由民及其他人全部离开城堡,搭乘戎克船前往港口外的泊船处换乘东印度公司的船只,只留下四五个商务员,负责点交仓库里的物品。郑成功亲率几个侍卫,骑马从乌特利支圆堡出,进入热兰遮城堡。热兰遮城及整个台湾真正地回到中国人的手中。原来作为荷兰人在台湾的统治中心的热兰遮城堡,过去无论是对台湾原住民,还是对汉人来说都是一个禁区,而此时分散在各地的原住民的妇女和儿童则可以自由前往热兰遮城堡了。二十四日,荷兰最后一任驻台最高长官揆一率领剩余士兵五六百人,分乘 8 艘船,在中国人胜利的欢呼声中黯然离去,城堡上升起了中国军队的旗帜。台湾结束了长达 38 年的荷兰殖民统治,重新回到祖国的怀抱。

四、圣祖统一台湾

四、圣祖统一台湾

清顺治十八年（1661）年底，南明延平郡王郑成功率众收复了被荷兰人侵占了 38 年的中国领土——台湾，但 5 个月后，康熙元年（1662）五月，年仅 39 岁、正值壮年的郑成功在台湾病逝。其子郑经接手台湾最高权力后，野心开始膨胀，不仅反对统一，甚至宣称"台湾远在海外，非中国版图"，并强调"东宁偏隅，远在海外，与版图渺不相涉"，[①] 试图在台湾建立起与清廷长期对峙的明政权的继续。这种不切实际的想法，直接影响到台湾郑氏第三代掌权者郑克塽对清王朝的态度、立场和看法。

为消除东南沿海的长期威胁，结束分裂局面，实现国家的最终统一，清廷开始对台湾郑氏集团从政治、军事、经济等方面采取一系列战略和策略，经过不懈努力，最终取得了完全的胜利，统一台湾。

1. 夺取金门、厦门

郑成功的去世让郑氏集团内部出现了裂痕，对继承权的争夺趋于白热化。在台湾岛的郑成功之弟郑袭与驻扎金、厦的郑成功嫡子郑经皆宣称自己是郑氏集团最高领导权的合法继承人，双方势同水火，大战一触即发。康熙元年七月，被郑成功从台湾驱离的荷兰人不甘心失败，海军司令博尔特（Balthazar Bort）率 700 多名水手、500 多名士兵，分乘 13 艘战舰从巴达维亚出发，来到福建闽安镇外海面，打着"协助大清"的幌子，欲与清

[①]〔清〕江日昇：《台湾外记》卷六，第 203 页，福建人民出版社，1983。

廷联合剿灭郑氏势力，重新霸占台湾岛。荷兰人遣使向当时镇守福建的靖南王耿继茂建言："已深知阁下无不虑及剿除逆贼之意，为此我等愿奉侍左右，海上虽为险阻，亦将在所不辞。""倘蒙教诲，当必效力。"① 表示所率领战舰全部都可以听从调遣。与此同时，郑成功病逝后郑氏集团内部即将火并的确切消息传到大陆，总兵林忠及沿海官员将此信息立即向福建总督李率泰进行了奏报。李率泰知事关重大，立即飞信给靖南王耿继茂及安辑投诚郎中贲岱、金世德等人，

图 4.1　郑经

请他们星夜赶赴漳州，共商剿抚事宜。经反复商讨，决定采用招抚之法，让其自行瓦解。此时，耿、李等人正积极筹划与郑氏集团的和谈，对荷兰人的联合武力剿灭一事迟迟未提，一直到十月才将此事奏报给清廷，清廷也没有立即回复。

　　得到朝廷批准后，耿、李等人派都司李振华与总兵林忠等人前往厦门，与郑经进行和谈。在双方的和谈中，清方谈判代表提出：朝廷诚信待人，若释疑，遵制削发登岸，自当厚爵加封招抚之。郑经与其堂伯父郑泰、部将黄廷、陈辉、王秀奇等人密商对策。郑经首先分析了当前的形势：东有郑袭等在台湾本岛盘踞欲夺权，西有清军虎视眈眈，腹背受敌，东西受到夹击，处境危险。鉴于此，他提出：不如暂借招抚之名与清廷周旋，以为缓兵之计，待其东渡平定台湾内乱后再做处理。众人皆赞同郑经的意见，同时为了不引起清廷的怀疑，特别派出使者杨来嘉、吴荫前往漳州，与清方代表等商讨招抚事宜，并将郑军从各州县缴获的 15 颗官印交还给清廷，以迷惑清廷。郑使杨来嘉等会同清使林忠等人来到漳州，面见李率泰、耿继茂，献上了郑氏封公候伯印 6 颗、沿海各州县官印 15 颗及伪造的名单，计有文武官员 2150 余人、士兵 412500 余人、人口 300 余万、船只 5000 余艘，以表达郑经之诚意。② 李、耿二人大喜过望，对其中

---

　　① 《康熙初年荷兰舰队来华贸易史料》，载《历史档案》2001 年第 3 期。
　　② 《郑氏关系文书》第 9 页。

四、圣祖统一台湾

详情并未做辨别,而是立即向清最高统治阶层飞速奏报已经成功招抚郑氏集团的喜讯。清廷得报,命李、耿二人将郑使杨来嘉护送来京,同时命令福建军队停止军事行动,原地待命。

清廷中计,郑经的假议和为自己赢得了时间,清军对他造成的威胁暂时得以解除。于是他立即召集大军,挥师东进,争夺台湾最高统治权。在陈永华、冯锡范等人的帮助下,郑经很快消除了岛内的异己势力,控制了全台,取得了郑氏集团的最高权力。而在郑氏权力争夺中,虽然郑经与其叔郑袭之间的矛盾消除了,但新矛盾在郑经与其堂伯父郑泰之间又产生了。康熙二年(1663)正月,郑经率军返回厦门,驻扎金门的郑泰称病未至厦门迎接,双方的矛盾进一步激化,郑经一直想除掉郑泰,但因忌惮郑泰手握重兵未能出手。同年六月,郑经以欲返台,委托郑泰管理厦门一切事物为由,力邀郑泰前往厦门,并通过"鸿门宴"诛杀了郑泰。郑泰之弟郑鸣骏、其子郑缵绪闻讯后,一怒之下带领金门的文武大小官员400余人、兵士及家眷万余人,集船300余艘,至泉州向清军投诚,郑氏集团在金门的防卫为之一空。①

郑经消除了郑氏集团内部的异己力量后,撕破了他原来假意的和谈借口,在与清廷的谈判中态度十分强硬,对清廷提出的谈判要求全不接受,坚决要求"依朝鲜例"称臣纳贡,决不"削发,登岸"。圣祖针对郑氏的分裂立场指出:"朝鲜系从来所有之外国,郑经乃中国之人。"② 清楚明白地表达了坚决反对把台湾分离出去的态度,这也是清廷和谈的基本立场和最后底线。由于郑氏集团没有放弃独占台湾的野心,双方和谈最终不欢而散。郑经立即命令各都督、总兵整顿军队、招募兵丁、筹集钱粮,积极备战。对于郑经的出尔反尔,清廷十分恼怒,立即中止了对郑氏集团的招抚策略,决定采用武力。同年七月,海澄公黄梧、水师提督施琅等向清廷提议,应迅速出兵攻占厦门,然后攻取澎湖、台湾。但由于当时缺乏粮饷、战船等物资,这一计划未能立即实施,一拖再拖。八月,正当清廷极力准备之际,荷兰海军司令博尔特率领17艘战舰和2713名官兵第二次抵达福建闽安,该舰队配备了铁炮396门、铜炮44门,另外还载有足够1年用的物资。在得知清郑之间的谈判已经破裂后,荷兰人随即向福建主要官员

---

① 〔清〕江日昇:《台湾外记》卷六,第184页。
② 《明清史料丁编》第3本,第272页。

提出愿意帮助清军剿灭郑氏集团,甚至提出愿意作为先锋,进攻金门、厦门两地。正在踌躇中的耿继茂、李率泰为了解决当时海军力量薄弱、对郑经没有优势的困境,遂决定与荷兰舰队进行军事合作,并于十月十五日邀约荷兰船舰驶入泉州湾,然后与清军会合后共赴外洋迎敌。荷兰人见清廷接受了他们的军事协助,遂乘机向李率泰、耿继茂提出早已准备好的共计11项要求:(1)清荷两国间应有不得破坏之同盟关系存在;(2)为对抗共同敌人郑军,两国应紧密合作,至敌人投降为止;(3)双方应知会各方旗帜,以便与敌人区别;(4)攻敌远征部队由双方共同出兵组成;(5)清方之帆船及小船应由荷兰人指挥,荷舰分3队前进,抵厦门时,荷舰吃水太深,无法靠近海岸,须乘帆船进港,因此需使用华籍领港人;(6)双方应同时登陆攻击敌人;(7)荷兰东印度公司在中国享有与一切华人贸易之自由,不受任何干涉,但联军未攻克金门、厦门之前,对于荷兰人所带来的货物暂不予讨论;(8)攻克金、厦两岛后,荷兰人在必要时可在二者之间选取一地点驻扎舰队,以防海贼攻击;(9)攻克金、厦两岛后,联军应驶往台湾,攻取台湾后,清军应将该岛及一切城堡、物品移交给荷兰人,以供荷兰人居住;(10)清方总督应提供一优良船只,以便荷兰人遣使至巴达维亚报告情况;(11)此协议应得到清政府的批准,并将批准书送交荷兰人。① 耿、李等人十分清楚"外夷禀性贪利,察其来意,一则欲取台湾,二则以图通商"②,为了借用荷兰人的海上力量,针对荷兰人提出的要求,他们并没有立即予以拒绝,而是以需要先禀报圣祖,等候谕准为辞设法拖延,与此同时,耿、李积极与荷兰人接触。很快,清荷双方进行了第一次军事合作。

十一月十八日,荷兰人与清军合作后,清军分三路向郑经驻扎的金、厦等

图 4.2　靖海侯公施琅

---

① 赖永祥:《清荷征郑始末》,载《台湾风物》1954 年第 2 期。
② 《康熙统一台湾档案史料选辑》第 17 - 21 页,福建人民出版社,1983。

四、圣祖统一台湾

地进攻：福建提督马得功与郑鸣骏率战舰 400 余艘，会同荷兰夹板船 7 艘出泉州港，作为主力直攻金门；提督施琅同海澄公黄梧率水师出海澄港，直取厦门；靖南王耿继茂、福建总督李率泰与荷兰舰队司令率领部分清军和荷兰人的 15 艘夹板船泊于同安刘五店，克期出港会师，征伐金门、厦门二岛。① 郑经闻报，立即进行军事部署，并采纳了部将周全斌之建议，采取集中优势兵力重点攻击一点的策略，将反击的重点放在金门。由周全斌率水师精锐迎击马得功、郑鸣骏率领的清荷联军，黄廷率部抵抗施琅所部；其余各将率部防守水陆要道，阻止各路清军；郑经则与洪旭等人在大旦烈屿坐镇指挥。

十九日，郑军与清军在金门乌沙港海面相遇，双方立即交战。清军一方有战舰 400 余艘、荷兰夹板船 14 艘，而且战船高大，尤其是荷兰战舰更是船高炮烈，相比之下郑军周全斌部势力较弱，在荷兰战舰的炮火下，非常被动。郑经见众寡不敌，遂趁涨潮之时，率其舰队乘潮撤回浯屿岛，而周全斌率领的 10 余艘战船却因涨潮无法驶出，被围困在金门外港。周全斌改变策略，利用船小灵活的优势让各战船在清荷军舰中穿插，采取分散包抄之法对清荷联军之头舰进行重点攻击。在进攻中，周全斌率部围住了清军提督马得功的座船，猛烈攻击。马得功的座船四面受敌，弓箭、火药全部用尽，士兵也伤亡殆尽，马得功见回天乏力，又怕被生擒受辱，遂投海自杀。其余清军见主将已死，头船已亡，皆纷纷溃逃。

然而，整个局面并没有如郑经、周全斌等人所料。乌沙港之战中虽然周全斌以少胜多，清军纷纷溃退，但并没有影响到其他两路清军的进攻。黄梧、施琅率领的海澄方向的清军秘密招降了扼守陆路要地高崎的郑军守将陈升。高崎丢失，等于厦门失去了屏障。很快，黄梧、施琅率部迅速攻击厦门，两军瞬间激战，杀声震天、浓烟蔽日，郑军寡不敌众，又处在逆风逆水的不利条件，厦门郑军守将黄廷率部撤退。施琅乘黄廷撤退之际率大部水师在后击杀，郑军损失惨重，兵士战死 1000 余人、投降达 18000 余人。厦门失守，郑经在沿海一带布置的防御体系崩溃。周全斌率部退至浯屿，防卫同安一带的守将林顺也被迫撤退至镇海，郑经则与洪旭等人率余部弃金门退守铜山。荷兰人见郑经放弃金门，以为有利可图，竟擅自派

---

① 〔清〕阮旻锡：《海上见闻录》第 42 页，见《台湾文献史料丛刊》第六辑。

兵强行登岸，企图独占金门，后被郑军残部迎头痛击，损失惨重，被迫撤退。但在清军的攻击下，金门也宣告失守。二十五日，清军欲继续向郑军盘踞的铜山进攻，"复邀荷兰船助剿"，遭到荷兰舰队司令博尔特的拒绝，"反请我派出舟师进取台湾，而伊等方欲相助"。而在当时的情况下，郑军"虽逃遁铜山，其势尚炽"，倘若清军此时"舍近求远，奸贼必从背后进犯，此非本朝用兵之计也"。①

二十六日，在清军节节胜利之时，清军将领黄梧向李率泰建议，应该乘胜追击，以荷兰战船为前导，会同各路大军，立即进攻铜山，生擒郑经。总督李率泰颇犹豫，他认为：虽然金门、厦门已破，但乌沙海战役中，大将战死，实力大受损折，而郑军主力却没有损失多少，更何况"穷寇莫追"。而此时郑军人心惶惶，不如乘此机会进行招抚，以离散其党羽，若能成功，可免士卒劳苦；如负隅顽抗，再挥兵进剿。② 李率泰令各路清军暂时休战，然后派使者赴铜山对郑经进行劝降，同时暗令黄梧、施琅等利用旧关系对郑氏集团中的一些将领进行招降和策反。郑经仍坚持之前的立场，还是要求仿朝鲜例，"若欲削发登岸，虽死不允"，双方的谈判再一次失败。而对郑经部属的招降却取得了非常大的效果。针对郑氏方面的将士，清廷制定了较为优厚的招降政策，规定：郑军将领率众投诚者，按原来官衔任用，独自投诚者降四级任用，有立功之举者降二级，武官投诚后也可改任文官，同时许以各种优厚待遇等。在清廷的优厚招降政策的鼓动下，加上被围、寡不敌众的困境，郑军将士开始人心浮动。康熙三年（1664）正月，退守镇海的郑军将领林顺向施琅投诚，后被清廷委以重任。二月，防守南澳的郑军将领杜辉率部属大小将领102人、兵2000余人、大小战船60余艘降清。面对文武官员和士兵的投降，以及铜山被困的现状，郑经自知败局已定，决定弃金、厦，奔台湾。三月初六日，郑经命周全斌、黄廷率部断后，自率文武百官、家眷等六七千人乘船撤离铜山，东渡台湾。郑经撤离后，郑氏集团的高级将领五军都督周全斌因与郑经心腹洪旭等人有宿怨，恐至台后遭陷害，遂携家眷及将士数万至漳浦向清军投诚。同为断后的黄廷也不愿离开故土，千里迢迢奔赴台湾，遂率众人归顺清廷。郑经率部撤退后，清军立即进占铜山、厦门等地，郑经残部纷纷投

---

① 《康熙统一台湾档案史料选辑》第 20 页。
② 〔清〕江日昇：《台湾外记》卷六，第 186 页。

四、圣祖统一台湾

降,郑军防卫厦门的都督将军翁求多率将士6万人降;防卫铜山的都督余宽等3万余人降。① 至此,郑氏在大陆的抗清基地全部被清军收复。为了断绝郑氏与大陆的往来,防范郑氏武力来犯,总督李率泰令各岛和沿海百姓全部迁入内地,同时东南5省沿海一带开挖界沟,深2丈余、宽2丈余,在沟内筑界墙,厚4尺余、高1丈,在湖、河、溪等水域中筑起大木桩栅,5里相望,在高岗上置1炮台,炮台外设2烟墩,二三十里设一大营盘,营将、千总、把总率兵驻守。白天瞭望,夜则伏路;如有警戒,一处烟起,左右各营相互接应,形成围攻。②

2. 三攻澎湖与和谈失败

郑经东渡台湾后,施琅建议李率泰应乘胜追击,并与李率泰、耿继茂联名上疏朝廷,请求朝廷批准乘新胜之际进攻澎湖,然后直捣台湾,剿灭郑氏,统一四海。很快,清廷同意了李率泰等人所提出的乘胜追击的建议。任命施琅为靖海将军,以郑氏降将周全斌、黄廷、林顺等人为辅佐,统领水师,前往征剿。同时,还要求出征将领,"凡事会议酌行,勿谓自知,罔听众言。毋谓兵强,轻视寇盗。严设侦探,毋致疏虞。抗拒不顺者戮之,大兵一至,即时迎降者免死"③。施琅的作战计划是分步攻打,首先要攻下澎湖,"澎湖乃通往台湾之要冲,欲破台湾,必先攻取澎湖",然后,则可以扼据台湾之咽喉进逼。④

施琅攻台的消息不胫而走,很快便传到了台湾,郑经闻讯后立即召集众部将进行商讨。郑经心腹洪旭鉴于澎湖对台湾的重要性,向郑经提出:澎湖乃台湾之门户,清军攻台必先攻澎湖,因此必须派大员前往驻守。郑

---

① 〔清〕沈云:《台湾郑氏始末》第60页。
② 〔清〕江日昇:《台湾外记》卷六,第188页。
③ 《清圣祖实录》卷一二,康熙三年七月丁未。
④ 《康熙统一台湾档案史料选辑》第51页。

经采纳了洪旭的建议，选派干将颜望忠率兵万余，分乘战船40余艘，驰援澎湖；同时还加强了台湾岛上的防卫，命杨祥守鹿耳门水道，刘国轩守鸡笼山。十一月，施琅率部开始了第一次进攻台湾的军事行动，他们的第一步目标就是拿下澎湖。但清军船队从厦门出海不久便遇到飓风，很多水师战船的帆杆被打断，有的战船则被飓风掀翻，损失不少，船队无法继续航行，被迫返航。施琅将详情向朝廷做了汇报，开始的不顺并没有减弱清最高统治者收复台湾的决心，圣祖告诫施琅一定要"与在事将弁酌情商议，伺机进取，以奏肤功，勿以日久为虑"①。次年三月二十六日，施琅率领舰队从金门料罗湾出发，第二次向澎湖进发。出发头三天海面上风平浪静，但在前工业时代，海上航行若没有风力可以说是寸步难行，更不用说是体积硕大的战船，因此施琅的船队行军非常缓慢，致使军事计划被打乱，被迫返航靠岸补充淡水和物资。二十九日，再次开拔出航，没行多久，便遇到风力巨大的偏东风，海浪翻滚，对船队来说就是逆风行驶，而且风力还有加大的迹象，施琅被迫又令船队撤回，等待风向的转变。在之后的半个月里，天气一直不佳，直到四月十六日天气开始转变，风向逐渐对清军有利，施琅命令所有战船立即起航，水师分别从乌沙头和浯屿起锚，数百艘战舰浩浩荡荡向东进军。经过一昼夜的航行，十七日午时，舰队开始驶入澎湖口，澎湖已近在咫尺了。就在此时，海上风云突变，刹那间，飓风暴起，汹涌澎湃、暴雨狂下，船只桅杆被折断，船桨被击碎。突如其来的状况让清军顿时不知所措，整个舰队乱作一团。虽然施琅急令所有战船立即返回，但在狂风中各船彼此不能相顾，完全失去了联系，各自随风漂流。②最后，施琅的座船被风和海潮带到了广东的潮阳县，周全斌和林顺漂至镇海，其他船只漂至厦门、铜山、浯屿、大旦等海岛和港湾。清军有2艘船被暴风击沉，另有7艘失踪，其他船只都有人员和物资等方面不同程度的损失。

　　三次出征的失利，让清廷认识到收复台湾的条件不成熟，尤其清军的元气还没有完全从战争中恢复过来，加上康熙初年清廷内部的权力斗争，郑经退居台湾对大陆产生的威胁暂时可以放在一边。在这种情况下，清廷决定暂时放弃武力统一台湾的行动，若有可能，可以用和谈的方式争取郑

---

① 《康熙统一台湾档案史料选辑》第50页。
② 〔清〕夏琳：《闽海纪要》第37页。

四、圣祖统一台湾

经。康熙五年（1666）正月，清廷下令撤兵，东南沿海一带的军事势力顿减。远在台湾的郑经注意到了清廷的这种变化，遂在军事上也相应做出了调整。他首先将派往澎湖增援的颜望忠调回，同时派江胜率水师重新占领防卫薄弱的金、厦诸岛，郑氏势力又重新延伸至东南沿海一带。

康熙六年（1667）正月，清廷任命候补官员孔元章为福建招抚总兵，命其前往福建会同靖南王耿继茂和继任总督张朝璘共同商议劝降郑经事宜。五月，孔元章抵达福建，先遣知府马星、道员刘尔贡携带孔元章致郑经的招降信以及郑经舅父董班的劝降信前往台湾。孔元章在信中代表清廷表示，只要郑经剃发登岸归顺，朝廷可以册封他为"八闽王"，沿海岛屿由其管理。郑经严词拒绝了这次招抚，更不愿接受清廷的册封。八月二十六日，孔元章决定亲自渡台劝抚，从厦门起航入台。孔元章代表清廷向郑经提出了三款议和条件：沿海一带可与台湾通商；郑氏削发登岸，称臣纳贡；郑经子嗣入京师生活。郑经拒绝如前，甚至搬出郑成功作为理由，他说：台湾远在海外，先王在日，亦只差"削发"二字。若照朝鲜例，则可。①郑经割据的野心昭然若揭，这在他回复其舅父的信件中已表达得淋漓尽致。他说：今日台湾，系版图之外另立乾坤，幅员千里，四夷效顺，百货流通，生聚教训，足以自强，又何慕于藩封？若清朝以海滨苍生为念，请以外国之礼见待，互市通好，息兵安民。②孔元章在台湾滞留了1个多月，最终谈判破裂，十月初七日返回厦门。

针对招降的失败，十一月施琅向朝廷上《边患宜靖疏》，力主武力统一台湾，若不早日解决，郑氏"收拾党类，结连外国，联络土番耕民，羽翼复张，终为后患"③。次年（1668）正月初十日，朝廷下达旨意：渡海进剿台湾逆贼，关系重大，不便遥定。著提督施琅作速来京，面行奏明所见，以便定夺。④最后，清廷因为"风涛莫测，难必制胜"等原因，否决了施琅的建议，再次放弃对郑氏的武力行动，同时裁撤福建水师建制，官兵调离原地安置，放弃沿海岛屿，沿海居民内迁30里。清廷采取消极防御策略及措施，不仅让郑氏集团很容易地将势力触角再次延伸到东南沿海一带，

---

① 〔清〕江日昇：《台湾外记》卷六，第194页。
② 《康熙统一台湾档案史料选辑》第69－70页。
③ 〔清〕施琅：《靖海纪事》卷上。
④ 〔清〕江日昇：《台湾外记》卷六，第197页。

重新占领沿海岛屿,也导致原来的郑氏降将纷纷复叛。施琅进京后,被免去福建水师提督一职,任命为内大臣,一直到再一次武力征台才被起用。

康熙八年(1669),年轻的圣祖铲除了权臣鳌拜及其党羽,真正掌权。亲掌朝政后的圣祖十分关注台湾及东南沿海的边患问题,但由于当时统治还未完全稳固,还不具备从根本上解决台湾问题的条件,只能暂时放弃武力,以抚为主。同年六月,圣祖亲自主持召开了针对台湾问题的御前会议,商讨和平谈判的一系列事宜。圣祖任命刑部尚书明珠、兵部侍郎蔡毓荣为招抚代表,前往福建,与靖南王耿继茂、时任福建总督祖泽沛协商,制定招抚办法。经酌商,决定先选派福建兴化府知府加太常寺卿衔慕天颜、都督佥事季佺为招抚使者,携朝廷诏书和明珠致郑经的亲笔信赴台。

六月十二日,慕天颜等人至澎湖,因遇飓风,直至七月初四日才开始扬帆东渡,初六日抵台。郑经以礼接待了他们,但拒不接受清廷诏书,只接收了明珠的亲笔信。明珠在信中表示,希望郑经能体谅沿海人民长期饱受的战争之苦,接受清廷的招抚,让海隅成为乐土,使两地百姓能够团聚。初七日,郑经召集文武百官与慕天颜、季佺会议,坚持"苟能照朝鲜事例,不削发、称臣纳贡,尊事大之意,则可矣"。慕天颜则据理答道:朝廷几次派使者来进行招抚,是体念贵藩不忘旧主的忠诚。若能削发归顺,自当藩封,永为圣朝柱石。不然,岂寡楼船甲兵哉?但郑经态度坚决,始终坚持自己的立场不变。双方交涉十余天毫无结果,慕天颜等人只能返回大陆。在临行前,慕天颜请郑经派出代表随其一同返回,这样他也可以回去复命。郑经应其所请,派礼官叶亨、刑官柯平两人携带郑经复明珠的书信随他们一同前往泉州。至泉州后,双方因为礼仪的问题又争执了一段时间,叶亨、柯平根据郑经的意见坚持以"国礼"对待,清朝官员则不能接受,最后不得不在孔庙中进行谈判。由于台湾代表秉承郑经的立场,双方谈判依然无果而终。① 明珠将这次谈判的详细经过和结果向圣祖做了及时的汇报。

八月,圣祖下敕谕给明珠等人,"朝鲜系从来所有之外国,郑经乃中国之人"②。但为了推动和谈,圣祖也做出了巨大的让步,允许郑经不登岸,让其世代留守台湾。明珠秉持圣祖的最新旨意和谈判原则,令慕天颜、季佺再次赴台,劝说郑经遵旨削发,"贵藩乃遁迹荒居,非可与外国

---

① 〔清〕江日昇:《台湾外记》卷六,第207页;《小腆纪年(附考)》卷二〇。
② 《明清史料丁编》第3本,第272页。

四、圣祖统一台湾

之宾臣者比。今既欣然称臣，又欲别其衣冠制度，此古来所未曾有"。然郑经依然强调"若欲削发，至死不易"。慕天颜等人因无法劝说郑经改变意图，遂返回大陆。郑经在给明珠的回信中强调说：于版图疆域之外另立乾坤。在给耿继茂的回信中说：东宁（台湾）偏隅，远在海外，与版图不相涉。明珠、耿继茂等知郑经恃海峡之险难以招降，遂同蔡毓荣等人进京复命。和谈失败，武力之法也难以成行，清廷一时间难有解决之良策，只能是"严戒守界，不复以台湾为意"①。而严戒守界的重要措施就是禁海和迁海。其中迁海令"上自辽东，下至广东，皆迁徙，筑短墙，立界碑，拨兵戍守"②，一直到收复台湾后才被废止。

3. 郑氏进犯沿海

圣祖铲除鳌拜势力后，面临着三藩势力日渐坐大的局面，而且三藩逐渐成为政权稳定和国家统一的最大威胁。康熙十二年（1673）二月，圣祖在平南王尚可喜上疏请求告老还乡之际，果断决定裁撤"三藩"。不甘心被撤而无法再独霸一方的平西王吴三桂首先起来反叛，他自称"天下都招讨兵马大元帅"，传檄天下，煽动叛乱。受吴三桂的影响，其他二藩也蠢蠢欲动。靖南王耿精忠密遣漳浦人黄镛致书郑经，煽其出兵，"孤忠海外，奉正朔而存继述；奋威中原，举大义以应天人；速整征帆，同正今日疆土，仰冀会师，共成万世功业"③。郑经接信大喜，认为反清的机会已到，立即调集大军，征集船只，于十月亲率大军至澎湖，等待耿精忠的接应和配合。而正在当时，清廷为了稳定局势，以利于各个击破，下令停撤靖南、平南二藩，以防止他们附叛吴三桂；耿精忠也因此没有立即公开反叛，并再致信向郑经表示时机未到，暂缓起事。因没有大陆的接应和配

---

① 〔清〕邵廷采：《东南纪事》卷一二。
② 〔清〕阮旻锡：《海上见闻录》卷一。
③ 〔清〕江日昇：《台湾外记》卷六，第211页。

合，郑经被迫率部返回。次年，耿精忠在福建响应吴三桂，率部反叛，同时立即派黄镛再次赴台与郑经联络，请郑经与其联手，水陆共进，夺取江、浙，并答应将福建沿海的全部战舰交给郑经。吴三桂也派人致书郑经，劝说其"大引舟师，径取金陵；或抵天津，断其粮道，绝其咽喉"①。

郑经收到信后，立即进行军事部署，以陈永华留守台湾，冯锡范督率诸将船只先行出发，随后郑经亲率左武卫薛进思、右武卫刘国轩等进军厦门。郑军出兵大陆，首先要夺取的不是耿精忠所说的江浙等地，也未依吴三桂提议北上，而是要夺取耿精忠的大本营，也是郑经之前的根据地福建沿海一带。郑经率部在厦门登陆，耿精忠得知后不得不带兵返闽，表面上是为了迎接郑经，实质上是要确保其势力范围不被夺走。此时，他已经非常后悔邀请郑经出兵大陆了。被耿精忠派去迎接郑经的官员刘煜至厦门，见郑经所在之地，"瓦砾遍地，茅草盈野，船只散处停泊，民居寂寥"，心中对郑氏有些瞧不起，返回后对耿精忠汇报道，郑军兵不满2000，船不过百只。听到此，耿精忠心中对邀请郑经之事一直后悔，即下令断绝与郑经的合作与往来，沿海戒严，寸板不许下海。郑经对耿精忠的行为大为愤怒，派使者抗议耿精忠的背约弃誓，同时积极备战，调集大军，进行军事部署，准备与耿精忠争夺泉、漳等地。郑军首先整顿水师，打探情报，对耿氏部将进行策反，然后筹集粮饷；同时还招兵买马，充实壮大自己的队伍。郑氏或串联当地豪强，或招纳降兵叛将，或收编土贼海寇，一时间人马骤增。冒名明皇后裔"朱三太子"的蔡寅也率"白巾军"投靠郑经。至康熙十四年（1675）时，郑军"台湾旧兵及新募附者三十余万"②。

郑军多路出击，于康熙十三年（1674）六月很轻易地从耿精忠手中夺取了海澄、同安，大军压境，原泉州守将王进功之子王锡藩见状向郑经献城投降，漳州守将黄芳度也献城投降。泉、漳二州的失手让耿精忠十分紧张，急派大将王进领兵3万，向泉、漳一带进军。郑经派刘国轩为统帅，率诸部与5营兵严阵以待。王进率部于惠安、枫亭一带列营20余里，与郑军对垒10余天，双方并没有交锋。刘国轩侦知王进怯战，便引大军进攻，双方于涂岭交手激战。在交战中，刘国轩分出一路兵绕到王进军后，用大火烧了王进的军营和粮草，耿部大军见状，军心大乱，王进也无心恋

---

① 〔清〕江日昇：《台湾外记》卷六，第217页。
② 〔清〕陈衍等：《福建通志》卷二六八。

四、圣祖统一台湾

战,大军败退兴化。大败之后,耿精忠遂派代表浦日兴前往泉州与郑经进行谈判,提出:沿海诸岛归郑氏,郑军退回诸岛,耿精忠取消禁海令,与郑方通商往来。正在节节胜利的郑经自然不把耿精忠的议和条件放在眼里,让耿氏使者回禀耿精忠:沿海本是郑氏的天下,与耿精忠有何关系?况且我远涉重洋而来,是应耿氏所请,但耿氏背约,现在还有什么资格来提要求。郑经与耿精忠交恶,吴三桂出面调解双方之间的冲突,才使两者之间的矛盾有所缓和。

康熙十四年(1675)年初,耿精忠见郑经已占据漳、泉、潮三府,兵马强盛,自己的部将又屡次败阵,为了弥合与郑经的关系,确保自己的势力范围,遂遣吏曹张文韬向郑经贺年,赠送大战船5艘,以遵守当初之承诺,同时向郑经表示要进行议和。郑经同意,并派礼官郑斌、刑官柯平至福州与耿精忠当面商谈。双方约定:以枫亭为界线,双方通商贸易,有事相互援助,互不侵犯。郑、耿相互妥协后,郑经将军事进攻方向转向广东沿海一带,与平南王尚可喜争夺势力范围。康熙十五年(1676),郑军的势力范围已经抵达广东的惠州,而这时吴三桂的势力也到了广州以西的三水,对尚未叛清的尚可喜形成夹攻之势。在强大的军事压力下,尚可喜之子尚之信首先动摇了,他挟持其父尚可喜向吴三桂投诚,加入叛军,与清廷决裂。在吴三桂的调解下,郑氏与尚氏之间的矛盾也得到了一定程度的缓和,双方以东莞、新安、石龙为分界线,规定互不侵犯。通过这次讲和,郑经巩固了其在粤东的势力范围,减轻了尚氏势力对他的反抗,让他能腾出手来扩大在福建的势力范围。

随着郑经在沿海势力的增强,其影响也越来越大。康熙十五年(1676)三月,耿精忠的得力干将、汀州守将刘应麟密派心腹至漳州面见郑经,表示愿意献出汀州城投靠郑经。面对这一状况,郑经一时不能决定,遂与冯锡范、参军陈绳武等人酌商。参军陈绳武认为"招降纳叛,今正其时。岂有与而不取者乎?""天下乃天下人之天下,岂耿藩之所自有?惟有德者居之。今耿藩失望,应麟择主而事,安可弃之,以失天下英雄向慕之心?"冯锡范也同意:"得尺即尺,时不可失!汀州若得,便窥取邵武而图全闽也。"① 犹豫不定的郑经遂下定决心,全盘接收汀州。耿精忠得

---

① 〔清〕江日昇:《台湾外记》卷六,第248页。

知后万分恼怒,斥责郑军背约。在汀州投降事件的影响下,毗邻的邵武守将见状也向郑经献城投降。此时,郑经控制的区域已有闽、粤二省的7个府,势力达到顶峰。

三藩之乱及郑经的进犯让南部大半个中国乱成了一锅粥。对此,圣祖通观全局,采取分化瓦解,重点突破的策略来解决南方的乱况。对于福建的耿精忠和郑经的问题,圣祖对福建总督郎廷佐指出:对于郑经宜用抚,对耿精忠要用武力剿灭,或者是离间其内部。① 清康亲王杰书亲率大军10万夺仙霞关后入闽,陆续收复了耿精忠控制下的建宁、延平二府。一时,耿精忠处在郑经势力和清军的夹击下,腹背受敌,加上其控制的区域民怨沸腾,物资缺乏,可以说是内外交困,处境十分艰难,只得被迫压缩战线,收缩兵力。康亲王杰书秉持圣祖的旨意"以时势晓谕耿精忠早降"②,一方面加大军事压力,一方面积极劝降。清军主力直指耿氏老巢福州。在这种情况下,耿精忠知大势已去,遂向清军投降,并于十月带领清军入福州城,随后率部与清军一起对付郑经。

郑经见耿精忠已投降清军,为了防备耿精忠带领清军来攻,急命许耀为总督,屯兵在乌龙江西岸,防止耿精忠与清军从福州过江而来。清军则由耿精忠、将军喇哈达、都统赖塔、都督曾养性等率兵列营数十里,距守乌龙江东岸。清军主将喇哈达见郑军兵容不整,皆是一些乌合之众,遂与众将商议:乘沿江炮台还没有修好,伐木为筏,广备船只,载兵过河,抢占先机。而郑军主帅许耀只是一个有勇无谋之人,夜晚至江边,见东岸清军连营,火光数十里,心生畏惧。探子回报说:满、汉骑步兵十余万,此外还有别的增援部队,从南台配船,由闽安而来,登岸夹击。许耀听闻,心中更加畏惧,遂向郑经请求援兵:敌师十余万,非十二镇之力可御,速当益兵固守!"当此大敌,非侍卫冯锡范督令诸军,亦当遣中提督王进功、左提督赵得胜纠率劲旅前来相机料敌,方可。"心惊胆战的许耀甚至向郑经请辞,说他自己"材非总督,不敢任此重担,恐误封疆大事"。③ 郑经对许耀的来信置之不理。

十一月十七日晚,耿精忠副将陈英率兵300余人渡江来归,并将清军

---

① 《清圣祖实录》卷四九,康熙十三年八月丁酉。
② 《平定三逆方略》卷二六。
③ 〔清〕江日昇:《台湾外记》卷七,第254—255页。

四、圣祖统一台湾

的详细情况向许耀汇报，对沿江防线布置提出了建议，并提请据守炮台，以立战功报效收留之恩。许耀则以新降之将不足为信，置之不理。二十四日四更，江潮退去，江风顺，清军登船，乘月微明，蔽江而下。许耀得报，一面令诸镇至江边御敌，一面飞调堵闽安路二镇回师助战。但许耀部不敌清军，加上清军一部从炮台登岸，从许耀部侧翼杀来，许耀部顿时大乱，全军大溃。许耀见状立即逃跑，至渔溪，不敢安营，掠食而逃。天亮后逃至涵江，神稍定，方敢驻足停留。这一役，许耀部损失兵众6000余人，辎重甲仗不计其数。之后，郑经所占据的一些地方纷纷失陷，清军步步紧逼。

康熙十六年（1677）正月，郑氏驻守兴化将赵领得胜、何祐与马应龙、许耀商讨拒敌之策，由马应龙守兴化城，赵得胜与何祐率部出城据险列营，作为声援；许耀则自请带领部众从小路绕道清军背后，使其首尾不能相顾。但小路崎岖，适又下雨，许耀领军每天行军不过十余里。清军将领喇哈达、赖塔、段应举、曾养性等率骑步兵大军浩浩荡荡进攻兴化。赵得胜等人见满汉大军压境，兴化城危在旦夕，急令从小路偷袭的许耀部返回兴化，参与会战。赵得胜等人率部分营据守，清军一部段应举率部列阵逼战。何祐欲出兵交战，赵得胜阻止道：清军乘新胜之锐，应暂守以避其锋芒，等许耀率部返回后再合师出击。但何祐不听，自恃勇猛，率众出战，被清军曾养性部所败。赵得胜见何祐败，急率部支援。清军达到了逼战之目的，遂令其他部全部出动包抄，领兵合击。何祐因为有赵得胜的支援而侥幸得以逃回兴化城，而赵得胜被清军所围，力战才得以返回城外大营。清军将赵得胜大营里外三层团团围住，赵率部抵抗，见兴化城内大军并无援助，决定与其坐以待毙，不如杀出重围，遂率众出营力战。赵得胜左驰右突，虽勇猛异常，但终不得出围，先是坐骑中排枪而死，赵得胜弃马步战；连砍杀数人后，终寡不敌众，身中十余箭，力竭遭杀，全军覆没。被赵得胜相救而入城的何祐虽登城遥望，却拥众不救，反而令四门紧闭，即使是逃回的士卒也不让进入。当晚二更，何祐率部开兴化城南门逃亡泉州。二十九日，郑经在漳州得到兴化一役失败的战报，顿时惊慌失色。二月初九日，清将喇哈达率众至泉州洛阳桥，郑经将领谢贵统率所部出新铺交战被杀，余众四散。清军趁机夺城，泉州城守将林定逃走。初十日，郑经接到泉州失守的报告后，急忙与冯锡范、陈绳武等乘船逃至厦门。清军乘势先后收复海澄、漳浦、诏安、云霄等地。郑经分守各地的很多部将见清军势力强盛，仅凭剩下的力量难以固守，遂纷纷投诚，如潮惠道江德中、碣石总兵苗之秀、漳浦总兵刘炎、漳浦营城守张国杰。郑军的节节失利让郑经有了返回台湾之意，并将在沿海搜刮来的金银细软、文物古玩先期用船运往台湾。时留守台湾总制使陈永华将郑军在大陆的战况向郑经之母董国太做了汇报，董国太大怒，命人斥责郑经："竖子无能，倾覆桑梓，辱及先王。"退守厦门的郑经被迫驻守该地，与收复漳州的清福建总督郎廷相、镇守海澄的总兵黄蓝隔海而望。鉴于郑经占据厦门及周边岛屿，尚有一定的势力，而清军正忙于平叛，抽不出更多的兵力，更何况海上作战本非清军所擅长，眼下船只又不够应付，康亲王杰书遂派遣佥事道朱麟、庄庆祚前往厦门，招抚郑经。郑经仍然坚持之前的立场，要求照朝鲜例，则可以进一步谈判。谈判又一次无果而终。同年七月，杰书再派泉州知府张仲举、兴化知府卞永誉至厦门议和。清方提出郑军退出沿海岛屿，郑方所强调的依朝鲜例等条件可由康亲王等代为题请，以息兵安民。郑经等要求清方割让漳州、泉州、惠州、潮州四府作为郑军的筹饷之地，郑军保证据守海岛，不再内侵。张、卞等人立即返回汇报，康亲王杰书责其二人无能，遂又派监生吴公鸿携亲笔信面见郑经。为了早日结束与郑经的军事冲突，杰书在其信中竟然对郑经做出了无原则的退让，擅自许诺如果郑军撤出沿海，退守台湾，就答应郑氏仿朝鲜例的要求。郑经对杰书的退让并不满意，还进一步提出沿海岛屿全归郑氏，并由清政府提供粮饷。和谈又一次失败。①

康熙十七年（1678）正月，刘国轩向郑经献策，前两次议和不成，清军必然合师来攻，岂可坐以待毙？宜速进兵入漳，主动出击。郑经同意其策，并当即任刘国轩为正总督、吴淑为副总督，统兵出击，并赐刘国轩尚方宝剑，赋予其生杀大权。刘国轩等人决定先夺取漳州之门户海澄，以解除厦门郑军的外围压力。二月初九日，刘国轩率众登舟起航。次日，与吴淑等率八桨、快哨等船泊海澄之海门，金鼓喧天，炮声不绝。当夜五更，刘国轩乘涨潮之际督船进攻玉洲，守将海澄左营游击刘宗邦见郑军势力强盛，不敢迎战，率兵投降。十二日，吴淑也先后攻下三叉河、福浒两处。十八日，刘国轩又乘涨潮顺风之际进攻江东，亲率部众登岸。时清军守将

---

① 〔清〕江日昇：《台湾外记》卷六。

四、圣祖统一台湾

吕韬、王重标等率部迎战，不敌，率众败退5里，遇到副将朱志麟、总兵赵得寿率援兵而至，两部合兵迎击刘国轩大军。刘国轩佯装兵败，诱敌深入，清军以为其真败，于是拼命追杀。清军刚过一个高岭，埋伏的两部郑军分别从左右冲杀出来，清军始料未及，顿时溃退，刘国轩率部追至关下才鸣金收兵，回守江东。三月初二日，刘国轩督率诸将驾八桨乘潮，从赤岭港登陆，排兵列阵于赤岭埔。郑经部将林升率兵挑战，与清满汉骑步兵鏖战，自辰至午未分胜负。刘国轩密遣吴淑率兵从清军左右夹击，清军顿时溃乱，伤亡甚多。刘国轩乘胜屯兵于双桥一带，离城仅数里远。福建总督令投降清军的黄芳世率骑步兵驻扎在水头山山顶，御堵石码；另派一部屯兵镇门，设立炮台，以阻郑氏战船。十一日黎明，刘国轩对黄芳世采用诱敌之计，先发令将所有营寨全部焚毁，踉跄撤兵，各下快哨、八桨等船。黄芳世在山顶见刘国轩率部后退，信以为真，便率部追击。刘国轩突然率部回击，同时另派陈昌、陈福等人率部绕至其身后，前后夹击。黄芳世所部腹背受敌，阵乱四溃，弃辎重军营而逃。十八日，刘国轩与吴淑等人用前后夹击之法打败清军段应举所部，攻占祖山。之后，刘国轩率部先后夺取了漳平、平和等地，清军控制下的各县纷纷告急。①

海澄乃漳州之门户，海澄若失，漳州不保。段应举败退海澄后，加强了防御，据守城池。康亲王杰书见海澄危在旦夕，遂急调江南提督杨捷代段应举，援兵四集，屯笔架山，以救海澄。② 郑部刘国轩兵分三路围困海澄。海澄负海枕山，城小而坚，清将段应举等恐丧师失地获罪，又以漳州有清大军驻守，咫尺不难救援，誓众死守。③ 刘国轩用围点打援之法，决定先进攻清廷的增援部队。刘国轩屯兵笔架山——以其南小寨悬崖，状如挂灯，俗呼"灯火寨"，下临大溪，顺流可通海澄，此处若不据守，恐被清军所夺以增援海澄。吴淑请命，率清兵夺取此地，乘夜进寨。五月初十日，清援军对灯火寨的郑军发动炮攻，连夜不绝，欲夺取这一要地。吴淑令军士穴地藏身，无死伤者。清满汉骑步兵至祖山岳岭，大破张凤等二营，进攻林升部，刘国轩率援兵用大炮猛烈轰击，清军损失惨重，满汉兵

---

① 〔清〕江日昇：《台湾外记》卷六、卷七。
② 〔清〕夏琳：《海纪辑要》卷二。
③ 佚名：《闽海纪略》第45页。

多填于堑，不得不撤退。① 刘国轩挖壕重重，连营驻扎，围困海澄。六月初十日，刘国轩于城外埋伏大军，然后派数百人在夜间手持火把军旗伪装成清廷援军到来。海澄守将黄蓝等人中计，统帅大兵出城，郑军则从左右伏击，黄蓝所部大惊，大军顿时溃乱，相互践踏逃回城内。刘国轩派兵穿上清军衣服，伪装成清军混入城内，焚烧城内的粮草，顿时火光达旦，一片混乱。② 经过长达83天的围困，海澄已是孤立无援城内粮食匮乏，清军先是被迫杀战马而食，而后有的捉鸟挖鼠而食，有的则浸皮煮纸而食，饿殍遍地。海澄守将段应举、穆黑林见城将不保，自缢身亡。总兵黄蓝率部与郑军进行巷战，后战死。清军损失官兵3万余人、马万余匹。刘国轩乘胜率水陆两军并进，利用潮水涨落，采用灵活的作战策略，先后攻占了漳平、长泰、同安，略取南安、惠安、安溪、永春、德化诸邑，一时声势大振。③

七月，刘国轩率号称10万的大军围攻泉州。郑军集中炮火猛攻泉州城南门，想尽快夺下泉州，南门城墙甚至被炮火削去40余丈。清军设法阻击，双方相持2个月，郑军仍没有攻破泉州。至九月，郑军被迫撤军，转而围攻漳州。郑氏大军28镇兵分为19寨，列烽相望。刘国轩以17镇精兵3万人驻漳州城西，吴淑、何祐以11镇精兵2万军驻于城南，欲与清军大战于龙虎、蜈蚣二山之间，声势浩大。④

清军一系列的失败让圣祖甚为不满，下旨斥责康亲王杰书和前敌将领，同时更换前敌将领；撤换福建总督、巡抚等人，任命姚启圣为福建总督，吴兴祚为福建巡抚，协助康亲王杰书收复东南沿海的失地。姚启圣等人分析了刘国轩的作战策略后指出，郑军舍近求远而围攻泉州已显出其败象，随着郑军战线的拉长，其机动兵力已严重不足，合兵集中还有一定的威胁，若再分兵出击，则清军可以各个击破。相反，郑军一系列的胜利让其开始骄傲自满，军事将领也开始自满松懈轻敌。刘国轩率部进攻漳州，姚启圣分析局势，决定乘郑军自满松懈之际突袭，出其不意攻其不备。姚启圣派一部为前军，自率一部为中军，耿精忠一部为后军，连环出击，刘

---

① 〔清〕阮旻锡：《海上见闻录》卷二。
② 〔清〕沈云：《台湾郑氏始末》卷六。
③ 〔清〕全祖望：《鲒埼亭集选辑》卷二。
④ 〔清〕李瑶：《绎史摭遗》卷十。

四、圣祖统一台湾

国轩部渐渐不支，然后清军前中后三军加上城中接应部众出城合击，连破刘国轩部16营，斩其将郑英、刘正玺、吴潜等，生擒1200余人、斩首4000余级、溺死者至万人，郑军大败。刘国轩被迫泅水而遁，逃至海澄，郑氏在东南沿海的鼎盛局势自此结束。清军乘胜收复长泰、同安等地。①

清军虽然取得了潮州大战的胜利，但刘国轩率残部退守的海澄在郑氏的经营下已筑起了坚固的防御设施，城三面环海，城外又挖深沟筑高垒，防守严密。而清军因没有足够实力的水师，一时对海澄束手无策。姚启圣等人经酌商后决定对郑经再进行劝降招抚，派漳州进士张雄携带满汉大员的书信前往厦门，与郑经议和。然郑经仍坚持海澄系厦门之门户，决不放弃，张雄返回复命。姚启圣仍不甘心，再派泉州乡绅黄志美至厦门议和，要求郑经退出海澄，仍被郑经拒绝。鉴于此，姚启圣向清廷奏请严厉推行迁界令，隔绝郑氏势力与内地的联系，同时加大对郑氏将领及兵士的招降力度。康熙十八年（1679）五月，康亲王杰书再派代表前往厦门进行谈判，康亲王在其信中甚至擅自答应只要郑经东归，可以依朝鲜例。郑经听闻，有意放弃沿海。然其心腹冯锡范却表示反对，力劝郑经不可放弃海澄，否则厦门不保，可将海澄作为双方交流、谈判、通商的公共区域。后郑经也派代表至福州与清方进一步协商，但郑经方面的要求被福建总督姚启圣严词拒绝，指出：朝廷的每一寸土地岂有划出疆域的道理。由此，双方谈判再次破裂。

十二月，万正色被任命为福建水师提督，走马上任后便祭江誓师，并呈请率军直取海坛。在正式进军前，万正色积极做好各项准备，亲自至兴化密访郑军首将朱天贵之从叔朱炳坤，邀至军中，令其携带书信前往朱天贵军营劝降。朱天贵首鼠两端，一时无法达到招降的目的，但万正色故意泄露此事，让郑军将领黄德等得知，利用此事在郑军中造成相互猜忌。

康熙十九年（1680）二月初二日，万正色得到准许后率部出征，并布置大战船由外洋进军，赶缯小船由浒屿门直取贶美澳。郑军朱天贵等将领侦察得知清军将要大举进攻，遂分兵堵截防御。初六日，清军大军扬帆进军至南茭，万正色突令战船改换旗帜，以自乘大船为首改由浒屿门进军，其他部将率大军紧随，大小战船首尾相摩，帆影蔽江，浩浩荡荡。午后，大军突至海坛，朱天贵措手不及，匆忙迎战。万正色"公佯置天贵，直取

---

① 〔清〕全祖望：《鲒埼亭集选辑》卷二。

他艘。黄德等以天贵有异志,各怀观望。我舟合艅冲击,遂各披靡南窜"。①

十四日,清军进攻湄洲,郑军战船泊于平海。福建巡抚吴兴祚率大军驰赴增援,万正色认为郑军锐气已挫,必定集合剩下的战船窜至崇武,企图与清军决一死战,因此建议巡抚吴兴祚率后续部队驻扎于崇武坡,绝其水道,以逸待劳;郑军没有淡水,必定要内进补给,那时军队战斗力低,清军顺风直击郑军其后,必定一击必溃。吴兴祚按照万正色的建议于十七日率大军抵达崇武坡驻扎,并沿海岸安设火炮。果然不出所料,很多郑军舰队靠岸补给淡水,吴兴祚命人发射火炮,将靠近之郑船纷纷击沉。

二十日,万正色率战船南下追击郑军,郑军集合舰船迎战。万正色率领舰队顺风进击,气势浩荡;而郑军逆风迎战,已失先机,不敌而退。郑军在撤退途中突然又迅速合军再战清军,清军总兵颜立勋所乘座船被郑军包围,处于危亡之际。万正色见状,立即率主力驶来,将其解救出来,并下令击鼓奋力进军,有胆敢退却者立即处死,双方一直战至日落而止。清军回师崇武口,郑军战船则停泊在外洋中。大军驻扎下来后,万正色意识到大军鏖战一整天,人马疲乏,入夜之后容易被郑军偷袭,为了以防万一,半夜下令全军立即移驻他处。果然如万正色所料,郑军半夜前来偷袭,结果扑了个空。次日清晨,提督万正色召集众将领道:昨日一战,胜负未分,今日众将当率部奋勇杀敌,一举歼灭;倘有退缩者,军法从事。大军早饭后,见郑军战船乘南风扬帆而来,其势甚大。清兵以郑军居上风而纷纷担忧,万正色告知众将士无须畏惧,先暂时按兵不动,等到郑船靠近时起碇出击,到时必定打破郑军,众军将士虽遵令行事,却面带狐疑。不久,郑军战船慢慢靠近,突然海风瞬变,由南风转成西风,万正色遂令各战船立即起碇乘机分击。两军交战之际,郑军将领朱天贵、林陞、王德、王应等以数舟将万正色座船团团围住,其势甚锐。万正色临危不惧,指挥兵士用船上左右大炮抵抗,火炮同时开火,击沉多艘郑军战船。正当危险之际,其胞兄万德耀及左镇部将林贤等率部属战船相继赶来增援,双方都拼命死战,战斗十分激烈。清军充分发挥火器大炮的优势,而郑军因补给比较困难,逐渐落入下风,很快不支而退。万正色见郑军败退,遂率

---

① 〔清〕万正色、王得一:《师中纪绩》第244页,见《台湾文献丛刊》第2辑第13册。

四、圣祖统一台湾

大军乘胜追击，一直追至岱队港，彼时已入夜，遂于港口宿营驻扎。二十二日，郑军见无法与清军相抗，遂退归金门料罗湾。而因海上飓风大作，万正色无法率部追击，遂于臭涂澳停泊。二十三日，巡抚吴兴祚率大军从崇武来与其会合。万正色指出，郑军主力已败退，留守海澄的郑氏残军不堪一击，即日可破，当此之际，请巡抚吴兴祚率大军由同安石浔渡师金厦，兵不血刃便可夺回金厦；他自己则等候海上顺风，截断郑军退路，料其数千逃兵可即刻歼灭。海澄兵败消息传至厦门，一时谣言四起，郑氏文武官员兵士人心惶惶。郑经对刘国轩说，厦门将危，海澄何用？命其立即率部撤离海澄，回守厦门。防守鼓浪屿的郑氏将领陈昌见败局已定，遂遣人向清军投诚，并密告郑氏内部之详情。二十六日，刘国轩退回厦门，城内谣言四起，加上清军不日即将合师围攻厦门的传闻不胫而走，厦门城内风声鹤唳，陷入一片混乱之中。郑经见败局已定，明白事已不可为，遂率家眷东渡台湾。郑军部将黄瑞、吴桂等遣人向姚启圣投诚，并请清军入厦门安抚百姓。二十九日，万正色率舰队入金门，受到岛上百姓夹道欢迎。

三月初三日，万正色率大军胜利班师，抵达厦门。有人劝其应乘胜追击郑军，直捣澎湖。万正色指出，澎湖地势险要，外船难以进入，系易守难攻之处，郑军已达数日，必然做好充分的准备，且沿海一带郑军残余势力还未剿尽，朱天贵等人率部还在南澳一带，此时南风盛行，若贸然带兵前往，且不说战船无可停泊之处，恐朱天贵等人乘我部进军金厦空虚之际，扬帆直进，金厦甚危。不久，郑军部将朱天贵见厦门失守，率部退守铜山，后在清军的劝说下，率大小官员600余人、士兵2万余投诚，清军兵不血刃收回铜山。至此，清军将沿海地区及其周边岛屿全数收复，郑经占据的所有大陆据点被拔除，其进犯大陆的军事行动彻底失败。郑氏集团元气大伤，统兵将领或死或降，精锐部队损失殆尽，郑经退回台湾时随行部队只有1000余人。①

---

① 〔清〕万正色、王得一：《师中纪绩》第 243－250 页。

4. 澎湖决战

郑经退守台湾，偏居一隅，逐渐失去了往日的进取心，开始沉湎于酒色，军政大事荒废。郑氏集团内部开始从之前的一致对外转向争权夺利，先是冯锡范排挤陈永华，与刘国轩把持台湾的军政大权；陈永华死后，冯锡范等人大肆党同伐异，排除异己。康熙二十年（1681）正月，郑经猝死，其长子监国郑克𡒉承继王位。冯锡范等人因郑克𡒉继位于己不利，遂密谋杀克𡒉，欲立其婿郑克塽。冯锡范联合郑经的4个弟弟袭杀郑克𡒉，顺利地将年幼的郑克塽扶上王位，自己则掌握台湾大权。

郑经暴亡、郑氏集团政局动荡的消息传至大陆，姚启圣立即向圣祖奏报此事，并建议应该乘此时机发兵，直捣郑氏老巢。翰林学士李光地也表示赞同，上奏圣祖道，郑克塽年幼，权臣内斗，当前台湾岛内兵民离心，应当乘机攻打，必能成功，机不可失。虽然朝廷中仍有不少人反对远涉重洋、武力进剿，如水师提督万正色力陈台湾难攻，提出"三难六不可"。但是在平定了三藩后，国内局势稳定，清廷的精力已可以集中到解决台湾问题上来，能够全力以赴地完成统一台湾大业；福建水师部队的建立及战斗力的逐渐增强使收复台湾已有了一定保障；加上一大批郑氏将士投诚，不仅大大增强了水军的力量，得到郑军情报，还可以利用投降将士继续策反郑氏将领，这一切都使收复台湾成为可能。圣祖分析了这些形势，权衡利弊，力排众议，认为时机已到，遂颁布谕旨："郑锦（经）既伏冥诛，贼中必乖离扰乱，宜乘机规定澎湖、台湾。总督姚启圣、巡抚吴兴祚、提督诺迈、万正色等，其与将军喇哈达、侍郎吴努春同心合志，将绿旗舟师分领前进，务期剿抚并用，底定海疆，毋误事机。"①

收复台湾不像陆上作战，必须有一支能征善战的水师，还需要懂得水

---

① 《清圣祖实录》卷九六，康熙二十年五月戊子。

四、圣祖统一台湾

战的将帅统领，而八旗将士擅长骑射，不懂水战。福建水师提督万正色熟悉水战，有统兵与郑氏作战的经验，本来是圣祖心目中武力统一台湾统帅的不二人选，但他却反对武力收复台湾，自然不能让其统兵东征。正当圣祖为水师统帅人选而犯愁之时，福建总督姚启圣与巡抚吴兴祚联名上奏，举荐施琅为福建水师提督，统帅大军东征台湾。时任内阁学士李光地也向圣祖推荐施琅，并提出了四条理由：其一，施琅全家被郑氏所杀，与郑氏有不共戴天之仇，完全可以信任；其二，在所有将领中，只有施琅最了解郑氏集团和台湾诸将的情况；其三，施琅有文有武，智勇双全，绝不是一莽夫；其四，郑氏集团所害怕的就此一人，重用他可以先声夺人，首先在气势上压过郑氏一头。在多人的保荐下，圣祖拿定主意，让施琅来统帅水师东征。康熙二十年（1681）七月二十八日，圣祖颁布谕旨："今诸路逆贼俱已殄除，应以见在舟师破灭海贼。原任右都督施琅系海上投诚，且曾任福建水师提督，熟识彼处地利、海寇情形，可仍以右都督充福建水师提督总兵官，加太子太保，前往福建。到日，即与将军、总督、巡抚、提督商酌，克期统领舟师进取澎湖、台湾。"① 八月十四日，施琅离京赴任，圣祖在瀛台赐宴，再三叮嘱施琅：你到福建后要与地方文武官员同心协力，争取尽快平定海疆。海疆一日不平，百姓则一日不得安宁。希望你相度形势，抓住战机，早日凯旋。②

十月，施琅抵厦门视事。在整顿福建水师过程中却发现东征大事政出多门，有时还会出现相互掣肘的情况。这种主将不明、指挥不统一的问题会大大影响到东征的成败，施琅向圣祖请求解决东征的统一指挥问题。十月二十七日，圣祖下旨："总督姚启圣辖福建全省兵马，同提督施琅进取澎湖、台湾。巡抚吴兴祚有刑名、钱粮诸务，不必进剿。"③ 然而，圣祖的这一谕旨不但并没有完全解决东征最高指挥权的问题，反而造成了姚启圣与施琅之间的冲突和分歧。两人在讨论平台方略时出现了较大的分歧。姚启圣主张于十月乘东北风进军，直接进攻台湾本岛，然后回师收复澎湖。施琅提议应在南风盛行的五六月出兵，船队可以乘风从铜山起航，并可以中途侦探敌情，做到万无一失；而东北风风势虽迅猛，却骤发骤息，

---

① 《清圣祖实录》卷九八，康熙二十年五月己卯。
② 《康熙起居注》康熙二十年八月十四日。
③ 《清圣祖实录》卷九八，康熙二十年十月丙午。

船队容易被吹散，而且还没有时间侦察敌情，况且康熙四年（1665）的攻台就是利用东北风，结果中途遭遇暴风无功而返。姚启圣上奏圣祖，提出于当年十月至十二月择期尽快出兵。而施琅却上奏极力反对，"当此冬春之际，飓风时发，我舟骤难过洋。臣现在练习水师，又遣间谍通臣旧时部曲，使为内应，请俟明年三、四月进兵"①。次年三月，施琅上奏朝廷，提出于五月南风起时进兵，建议让姚启圣驻守厦门调度，负责粮饷、战船和兵械的征调和后勤保障工作，由他一人指挥水师东征，并按计划五月初与姚启圣在铜山合师，待夏至后南风到来之际立即发兵。而姚启圣到铜山后却以东征台湾关系重大，皇上有旨：须总督、提督同心协力方可为由，坚持待南风不如北风，主张十月可以乘北风分端前进，致使五月东征的计划流产。

东征之事一拖再拖，使清廷内一些反对武力东征的人又重新开始发声反对。户部尚书梁清标以彗星出现，天有异象、诸事不宜，宜静不宜动为由提出切不能兴师动众。给事中孙蕙、左都御史徐元文等也上奏附和。圣祖下诏，东征之事暂缓。七月十三日，施琅再次上奏，力陈台湾用武力可破可剿，请求由他一人统帅大军征剿，为了得到圣祖信任，甚至承诺若不能成事，则治他的罪。圣祖先交与议政王大臣会议酌议，然后再与众大臣商讨。大学士明珠赞成用武力统一台湾，并且说："若以一人领兵进剿，可得其志。两人同往，则未免彼此掣肘，不便于行事。照议政王所请，不必令姚启圣同往，着施琅一人进兵似乎可行。"② 李光地也向圣祖建议，只有事权归一人决断，才能避免相互牵制、彼此掣肘。若授施琅专征之权，东征之事必定成功。十月底，圣祖发布谕旨：台湾郑氏集团内部彼此猜疑，众人离心，这是一个进剿的好机会，进剿之事不可停止，"施琅相机自行进剿，极为合宜""进剿海寇，关系紧要，著该督抚同心协力，催趱粮饷，勿致迟误"。③ 施琅取得专征权后开始积极备战，而姚启圣虽然没有被允许"同征"台湾，但他并没有放弃在台湾问题上立下不世之功的想法。姚启圣一方面配合施琅的武力东征，另一方面试图用招抚的办法能不战而使台湾重归王化。

---

① 《清圣祖实录》卷一〇二，康熙二十一年四月甲午。
② 《康熙起居注》康熙二十一年十月初六日。
③ 《清圣祖实录》卷一〇五，康熙二十一年十月己卯。

四、圣祖统一台湾

十二月，姚启圣派与刘国轩有旧好的革职副将黄朝用前往台湾招抚，并许以不削发，只称臣纳贡，照朝鲜例。但冯锡范等人认为有海峡这道天然的屏障，清军不足为惧，反对议和。后郑克塽在刘国轩的劝说下派林良瑞随黄朝用同往福建继续谈判，并顺便侦察清军虚实。姚启圣与郑氏的谈判遭到了施琅的坚决反对，施琅表示：奉旨专征，不敢言和，郑氏若有和谈之意，必须接受朝廷的一切条件投诚。之后，圣祖谕示：台湾不得仿朝鲜例，如果郑氏真心薙发投诚，可派人前去招抚；若只做缓兵之计，则应迅速进剿。虽然姚启圣所进行的官方层面的议和宣告失败，但姚启圣并没有放弃对郑氏的招降。他对郑氏集团的将领进行了广泛的劝告，特别是派人送信争取招抚刘国轩，使郑克塽、冯锡范等人与手握军事大权的刘国轩产生了芥蒂，从而内部不和，在一定程度上可以说为施琅平定台湾做出了积极的贡献。正如后人所说的那样，姚启圣"复设间使克塽与国轩互相猜，众莫为用，琅遂定台湾"①。姚启圣强调招抚的重要性，不同意大规模进行武力进剿，甚至与一贯反对武力统一台湾的万正色一起上奏，陈述武力攻台有"三不可行"。由于东征最前线的两位主要大员意见不统一，对东征的备战产生了严重的干扰，若不解决这一矛盾，将无法东征台湾。施琅先后两次向圣祖上奏，陈述自己的意见，排除外来干扰。他上奏说，台湾郑军已人人思危，多有叛离之心，已呈土崩瓦解之势；我们已经万事俱备了，若再改剿为抚，延缓进攻时机，将会错失良机，让台湾郑氏声势复张，贻害无穷。② 通过不同的渠道，圣祖对台湾和福建前线的状况有了更具体的了解后，坚决否定了反对武力进剿的观点，并立即下令命施琅迅速带兵东征。

有了最高统治者的支持，施琅全力投入到战前的准备中。施琅陆续调集水陆官兵12000余人，调集战船230余只，并让其子侄们到各战船上参战。台湾郑氏集团针对施琅即将进行的进攻也做了防御部署，冯锡范督守台湾鹿耳门；何祐等在鸡笼山筑城墙，设炮台；刘国轩则前往澎湖驻守，以加强澎湖的防卫。郑氏集团清楚，欲攻台湾，必先拿下澎湖。澎湖列岛由大大小小的64个岛屿组成，以澎湖岛最大，与西屿、白沙岛构成澎湖湾，湾内港阔水深，湾外海岸曲折、礁石遍布、海水汹涌、地势险要，若

---

① 《清代官书记明台湾郑氏亡事》第33页，台湾省文献委员会，1995。
② 〔清〕施琅：《靖海纪事》卷上。

不熟悉水道，船只难以进入。刘国轩在澎湖岛港口两侧设立炮台，又在海岸便于登陆之处筑起短墙，设兵把守，并在台湾选拔壮丁、征集船只，使澎湖的守军增加到17000余人，战船达200余艘。

康熙二十二年（1683）六月十一日，施琅率部至铜山，进行东征前的动员和部署。他召集随征将领，仔细推演作战方案，并做了作战动员。其标下右游击蓝理自告奋勇充当征战先锋，愿率兵先破郑军，施琅当即擢其为先锋官。为了在战斗中便于指挥，同时也能对战斗中的表现赏罚分明，施琅命所有的船只在船篷上、桅杆上写上本船将领的姓氏。十四日清晨，清军将士2万余人，分乘大小船只300余艘，随着施琅的一声令下，立刻扬帆起航，船队浩浩荡荡向澎湖进发。经过一天一夜的航行，十五日下午，清军拿下了澎湖列岛的西屿、猫屿、花屿、草屿等岛屿，乘夜晚派人前往没有郑军驻守的将军澳、南大屿等岛，而驻守澎湖的刘国轩却未曾料到。他虽然在澎湖加强了防范，却认为"六月风波不测，施琅是惯熟海务者，岂敢故犯突然兴师乎？不过虚张声势"①。施琅率部突然到来，让刘国轩确实有些措手不及。刘急忙点兵布防，命部将严密防守，同时调集大炮列于海岸。左镇大将邱辉向刘国轩建议乘施琅所部远航疲惫，立足未稳之际来一个突袭。刘国轩却不以为然，仍认为：我方炮台处处严防，他们在何处停泊登岸？何况六月，暴风多发，一旦风起，他们就无处容身。如此，可以不战而屈人之兵了。

十六日清晨，施琅突率水师向澎湖岛发起了进攻。刘国轩坐快哨船在澎湖岛娘妈宫前澳内督战，众战船、赶缯船等排列攻打，依托海岸炮火抵抗清军。此时清军船队却出现将士争功，行动不一致、互相冲撞之情况，船队发生混乱。郑军将领邱辉、江胜首先追击，时施琅座船受海潮和逆风的影响无法快速航行，林升率前锋姚朝玉、陈侃、林顺、洪邦柱等人结合大队合攻施琅。激战中，炮弹击中施琅座船，炮火将施琅右面烧伤，施琅跌倒后又站起指挥如常。② 先锋蓝理见施琅座船受困，命自己的座船逐浪冲进敌人的包围圈，大呼"将军勿忧，蓝理在此"。蓝理指挥船只，向郑军发炮火，击中陈侃船，登时沉没；又发左边横炮，击中郑军提督陈升船。蓝理冲破郑军包围圈，加入施琅率领的几个船只并肩作战，蓝理指挥

---

① 〔清〕江日昇：《台湾外记》卷九，第335页。
② 赵尔巽：《清史稿》卷二六〇，第9890页，上海古籍出版社，1986。

四、圣祖统一台湾

众船,向郑军投掷火罐,继而发射火箭,郑军略微退却。当即,施琅命众船击橹进攻,乘着微微顺风,转帆前进,发右边横炮,与蓝理合作攻击郑军姚朝玉船。蓝理等船与郑军众船死战正酣时,突然一发流炮打来,击中蓝理,火将他身上所披战甲烧毁,伤及腹部,蓝理跌倒,肚部撕裂,肚内肠子外露。众将忙舍战救治蓝理,蓝理急忙制止,裂旗将腹部裹住,整理甲胄,大呼道:"今日诸君不可怯战!誓与贼无生还!"双方战争愈发激烈,清军中有的将领连中三箭仍坚持作战。① 金门千总游观光乘机发火炮攻击,伤郑军甚多,逼郑军船队散开,施琅与蓝理、游观光等人引师退出外洋。郑军部将江胜、邱辉率战船追击,刘国轩见施琅舟师已退,害怕江胜等人贪功,下令鸣金收兵。邱辉等人向刘国轩建议,愿乘清军战败、军心不定之际,领船10只直抵猫屿、花屿偷袭。刘国轩不同意,认为今日清军锐气已挫,不必追赶。只要谨守门户,以逸待劳即可。一旦暴风至,一定会溃不成军。

清军率部暂泊于距澎湖岛不远的西屿头海面,施琅命各船将士不许卸甲,弓上弦,炮装入弹药,令游观光率一号先锋大船把守中路要口,海坛镇游击许英率二号大船,把守左路要口,同安营千总林凤坐三号大船,守右路要口,以防刘国轩部夜间乘海潮偷袭。十七日,施琅号令全部船队回到八罩、水垵澳等屿,传所有营将千备等随征官员至施琅头船议事,对众将说:敌船无几,你们俱不协力向前,互相观望,延至潮落,让敌人有机可乘。时吴英向施琅献策:刘国轩所恃者不过数只大煩船而已,我方船只可放开列阵,不必齐进,当用五梅花破之。即用五船结成一队,攻击敌人一艘。十八日,施琅与吴英、朱天贵等坐快哨,从虎井过桶盘屿、内外堑,遥观敌城各处炮台并敌船湾泊安所。十九日,施琅再次与部将罗士珍等人从澎湖外汛至澎湖内堑等处细察地形与郑军分布情况。二十一、二十二两日,施琅先派小股兵力分作两部分,佯攻内堑、外堑,让郑军认为清军要从侧翼进攻,以转移郑军的视线,分散其兵力、打乱其部署,为下一步的真实进攻做准备。经过几日的仔细考察和认真分析,施琅对即将实行的大战做了周密的部署,将所有力量分为四路:由总兵陈蟒、魏明等领赶缯船、双帆踞船共50艘,由澎湖港口东侧直入鸡笼屿、四角山,作为突

---

① 〔清〕陈康祺:《郎潜纪闻三笔》卷四,第720页,中华书局,1997。

然出现的奇兵，配合主攻部队。总兵董义、康同玉等领赶缯船、双帆踞船50只为第二路，从澎湖港口西侧内堑直击牛心澳，佯装登陆，以牵制西面的郑军。施琅率大鸟船56艘为第三路，作为主攻。他将56艘船编为8个小队，每个小队7艘，每个小队再细分为3个进攻小组，层层递进，形成梯形战队阵型。施琅率1个小队居中，兴化镇总兵吴英、平阳镇总兵朱天贵、先锋官蓝理等分率其他6小队。以上三路大军作为正式进攻部队，向澎湖郑军发起总攻。另命80余艘战船分成两部分，作为预备队一路，随主攻部队跟进，随时接应和补充主攻。为了避免在激战中战船自行混乱，施琅依吴英的计策，采取五朵梅花阵，其余不结队的战船作为奇兵或援兵相机而动，以保证集中火力将对方战船各个击沉。

六月二十二日早，部署完毕后，施琅向澎湖开始进行总攻。施琅率主攻部队利用西南风顺水优势，向位于澎湖主岛反方向的娘妈宫发起总攻。清军利用顺风顺水的优势向郑军发起了攻击。郑军虽然人少，也处于逆风不利的位置，却占据了有利的地形，凭险以守。郑军战船有炮船、鸟船、赶缯船等数种，其中炮船配有威力巨大的红衣大炮，船头两边各安设小型火炮20余门，火枪一二百支，火力却颇强。刘国轩听闻施琅率部来攻，立即指挥战船起航，出港迎敌。两军对垒，瞬间炮火轰鸣，箭矢齐发，洋面上弥漫着浓烟烈火。清军将领平阳镇总兵朱天贵、海坛总兵林贤等率战船率先冲入敌阵，迎面与郑军水师大将邱辉的战船相遇。朱天贵与邱辉本系儿女姻亲，朱天贵立于船尾对邱辉高喊：亲家，你看我现在已经任总兵了，你赶快弃暗投明，速来投诚。邱辉则大骂朱天贵是背信弃义之小人，下令船转舵后火炮开火。一声巨响，朱天贵被炮火穿肋而亡。林贤见状，率部冲入救援。时刘国轩率部在上风，见林贤冲入救援，督邱辉、陈起明、江胜、蔡明等将林贤团团围住，连环攻击，一时火箭、药罐、矢石、炮火如雨点落下。林贤督部迎战，力战多时，自身左臂连中三箭，将士死伤殆尽，船上所有用来抗敌的武器全部用完耗尽，遂令人将船中铁锅砸碎，用作炮子填充火炮，后实在无法，自思难以突围，欲取火掷药自焚。就在这危急关头，清军中营游击许英、左营游击吴辉、右营游击江新率部从郑军围外冲击营救。见有外援来救，林贤放弃轻生念头，率残部奋起还击。内外夹击之下，已经略占优势的郑军逐渐败下阵来，刘国轩被迫率军退却。施琅居中指挥，下令三路大军全力前进，不料其船被海潮拥至沙滩搁浅。郑军见状蜂拥而至，纷纷围攻，清军部众顿时慌乱起来。施琅立即

四、圣祖统一台湾

制止军队的慌乱,率部沉着应战。蓝理见施琅座船被郑军所围,急忙驱船前来营救。郑军远远见到清军一艘大船火速赶来,只见船篷和桅杆上有"蓝理"字样,郑军士兵十分畏惧,唯恐与其相遇,纷纷避让,施琅乘机换船重新回到洋面,指挥作战。兴化镇总兵吴英带领总旗领黄登、副旗领汤明等从施琅船队侧翼进攻郑军,郑军火枪、弓箭齐发,汤明身中数箭阵亡,吴英右耳被火枪击裂。郑军江胜被清军将领陈儒、廖程、朱明、林凤等船环环围住,死伤过半,江胜见形势危急,恐难以突围,又害怕被擒,一时踌躇,左右清船炮火齐发,江胜船随即沉没。清军以"五船梅花阵"战法围攻郑军,使郑军损失惨重,船只或被火罐所烧,或被炮击沉,不可胜计。郑军邱辉部率船往来接应,放炮乱击,其势雄猛,清将江新、陈儒、曾城、许英等合攻之。陈儒率众将搭钩钩住邱辉船只,邱辉用刀将搭钩砍断,结果其左足被游观光火炮打断。邱辉负伤,督左右向清军船只抛掷火罐、火桶、火箭、矢石,后船上士兵皆被清军炮火炸死炸伤。邱辉见败势已定,遂在内舱引火,自焚而死。刘国轩率众船往来穿梭,横攻直击,往来死拼。最后,刘国轩船队丧失十之七八,被迫从澎湖岛吼门冒险撤退,率战船20余艘、将士300余人败退台湾。

刘国轩败退后,施琅从娘妈宫港口上岸,招降澎湖岛上守将杨德等6名镇将、24名副将及几千名士兵,同时命部将持令箭前往周边各小岛屿招降郑军残部。这次海战,双方激战八九个小时,清军共焚毁郑军船只近200艘,造成郑军将领死伤300余人、士兵死伤12000余人,接收投降官员165人、士兵投降4853人。自此,澎湖36岛全部攻克。施琅将此消息飞报于福建督抚等大员,并专派吴启爵携详细奏报向圣祖汇报。圣祖收到胜利的奏报,非常高兴,当即脱下御衣赐给施琅,并即兴写下诗文。施琅因此战功被授予靖海将军,晋封靖海侯,世袭罔替。

5. 建府设防

康熙二十二年（1683）六月二十二日刘国轩兵败后，因风小不顺，至二十四日午时才抵达台湾，旋即面见郑克塽陈述兵败缘由。台湾民众见刘国轩退回台湾，人人自危，市井之中已风声鹤唳。冯锡范立即驰令鹿耳门守将严防清军来犯，同时对台湾全部百姓发布命令：不许兵民擅自离开村落。为了应对清军的进一步行动，郑克塽、冯锡范等人大会文武大臣，商讨战守之策。建威中镇黄良骥提出，今日澎湖失守，台湾门户大开，局势危险，不如命所有船只全副武装，携带家眷，直取吕宋岛，作为下一个根据地。提督中镇洪邦柱挺身赞同，并表示愿意与黄良骥充当先锋。郑克塽听后，犹豫不决。冯锡范问道，以全师取吕宋亦容易，但不知此地百姓土地如何？中书舍人郑德潇当即取出地图遍示，并陈述此地可取等事宜。冯锡范细阅地图及其中详细条款，大悦，立即向郑克塽启禀，然后令郑明同黄良骥、洪邦柱、姚玉等领前队为先锋，其余船只准备装载家眷，等待最后的命令。

澎湖战役后，淡水守将何祐密遣其子何士隆从淡水港坐船前往澎湖清军前，纳款献台。郑氏将领林亮、董腾、蔡添等亦密派人与清军接触，表示愿意作为内应，请施琅速派人攻台。不料郑克塽下令，所有的镇守部队立即撤回。闰六月初四日，冯锡范与诸将领商议，准备开始征伐吕宋，兵弁遂开始抢掠百姓，一时谣言四起，百姓惊恐，昼夜惴惴不安。刘国轩向冯锡范建议，攻取吕宋虽是良策，若在澎湖未失守之前是可行的，如今澎湖已失，人心惶惶，若将辎重全部装上船，一旦有人据船反叛，将没有退路了，当前众志已瓦解，守台已经很难了，不如举台向清军投降。冯锡范当场拒绝道，你我二人受托孤之重任，一旦率众投降，岂不遗臭万年？正当争论之际，施琅派遣郑氏降将曾蜚前来招抚，答应保荐刘国轩以总兵一职。刘国轩最终决定向清军投诚，并劝说郑克塽命礼官郑平英等至澎湖向清军投诚。冯锡范坚持不投降，并三番五次阻挠刘国轩。而此时郑军中秘

四、圣祖统一台湾

密与清军有联系的将领已经不止一二人了,在众人的劝说下,郑克塽投诚的决心已经基本定下来了。面对冯锡范的反对,郑克塽答道:"本藩年幼,未谙军旅,第承继不久,一旦降人,扪心歉然;鉴于天时人事悉已归顺清朝,若不见时机,恐让自身遭受不测,今若举全台投降,清朝宽恩,未必深究。"① 刘国轩立即调郑明等登岸,率部将郑氏子侄亲属全部监视起来,并派郑德潇修降表以进。

初八日,郑氏派郑平英、林维荣带降表面见施琅,刘国轩派朱绍熙与曾蜚同行,至澎湖见施琅,提出削发称臣,但仍居台湾,永为朝廷屏障。施琅说:若在澎湖大战之前,你们倾心王化,此议我与督抚定当合疏题请,如今台湾门户已破,势穷事逼,非出于真诚;汝主若有真心,当令刘国轩、冯锡范二人亲自到我军前,将台湾版图户口等呈进,候旨定夺,若不同意我方要求,只能用武力来解决。十六日,施琅让曾蜚、朱绍熙二人回帆,到台湾见郑克塽、刘国轩、冯锡范等,详述施琅之意:如不依从清军之意见,唯有用武力解决。郑克塽茫然不知所措。七月初五日,刘国轩再次劝说郑克塽:台湾已经人心惶惶了,固守台湾则有变;士卒疲劳,作战难有胜利把握。十一日,郑克塽差冯锡范胞弟冯锡圭、冯锡韩、刘国轩胞弟刘国昌等坐赶缯船前往澎湖,向施琅提出"三不伤"的要求:清军入岛"不伤郑室一人,不伤百官将士一人,不伤台湾黎庶一个"② 。此要求得到了施琅的保证。十五日,冯锡圭等人向清军呈降表。表文内容如下:

> 招讨大将军延平王臣郑克塽谨奏:为举国内附,仰冀圣恩事。
>
> 窃惟臣生自海邦,稚憃无识;谬继创垂之绪,有乖倾向之诚。迩者,楼船西来,旌旗东指;箪壶缓迎于周旅,干羽烦舞于虞阶。自省重愆,诚为莫赎。
>
> 然思皇灵之赫濯,信知天命有攸归。逆者亡、顺者昌,乃覆载待物之广大;二而讨,服而舍,谅圣王与人之甚宽。用遵往时之成命,爰邀此日之殊恩。冀守宗祧以勿失,永作屏翰于东方。业有修表具奏外,及接提督臣施琅来书,以复居故土,不敢主张。臣思既倾心而向化,何难纳土以输诚。

---

① 〔清〕江日昇:《台湾外记》第350页。
② 〔清〕陈衍:《福建通志》卷三一《福建列传·郑成功·孙克塽》。

兹特缮具本章，并延平王印一颗、册一副，及武平侯臣刘国轩印一颗、忠诚伯臣冯锡范印一颗，敬遣副使刘国昌、冯锡韩斋赴军前缴奏；谨籍土地人民，待命境上。数千里之封疆悉归王宇，百余万之户口并属版图。遵海而南，永息波涛之警；普天之下，均沾雨露之濡。实圣德之渐被无方，斯遐区之禔负恐后。

独念臣全家骨肉，强半孺呱，本系南人，不谙北土。合无乞就近闽地方，拨赐田庄、庐屋，俾免流移之苦，且获养赡之资；则蒙高厚之生成，当誓丹青以衔结。

至于明室宗亲，格外优待；通邦士庶，轸念绥柔；文武诸官，加恩迁擢；前附将领，一体垂仁；夙昔仇怨，尽与蠲除；籍没产业，俱行赐复。

尤期广推宽大之仁，明布维新之令。使夫群情允惬，共鼓舞于春风；万汇熙恬，同泳游于化日。斯又微臣无厌之请，徼望朝廷不次之恩者也。

为此，激切具本奏闻，伏候来旨。①

二十七日，郑克塽差冯锡圭、陈梦炜、吴启爵带降本、延平王册、金印、辅政公郑聪印以及武平候忠诚伯左武卫等印，前往澎湖面见施琅。施琅遂派人将台湾郑氏册印咨移等转缴朝廷，并密嘱吴启爵，若督抚等不肯代缴，让他们直接将册印送呈京城。八月十一日，施琅统帅吴英、林贤、陈昌、杨嘉瑞、陈龙等镇协营守备配造船只，从澎湖开驾进发。郑克塽率刘国轩、冯锡范、陈绳武等文武官员列队，与当地原住民等齐集海边，迎接施琅大军。施琅登岸后，禁止兵士骚扰百姓，农不易亩、工不闭肆；颁布了《谕台湾安民生示》《严禁犒师示》等，恢复台湾的正常秩序。十五日，施琅在赤嵌城孔庙主持了盛大的受降仪式，郑克塽率文武官员等2000余人参加。施琅当众宣读了圣祖的诏谕：郑氏长期占据台湾，使两岸百姓深受战争分离之苦，你们能诚心悔过，真心投诚并率所有军民登岸，其行可嘉，赦免以前的全部罪行，而且还加官晋爵，从优任用；对于郑氏投诚士兵，愿意归农者，则听其归农，愿意继续从伍者，则暂拨入在各镇营伍中。

---

① 〔清〕江日昇：《台湾外记》第352－353页。

四、圣祖统一台湾

郑氏请降后,清廷决定把明郑后裔及伪官人等安插于直隶、河南、山东等省,但"郑克塽、刘国轩、冯锡范、陈允华乃贼中头目,不便安插外省,应将伊等近族家口,俱着遣来,编入旗下"①。施琅权衡利弊后觉得此法不妥,遂向朝廷上《移动不如安静疏》,主张就近安插。他奏道:"若行移驻,其间有眷口者不少,无眷口者亦多,远涉长途,不堪艰瘁,逃匿生患,所不能无。又沿途搬运,百姓有策应人夫之苦,经过郡县,官吏有备给口粮之费,所到地方有拨动民房之扰;开垦耕作,有应给牛种农具之资,又是一番苦累……"② 就近安插不仅有利于稳定刚刚回归的台湾军民人心,而且能节省大量人力物力。圣祖觉得有道理,于是下旨改变了原来的决定,按照施琅的想法进行安排,仅要求将郑、刘、冯及明裔朱恒等人及眷属送至京城;其余郑军 4 万余名投诚人员发回原籍,受职、入伍、归农各听其便。很快,圣祖授郑克塽为海澄公,编入汉军正黄旗;封冯锡范为忠诚伯,编入汉军正白旗;封刘国轩为顺清候,后实授天津总兵。③

台湾收复,东南沿海的海患得以荡平,摆在清廷眼前的一个现实问题,就是如何处理刚刚统一的台湾。这在当时清廷内部引起了争论。台湾远离大陆,有台湾海峡相隔,就当时的交通技术而言,往来是非常不便的,加上当时对海疆的意识不强,所以大多数人并不了解台湾地理位置的重要性。因此,在讨论怎么处理台湾时,很多大臣明确提出台湾"孤悬海外,无关紧要","此一块荒壤,无用之地耳,去之可也","得其地不足以耕,得其人不足以臣";④ "海外丸泥,不足为中国加广;裸体文身之番,不足与共守;日费天府金钱于无益,不若徙其人而空其地"⑤。甚至包括一开始力赞收复台湾的李光地也反对驻守和管治台湾,他对圣祖说:"空其地任夷人居之,而纳款通贡,即为贺兰(荷兰)有亦听之。"⑥ 由于受到反对意见的影响,圣祖对是否保留台湾也犹豫不决,拿不定主意。而

---

① 《康熙起居注》第 2 册,第 1129 页,中华书局,1984。
② 〔清〕施琅:《靖海纪略》第 63-64 页。
③ 赵尔巽:《清史稿》卷二二四《列传十一》。
④ 〔清〕施琅:《靖海纪事》卷下。
⑤ 〔清〕郁永河:《裨海纪游》卷下,第 31 页,
⑥ 〔清〕李光地:《榕村语录续集》卷一一。

对施琅来说，台湾的重要性是不容置疑的，多年的海疆军事生涯让他对此十分了解。十二月，施琅向圣祖上了一份《恭陈台湾弃留疏》，在这份很长的奏疏中对台湾弃留做了非常详尽的分析，提出："中国东南形势在海而不在陆，陆之为患有形，海之薮奸莫测。台湾虽一岛，实腹地数省之屏蔽，弃之则不归番、不归贼，而必归于和兰。彼恃其戈船火器，又据形胜膏沃为巢穴，是借寇兵而资盗粮也。且彭湖不毛之地，不及台湾什一；无台湾，则彭湖亦不能守。"大臣们众说纷纭，莫衷一是。二十三年（1684）正月，圣祖就此事让众大臣们讨论，大学士李霨、王熙等人支持施琅的立场，指出：根据施琅奏折所说，台湾沃野数千里，民众有十万，该地十分重要，如果放弃而不驻守，一旦被外国人所占据，各种不法奸佞之徒藏匿其中，就会后患无穷，因此驻守台湾为上策。

四月，圣祖经过权衡后，决心驻守台湾，并颁布谕旨：台湾弃留，关系重大，弃而不守，尤为不可。① 这场"保台"还是"弃台"的争论在当时虽然不算大，但其后果却影响深远，它化解了台湾可能为外人占领的最后一点危机，维护了祖国版图的统一和完整，也为台湾的发展和海峡两岸的交流奠定了基础。

根据施琅的建议，清廷在台湾设一府三县，隶属福建省管辖。文职官员从熟悉台湾民风民俗的福建本省官员中简派，道员以下官员每3年任满即撤换。此外，还设巡道1人、总兵官1人、副将2人，统兵8000人，分为水陆8营，驻守台湾要冲之地；于澎湖设副将1人，统兵3000人，分为2营驻守。驻守之兵丁每3年一次轮换，由福建省各地驻军中抽派，禁止台湾本地民众充任守兵。自此，台湾真正回到祖国的怀抱，确保了中国版图的统一和完整。

---

① 《康熙起居注》康熙二十三年正月二十一日。

五、清前期的反清之战

五、清前期的反清之战

清圣祖自平定吴三桂之乱,国家重获统一,清王朝的统治日渐巩固,国内环境相对稳定,土地不断开垦,农业得到恢复,经济开始以较快的速度发展。但是,在局部地区仍存在某些社会矛盾,矛盾一旦激化,就会转化为武装斗争。台湾朱一贵聚众反清,就是其中一个重大事件。

1. 朱一贵武装反清①

圣祖晚年因"当今天下太平无事"而奉行"以不生事为贵"的治世原则,抱有多一事不如少一事的心态。② 这种"宽仁",表面上可以达到省繁去苛、不扰累百姓、维持社会安定的目的,但在深层次上却导致了吏治日渐败坏,官员贪污之风日盛。随着官吏对百姓的勒索、盘剥日益加重,大量的百姓开始破产,被迫脱离土地,到处流亡。在一些局部地区,官僚地主阶层的盘剥和压迫更加严重,导致了局部矛盾被激化,小民在忍无可忍的情况下选择暴力抵抗。康熙末年,有很多地方因为不满压迫而爆发了农民暴动,如江西永新县陈显五领导的暴动、湖广地区的农民暴力抵抗等等。台湾朱一贵的武装反抗,就是在这样的背景下发生的。

朱一贵,原名朱祖,康熙二十八年(1689)生于福建漳州府长泰县方成里亭下村一贫苦的农民家庭,排行老二。当时其家乡一带多为斥卤之地,潮湿霉蒸,山多地少。富豪阶层倚仗权势将土地占为己有后,霸山占

---

① 本小节未注部分皆参考《平台纪略》。
② 《清圣祖实录》卷二四五,康熙五十年三月乙卯。

海,可以说富者田连阡陌、贫者无立锥之地,普通百姓破产流亡十分普遍。至康熙后期,这一带"典妻鬻子","辗转沟壑者不可胜数"。为了生存,沿海一带的百姓被迫流亡至地广人稀的台湾,寻找生机。康熙五十三年(1714),朱一贵之父率全家也加入了同乡的逃亡队伍,从漳州出发渡海入台,希望能在台湾谋求一条生路。

到了台湾之后,朱一贵最初想去做台厦兵备道辕门的差役,但最后没有被录用。为了谋生,只能租种民人郑九赛的田地谋生,随后在鸭母寮(今高雄市内门区光兴里)以养鸭为业。朱一贵为人侠义好客,豪爽健谈,当地人称之为"小孟尝""鸭母王",在当地百姓中有一定的威信。当地百姓遇到问题便找他,他也乐于帮助别人,久而久之,朱一贵便成了当地百姓心目中默认的头领。

清政府统一台湾后,为进行管理设立了一府三县,最初还算有效,当地社会稳定有序,虽僻居一隅却也有不少发展。但其时台湾天高地远,鞭长不及,随着圣祖中晚期整体吏治的松懈,派往台湾的官吏不再尽心为民,但知肥己,刻剥小民。① 台湾知府王珍上任后,与其下属各官狼狈为奸,欺压百姓,不仅将赋税提高一倍半,还设立了各种附加税名目进行盘剥,抢占土地,圈占山上资源。② 百姓苦不堪言,反抗的苗头开始萌发。

康熙五十九年(1720)十二月初八日,台湾、诸罗、凤山等县先后发生强烈地震,持续了10余天,房屋倒塌,百姓死伤甚多,随后海水暴涨。因为这场灾难,百姓们合伙筹钱,搭台唱戏谢神祈福。知府王珍以禁止百姓拜把结会为由,派其次子王朝梅将酬神唱戏的百姓40余人入狱。不久,又捕拿了上山砍竹谋生的百姓二三百人,朱一贵也被捕入狱。台湾官府的乱捕乱拿让当地百姓十分痛恨,当地社会怨声载道。③ 被捕入狱的朱一贵不久被释放,但要被驱赶回原籍。面对官府对百姓的压榨以及自身的遭遇,与其被驱回原籍,还不如联合其他人一起反抗。有了这样的想法后,朱一贵便开始行动起来,积极联络具有同样想法的人。康熙六十年(1721)三月,朱一贵、黄殿、李勇等人聚集到罗汉门管施仁舍屯黄殿家,谋划起义之事。朱一贵慷慨激昂地对众人道:如今地方官各种欺诈压迫,百姓已经到了活不

---

① 《清圣祖实录》卷二九五,康熙六十年十月丙寅。
② 《明清史料》戊编,中华书局,1983。
③ 《明清史料》戊编,中华书局,1983。

五、清前期的反清之战

下去的地步,与其坐以待毙,不如集合各路英雄,谋划举事,同领三军,横渡大海,会师北伐,饮马长城,捣彼房庭,歼其丑类。① 黄殿、李勇等人当即表示赞同,并推其为首领。因朱一贵姓朱,众人为了增强其号召力和威信,便声称其为明朝后裔,以此来号召天下,聚集力量。②

四月十九日,朱一贵、李勇、吴外、郑定瑞等52人至黄殿庄中,拜把结盟,准备起事。结盟后,各人回去设法招兵买马,最后共召集了1000余人,他们砍竹为枪,打出"激变良民大明重兴大元帅朱"的旗帜,正式起义。③ 此时,广东潮州人士杜君英也于三月集聚客籍佣工,打出"清天夺国"的旗号起事;后来,又有杨来、颜子京、戴穆等人陆续加入,队伍逐渐增加至1000余人。四月二十一日,杜君英获悉朱一贵在冈山树旗,即令杨来、颜子京前往联络朱一贵。双方随后竖旗拜把,结成联盟。之后,朱一贵率部先后夺得槟榔林、大湖乡两地汛兵的军械武器。在朱一贵起义的影响下,台湾其他地区的农民也纷纷起事。郭国正、翁义在草潭起兵,戴穆、江国论在下埤头起事,林曹、林骞、林连在新园起兵,王忠在小琉球起事。这些农民军以朱一贵为号召,攻打当地官府衙门,释放被捕百姓,追击官兵。

二十三日,台湾镇总兵欧阳凯得到朱一贵聚众起事的消息,即派右营游击周应龙率兵1500人,前往镇压。清军来势凶猛,战斗力较强,双方在二滥地方交战,农民军杜君英部将杨来、颜子京所部被击败,被迫退回至下淡水杜君英处。朱一贵所部见状全部退至附近村庄中躲避。清军游击周应龙率部紧追,对躲进村庄的农民军大肆搜捕,并发布命令:凡斩杀农民军首领一人者,赏银50两;斩杀农民军士兵一人者,赏银3两。在重赏之下,清军开始杀良冒功,不分青红皂白,见人就杀,最后无辜百姓被杀害以及被放火烧死甚多。清军的这种残暴行为引起百姓的巨大恐慌和愤慨,百姓们纷纷投奔朱一贵,几天之内竟达2万余众。④ 二十五日,清军游击周应龙率领士兵400余人,会同南路营清兵追击农民军,在赤山与农民军遭遇。农民军杜君英部与朱一贵部对周应龙部进行南北夹击,乘清军

---

① 连横:《台湾通史》卷三〇,商务印书馆,2010。
② 《朱一贵供词》,见《明清史料》戊编第107页。
③ 《台湾朱一贵抗清史料(上)》,载《历史档案》1988年第2期。
④ 《台案汇录己集》卷一,第3页,台湾文海出版社,1989。

没有防备之际先烧毁了清军南路营营房，然后南北两路同时出击，大败周应龙。清军官兵死伤甚多，南营守备马定国在农民军的围攻中自刎而亡，把总周应遂、千总陈元、参将苗景龙被擒杀，总兵周应龙只身逃回府城。

朱一贵、杜君英率领数万起农民军乘胜向台湾府城进攻，台湾总兵欧阳凯与游击刘得紫率兵千余人，台协水师副将许云率兵500人，分驻春牛埔（今台南市东门城），列营阻击。不料，半夜清军受惊，士兵四散，虽至天明将士兵召回，但已无斗志。四月底，双方遭遇。清军枪炮齐发，副将许云跃马当先，率水军徒步冲入农民军中，清步军陆续跟进，农民军不敌，退至竿津林。五月初一日黎明，农民军聚集数万，漫山遍野。游击刘得紫与守备张成率兵在中路口阻击，于半路店与农民军遭遇。总兵欧阳凯、副将许云等率兵在春牛埔阻击。朱一贵、杜君英联合所部向清军冲杀，双方交战中，早已暗通农民军的清军把总杨泰成功刺杀总兵欧阳凯。主将被杀，所部清军顿时大乱，难以抵挡农民军的进攻，水师副将许云及游击、守备、千总、把总等10多人在混战中阵亡。在中路口进行阻击的游击刘得紫听闻总兵欧阳凯被杀，清军战败，急忙率兵回援，终因寡不敌众而战死。清军大败，台协水师中营游击、右营游击、守备等率兵千余人、战船40余艘急忙逃往澎湖。步军右营游击周应龙、中营把总王丑秘乘商船逃归大陆，奔泉州。台厦道梁文煊、知府王珍、同知王礼等文官也相率登船逃回，又怕船只在港口内被农民军所擒，于是直接驱船奔澎湖而去。台湾府城顿时陷入混乱，群龙无首。① 当天中午，起农民军便控制了台湾府城。杜君英先占据了总兵官署，朱一贵相继攻下台厦道署衙门。他们分发府库金银，又打开赤嵌城，获得了40年前郑氏所藏的大量军火兵器。农民军攻下台湾府城后，拥立朱一贵为"中兴王"，于今台南大天后宫登基，宣布建立"大明"政权，建年"永和"，尊明为正朔，承袭明朝的各项制度，废剃发令，封军师、太师、国师、国公、将军、候、都督等40余人，任命各种文武官员，② 发布讨清檄文，昭告天下。其檄文曰：

在昔胡元猾夏，窃号神州，秽德彰闻，毒遍四海。我太祖高皇帝提剑而起，群士景从，以恢复区宇，日月重光，传之万祀。逆闯不

---

① 〔清〕蓝鼎元：《平台纪略》第4-5页。
② 〔清〕蓝鼎元：《平台纪略》第5-8页。

五、清前期的反清之战

道，弄兵潢池，震动京师，帝、后殉国。地坼天崩，椎心泣血。东南忠义，再造邦基，秣马厉兵，方谋讨贼。何图建虏，乘隙而入，借言仗义，肆其穷凶。窃据我都邑，奴僇我人民，颠覆我邦家，殄灭我制度。长蛇封豕，搏噬无遗。遂使神明胄子，降为舆台；锦绣江山，沦于左衽。乌乎痛哉！延平郡王精忠大义，应运而生，开府思明，经略闽粤。旌旗所指，喋血关河，使彼建虏，疲于奔命。则有熊黑之士，不二心之臣，戮力同仇，效命宗国。南京之役，大勋未集，移师东下，用启台湾。率我先民，以造新邑，遥奉正朔，永戴本朝。蓄锐养精，俟时而动。虽张坚之王扶余、田横之居海岛，史策所载，犹未若斯之烈也。天未厌祸，大星遽殒，兴王之气，猝尔销沈。然东都片壤，犹足以抗衡海上焉。嗣王冲幼，辅政非人，大厦将倾，一木难柱。以故权奸窃柄，偷事宴安，叛将称戈，甘为罪首。沧海横流，载胥及溺，茫茫九州，无复我子孙托足之所矣。哀哉！夫盛衰者时也，强弱者势也，成败者人也，兴亡者天也。古人有言，炎炎之火，可焚昆冈。是以夏后一成，能复故国，楚人三户，足以亡秦；况以中国之大，人民之众，忠臣义士之眷怀本朝，而谓不足以诛建虏者乎？不佞世受国恩，痛心异族。窜逃荒谷，莫敢自遑。仔苦停辛，垂四十载。今天启其衷，人思其旧，揆时度势，否极泰来。爰举义旗，为天下倡。群贤霞蔚，多士云兴；一鼓功成，克有全土。此则列圣在天之灵实式以凭，而中兴之运可操左券也。夫台湾虽小，固延平郡王肇造之土也。绝长补短，犹方千里。重以山河之固、风涛之险、物产之饶、甲兵之足，进则可以克敌，退则可以自存。博我皇道，宏我汉京，此其时矣。唯是新邦初建，庶事待兴，引企英豪，同襄治理。然后奖帅三军，横渡大海，会师北伐，饮马长城；掊彼虏庭，歼其丑类，使胡元之辙，复见于今，斯为快尔。所望江东耆艾、河朔健儿、岭表孤忠、中原旧曲，各整义师，以匡诸夏。则齐桓攘夷之业，晋文勤王之劳，赫赫宗盟，于今为烈。其或甘心事敌，以抗颜行、斧钺之诛，罪在不赦。夫非常之原，黎民所惧，救国之志，人有同心。敢布区区，咸知大义。二三君子，尚克图之。①

---

① 连横：《台湾通史》卷三〇，商务印书馆，2010。

此时，赖池、万和尚、林泰等人也在诸罗（今台湾嘉义县）树旗响应，杀清北路营参将罗万仓，攻下诸罗县后向朱一贵归附。于是，全台除北路淡水营及南淡水的粤民客庄外，都已在农民军控制中。驻台清军虽有忠勇之士，但更多的却是色厉内荏、贪生怕死之辈。朱一贵起义后，"（驻台）官吏渡澎湖，居民汹惧。将吏以孤岛难守，佥议撤归厦门，各遣家属登舟"①。台湾府城刚一陷落，驻台文武官员不是考虑如何收拾残局，而是率先携带家眷离台逃命，"游击周应龙走泉州，台协水师中营游击张彦贤、右营游击王鼎等率所领兵逃出澎湖，台厦道梁文煊、知府王珍以下各官皆从之"②。

农民军占据台湾府城后，其落后的小农意识很快暴露无遗。农民军大封后，官员们的穿戴居然"皆取诸优伶"，甚至还有将"桌围椅帔有彩色者缀以为衣，以红绿绸里头，出入炫耀于道"。③ 农民军内部不再像之前那样团结，矛盾反而越来越尖锐。面对几乎已经控制整个台湾岛的大好局面，农民军官兵们认为功成名就了，遂沉湎于既有的胜利中，进取心逐渐降低，取而代之的是贪图享乐，斗志开始涣散、军纪逐渐松弛，尤其是农民军首领之间更是争权夺利，甚至欺压百姓。将军戴穆强娶民女，太师洪镇私卖官札，后被一一处决。其中腐化最明显的当为杜君英，对其无法无天的行为，朱一贵虽十分愤怒却又无可奈何。朱一贵和杜君英两部非从属关系，而是合作关系。在起事初期，杜君英所部声势和战斗力都要强于朱一贵，④ 尤其是在攻占台湾府城中，也是杜君英所部最先攻下。杜君英遂以自己功劳最大，欲立其子杜会三为王，但因众人对其不服，皆愿拥立朱一贵，杜君英只好作罢。在农民军大封群臣时，杜君英仅封为国公，加上立子之事，心中十分气恼，因此凡事骄横自恣，对朱一贵之命阳奉阴违，四处抢劫，不听约束，甚至抢掠妇女 7 人回营。朱一贵派杨来、林璉出面阻止，杜君英不但不听命放人，反而将朱一贵所派二人绑了起来，继续我行我素。朱一贵十分愤怒，两部矛盾日深，终至兵戎相见。拥护杜君英的众人借口权力分配不均，处处不听命令。朱一贵为了整饬农民军纪律，则

---

① 《清史稿》卷二八四《林亮传》，第 10193 页，中华书局，1977。
② 〔清〕陈寿祺：《福建通志台湾府》之《杂录》，康熙六十年五月辛酉。
③ 〔清〕陈寿祺：《福建通志台湾府》之《杂录》，康熙六十年五月辛酉。
④ 〔清〕蓝鼎元：《东征集》卷三。

五、清前期的反清之战

密派杨勇、郭国正等率兵围攻杜君英部。杜君英战败,率粤兵数万人北渡虎尾溪,屯驻于猫儿干(今台湾云林县仑背乡)一带。杜部于所到之处剽掠村社、欺压百姓,周边村庄多被蹂躏。所未至者,唯南崁以北。杜部的行为激起了当地百姓的极大愤慨,这对农民军造成了极大的消极影响。朱一贵、杜君英之间的内讧让清军有了各个击破的可乘之机。

在朱一贵农民军风起云涌之际,下淡水溪有13大庄、64小庄,包括闽籍汀州府和粤籍镇平、平远、程乡3县未附众起事的客籍垦民,因惧怕遭战火波及和破坏,遂聚集以自保。① 这些自保不愿意参加起事的客民共同推举李直三为大总理,并联合凤山八社的平埔族人,聚众万余人,分7营,先是清除了下淡水溪东岸一带朱一贵的势力,然后沿下淡水溪东岸列营布防。除此之外,不少台湾人不愿附从农民军,强烈反对农民军的行为,所以纷纷加入抵抗农民军的行列,并支持清廷对农民军的军事行动。台湾人林黄彩主动向闽浙总督觉罗满保"陈平台策",并"随军征剿";台湾人陈友,"先驾小舟于鹿耳门,插标为向导",立下军功;台湾人陈致远,曾随施琅攻克澎湖,这次又不顾年高,"随征朱一贵";台湾府凤山县人侯观德,在朱一贵起事时,于本庄竖起"大清义民"旗,大败朱一贵军;台湾府台湾县人刘魁才,也为平定朱一贵之乱立功。②

最初,朱一贵起事暴动的消息由来往于台湾与大陆之间的商船带到了厦门,清水师提督施世骠并不相信朱一贵等人能攻下全台湾。不久后,台湾的很多官员逃至澎湖,并立即具文向福建督抚告急,这才让施世骠意识到问题的严重性。施世骠即刻召集众将,要求谨巡防、严守御,绝不能懈怠。闽浙总督觉罗满保、福建巡抚吕犹龙等人商议,一方面决定立即调南澳、铜山等营兵1200人,备船20只,命南澳总兵蓝廷珍统领,乘东风直取台湾,在打狗港(在高雄)登陆,恢复台湾南路;调军标绿营兵300人、兴化等营兵900人,备船20只,令兴化副将朱杰直接在台湾蚊港、三林港登陆,夺取北路;提督施世骠麾下兵2500人、各水师营兵3000人及督标兵丁1000人,共6500人,由施世骠统领,自鹿耳门登陆。同时,由巡抚负责战前粮饷,觉罗满保至厦门坐镇指挥。③ 同时,六百里加急向

---

① 〔清〕王瑛曾:《重修凤山县志》卷一二《艺文志》。
② 〔清〕陈寿祺:《福建通志台湾府》之《列传》。
③ 《历史档案》1988年第2期。

圣祖奏报台湾朱一贵之变及他们的应对之策,并向圣祖承诺在1个月之内定能平定叛乱。① 圣祖接到奏报后,指示觉罗满保等与前线主将,务必寓剿于抚,用招降的政策将那些不明事理而盲从的平民百姓争取过来,达到釜底抽薪之效果。

六月十六日,蓝廷珍、施世骠率领战将 120 余员、兵壮 1.2 万余名、大小船只 600 余艘、舵工水手 6000 余人从厦门港出发,欲一举剿灭台湾农民军。大军行于海上,遭遇大风,部分船只被吹散,只能在澎湖做暂时休整。时有台湾右营把总吴良因台湾失守而投降农民军,为了邀功,自荐带人夺取澎湖,并携带书札百张、白金 500 两,带领 12 人至澎湖策反清军守将。让吴良没有想到的是,此时施世骠的大队人马已至岛上驻扎。施世骠命人假装附和,夜晚将其一行人全部灌醉,然后捕拿入狱。经过严审,吴良等人将农民军中的情形一一做了交代,清军对台湾岛内的情形有了比较准确的情报。此外,施世骠在澎湖当地招募熟悉台湾水道者,为进兵台湾岛做准备。澎湖人洪就、洪选、颜得庆、杨彬等人前来应聘。施世骠量才使用,充分发挥他们的特长,任命洪就、洪选为随征千总,负责清港道、树航标;任命颜得庆、杨彬为守标千总,守护航标安全,从而保证大军出征顺利。② 在一切准备就绪后,蓝廷珍向施世骠建议,止歼巨魁数人,余众只要能放下武器,则概不过问,这样可以达到兵不血刃而平息叛乱的目的。施世骠当即同意,并告诫各官兵,登岸之日不可滥杀,对投降的人一概宽宥,容其还家。

六月十八日,清大军从澎湖出发,以林亮、董方为前锋,同时派外委洪就、洪选等善水者 12 人驾小舟随先锋同行,于鹿耳门港插旗,标记行舟路线。二十一日,大军到达鹿耳门港口外海。朱一贵军将领苏天威率 3000 人扼守鹿耳门炮台,向清军迭发火炮,同时又派小舟扼守险要迎敌。清军前锋林亮、董方以 6 船冒死直进,同时命令船上火炮还击。鹿耳门农民军炮台上堆积着层层火药,林亮命炮手对准炮台攻击,火药桶中弹起火爆炸,烧死烧伤农民军甚多。此时,正是海水涨潮之际,蓝廷珍率部将王万化、林政等统船 400 余艘,齐行并进。先锋林亮在清军主力的掩护下烧毁了农民军的船只。把总苏荣率部首先登岸,夺取鹿耳门炮台,放火烧毁

---

① 〔清〕蓝鼎元:《平台纪略》第 90 页。
② 〔清〕陈寿祺:《福建通志台湾府》卷二三七。

了农民军军营。在清军的强势进攻下,农民军被迫从鹿耳门炮台撤退至安平镇内,与将领郑定瑞列阵迎战。清军登岸后紧追,先锋林亮、董方率先攻安平镇,被农民军围住。危急之时,蓝廷珍率部赶来增援,农民军顿时不敌,战败撤退。

朱一贵见鹿耳门、安平镇接连失陷,急派杨来、颜子京、张阿山等率部8000余人重新进攻,试图夺回安平。蓝廷珍指挥所部还击,清军枪炮连环射击,同时又派朱文、魏天锡、谢希贤、林亮等驾小船,沿岸夹击。双方鏖战两天,农民军大败,退至七鲲身冲濑口(今台南市西南海岸)。朱一贵再派李勇、吴外等率兵数万人,驾牛车,列盾为阵,声势浩大,试图再次收复安平。朱军以翁飞虎所部乌龙旗部为前锋,以牛车携盾冒炮火前驱而进,后面跟进朱军主力大部队。清军立即作战部署:以齐元辅、吕瑞麟、苏明良率部为左路,以王万化、林政、李祖等率兵为右路,以郑耀祖、王绍绪为后应。蓝廷珍亲督士兵用大炮连环齐发,攻击农民军之牛车阵,左右各路先后夹击,还有小股清军驾船沿海岸用炮夹攻,农民军伤亡巨大,被迫退至府城,并沿岸列炮,昼夜固守。

至二十日夜,施世骠遣前锋林亮率精兵1200余人,在当地人的带领下偷袭西港仔农民军,并攻占此处,蓝廷珍亲统水师五六千人于次日凌晨乘舟跟进。农民军与清军先锋大战于苏厝甲(今台南县安定乡苏厝),激战中农民军渐渐占据优势。得到消息后的蓝廷珍命部队舍舟登岸,将所部分成八路并进。农民军林曹、江国论等率部迎战。清军前锋奋力冲杀,左右两翼绕至农民军后部,对农民军进行前后夹击。清军吕瑞麟部从竹林中冲杀而出,横侧截杀农民军,清中路军也在此时掩杀而来,枪炮声震天。农民军浴血奋战,伤亡惨重。至傍晚,农民军重整旗鼓,准备偷袭清营。但蓝廷珍已做好防备,命令撤帐房,卷旗帜,露刃隐蔽在甘蔗林中。农民军赶来,不见清军大营,大惊。此时,清军从甘蔗林中突然冲杀出来,农民军措手不及,顿时大乱,四散奔逃。蓝廷珍乘胜督军南下,在木栅仔和茑松溪(今台南市北)大败农民军,直趋台湾府城(今台南市),与施世骠水师成夹击之势。朱一贵见形势非常不利,遂率全部精锐撤出府城,向北转移。

为了加速农民军的失败,在加大军事压力的同时,圣祖向台湾前线将领下达了招抚的命令:若能立即就抚,自可宽宥其罪。同时,也重新任命了台湾一府三县的官员,以便战后能及时安抚百姓。圣祖在谕旨中说,台湾民众"俱系内地之民,非贼寇之比,或因饥寒所迫,或因不肖官员刻剥所致。一二匪类倡诱众人杀害官兵,情知罪不能免,乃妄行强抗,其实与众何涉。今若遽行征剿,朕心大有不忍。故谕总督满保,令其暂停进兵。尔等若即就抚,自原谅尔等之罪。倘执迷不悟,则遣大兵围剿,俱成灰烬矣。台湾只一海岛,四面货物俱不能到;本地所产不敷所用,只赖闽省钱粮养赡耳。前海贼占据六十余年,犹且剿服,不遗余孽。今匪类数人,亦何能为耶?谕旨到时,即将困迫情由诉明,改恶归正,仍皆朕之赤子。朕知此事非尔等本愿,必有不得已苦情。意谓与其坐以待毙,不如苟且偷生,因而肆行掳掠。原其致此之罪,俱在不肖官员。尔等俱系朕历年豢养良民,朕不忍剿除,故暂停进兵。若总督、提督、总兵官统领大兵前往围剿,尔等安能支持?此旨一到,谅必就抚;毋得执迷不悟,妄自取死。特谕"①。满保觉罗接到圣祖谕旨后,立即命兴泉道陶范署理台厦道事,尊奉谕旨前往台湾,晓谕台湾百姓及农民军。

　　此时农民军中许多人对眼前的形势非常悲观,其中很多人在清军的招抚下纷纷投降,农民军的实力削弱很多,处境十分艰难。而在清军夺取台湾府城后,施世骠和蓝廷珍派大军分别从南边两路追剿农民军。王王化、林政等人率部追剿南路农民军,并收复南路营凤山县,安抚下淡水、大昆麓等地百姓,南路500里地方得到平复。林秀、范国斗等率部在北路追剿农民军,双方于大穆降交战,农民军大败,投降者达九成。朱一贵只率数千余众逃至湾里溪,继而逃往下加冬。时当地大族豪绅杨旭、杨雄已接受蓝廷珍所授予的守备、把总之衔,秘密召集壮丁,准备诱捕朱一贵。

　　闰六月初五日,朱一贵率部千人至沟尾庄索取食物,杨雄等人假意应承,宰牛犒军,并答应号召六庄壮丁相助。初七日晚大雨不止,杨旭为朱一贵等备馆舍,故意安排朱一贵等人分散宿住民家,秘密传集附近六乡壮丁佯为守护,暗中却用水灌湿朱一贵所携的大炮。五更时,村庄中大哗,金鼓火炮齐发,伏兵齐出,农民军惊慌失措,四散溃乱,杨雄、杨旭等人将朱一贵、翁飞虎等人擒住,送至清营,同时遣散余众。农民军吴外、陈印乘乱率部逃出。朱一贵被送至施世骠军营,由施世骠、蓝廷珍会审。朱一贵昂然而立,怒斥敌人,即使腿骨被打断仍不屈服,后被械送厦门,解

---

① 《清圣祖实录选辑》康熙六十年六月癸巳,见《台湾文献丛刊》。

五、清前期的反清之战

赴京师处死。在北路大排竹，朱一贵部将杨来被当地乡民杀害，赖改、万和尚在诸罗被清军擒杀，继而游击景慧率部收复笨港及沿海上下，北路1000余里地方尽为清军所恢复。在南路凤山，颜子京等人在朱一贵撤离府城后不久即兵败被俘，也遭杀害，南路500里地方被清军平定收复。

在下淡水，"客庄"部分粤民在朱一贵起事之初就打出"大清义民"的旗号，联络乡民与朱一贵为敌。朱一贵曾遣陈寿福、刘国基、王忠等领众万余人前往进攻。六月十九日，双方大战于淡水溪，农民军大败，陈寿福损失惨重，自刎获救。他听说安平已失，遂逃匿于南路观音山。刘国基、王忠等人则逃往郎娇。不久，刘国基接受招抚，王忠转逃凤山深林中。

七月下旬，农民军余部江国论、郑元长等人率残部于阿猴林再次树旗反抗，蓝廷珍派兵追剿，农民军残部听闻清军来袭，四处溃散，只是将农民军大旗系在林中。江国论、郑元长逃往北路，其部属陈逸与官弁张腾霄谋划投诚。后张腾霄携江国论等人至蓝廷珍军前投诚，蓝廷珍表面上给予很高的待遇，暗地里却时刻准备着武力剿灭。农民军余部见首领已经就抚且受到善待，于是纷纷投诚。

八月十三日，台湾府遭强台风暴雨袭击，屋瓦齐飞，海水暴涨，台湾港口大大小小的船只被击碎。大风所过之处，大树被拔，房屋倒塌，百姓一遍哀号，压死溺毙者数千人。然诸罗一线并未遭到风灾，农民军余部杨君、李明等人召集众人重新攻占盐水港一带，蓝廷珍派兵大肆搜捕。后又有林君等在六加甸复起，被知县汪绅文所破。蓝廷珍又将据于旧社、红毛寮继续抗清的朱一贵余部全部剿灭。同时，蓝廷珍还对降将陈寿福优待有加，以此来吸引更多的农民军残部前来投降。这一策略果然奏效，散在各处的农民军余部见之纷纷前来投诚。农民军重要首领杜君英久藏山中，昼伏夜出，清军一直无法获得其确切的隐藏点，后杜君英听闻陈福寿投降后受到优待，在处境十分艰难的情况下逐渐动摇了原来的决定，开始考虑向清军投诚。蓝廷珍乘机派守备施恩、陈祥等人前去劝说。杜君英担心被清军诱捕，要求与农民军降将陈福寿核对情实，若情况属实，即与之同往。蓝廷珍一一满足了杜君英的要求。杜君英先将其子杜会三留在山中，然后独自前往清军大营，蓝廷珍对其优待有加。3天后，千总何勉前往山中劝说杜会三率部出山投诚，并告知其父受到优待之情形，深信无疑的杜会三遂率部下山投降。十月中旬，杜君英、陈福寿等人还是被枷送至厦门，解往京师，后与朱一贵等人一起被清廷处以极刑。其他降清的起事将领和作战被俘的将领也都先后分别被问罪判刑。同时，圣祖对台湾不作为的官员进行了重惩，尤其是对在朱一贵起事后逃跑的官员。他颁下谕旨，先是痛斥逃跑的驻台官员"平日并不爱民，但知图利苛索。及盗贼一发，又首先带领家口，弃城退回澎湖，殊属可恶。道员以下文职官员，俱著提拿"，再是明言"会同审明，即发往台湾正法"。① 原任台厦道梁文煊、台湾府同知王礼、台湾县知县吴观域、诸罗县知县朱夔、台湾右营游击周应龙、台湾协水师游击张彦贤等官员，俱被发往台湾处决；原任台湾知府王珍，虽已亡故，因其罪行巨大，也被"棺剖枭尸示众"②。

十一月，南路农民军余部陈成、苏清等人在石壁寮再次聚众举事，被清军将领何勉、杜雄等人率部击溃。蓝廷珍认为罗汉门诸山一直是农民军的避难所和盘踞之地，若不彻底扫清，难以彻底根除农民军，遂派几路大军，分别搜捕山谷，做到毫无遗漏。搜捕一直进行了27天，摧毁了山中的各种设施和藏匿据点，剿灭了不少小股农民军，许多农民首领也被搜出。此后，虽然农民军余部较大的反抗活动基本没有了，但零星的活动并没有完全熄灭，他们流动作战，昼伏夜出，辗转抵抗，不断地冲击着清廷统治秩序，直到雍正元年（1723）四月十五日王忠在南路凤山森林被俘，这场轰轰烈烈的反清农民起义才最终被平息下去。

2. 林爽文率众暴动

康熙末年朱一贵发动的反清起义被平定后，台湾迎来了一段和平时期。清廷一方面汲取朱一贵的教训，整饬吏治，营造新的政治风气；另一方面加强对台湾的管辖和地方的控制。世宗即位伊始就强化对台湾的管辖，将台湾一府三县变为一府、四县、一厅的建制，增设彰化县和淡水

---

① 《清圣祖实录》卷二九四，康熙六十年八月庚辰。
② 〔清〕陈寿祺：《福建通志台湾府·杂录》，康熙六十年十二月。

五、清前期的反清之战

厅。即便如此,台湾仍是地广人稀,这里相对于人口稠密的闽粤地区来说无疑是一块谋生的乐土。由于台湾地处海上,与大陆远隔海峡,清政府的统治力量比较薄弱,移民们为了保护自身利益,遂以乡谊为纽带,聚族而居,逐渐形成闽籍和粤籍,漳州籍和泉州籍等不同的社会集团。此外,台湾还存在着大量游民,俗称"罗汉脚"。他们衣食不继,颠沛流离,无所依归,饱受欺凌。为了生存、互助,他们便纠集一体,结拜兄弟,歃血盟誓,渐渐地演变为结社树党。这个由大批移民构成的社会在其形成之始,就处处隐藏着暴力和不安的迹象。

台湾的官员因为中央政府鞭长莫及,往往欺压百姓,任意妄为。尤其是到了高宗中后期,吏治开始废弛,官吏贪赃枉法。当时的台湾总兵柴大纪枉法营私、废弛营伍、贪婪无度、敲诈勒索,在台任职两年劣迹斑斑,贪污白银达5万余两。① 台湾知府孙景燧平日不问政事,醉心于搜刮钱财。台湾"地方文武以械斗、捕盗、捕会匪为利薮,择肥而噬,正凶巨匪虽被获,得贿辄纵去"②。所以,受委台府官员,皆不以冒险渡海为畏途,反以得美缺为喜。就连高宗也承认,台湾文职官员自道员以至厅县,武职官员自总兵以至守备、千总,巡查口岸出入船只,于定例收取办公饭食之外,贪婪成性、索取无度、陋规繁多,每年竟至盈千累万。正是在这样的社会风气和环境下,矛盾不断积累和激化,一场声势浩大的起义即将到来,而林爽文起事便是这次"暴风雨"的精彩篇章。

林爽文生于福建漳州府平和县小溪火烧楼,乾隆三十八年(1773)随其父林劝渡海至台谋生,在彰化县大里杙庄(今台中县大里区)定居,从事耕种,农闲赶车,勉强度日。林爽文为人好侠,讲义气,虽自身窘迫,但仍时常接济和帮助别人,因而很受众人敬服,在当地具有较高的威望。乾隆四十八年(1783),福建漳州平和一带天地会首领严烟渡海来台,在彰化开设布庄以为掩护,大力发展天地会,劝说百姓入会。林爽文因与其同乡,交往甚密,后在严烟的邀请下加入了天地会,同时入会的还有林镇、林水返、刘升、王芳、黄镇等人,其中有很多人成了林爽文日后起义中的得力干将。因为入会者立盟誓,有事可以相互帮助,一时入会的人络

---

① 《乾隆上谕》乾隆五十三年三月初一日。
② 〔清〕金城:《浣霞摸心记略》卷上。

绎不绝,远至凤山皆有入会者,在很短的时间内,天地会会员发展到万人。①

乾隆五十一年(1786)七月,诸罗县民杨光勋等人因争田而聚众,②台湾总兵柴大纪与台湾道永福以剿灭天地会之名率兵前往镇压,派兵乱捕百姓数十人,杨光勋等多人被迫躲进大里杙庄。后知府孙景燧侦知诸罗一带的天地会活动频繁,尤其以大里杙庄最甚,遂令知县俞峻与副将赫生额、游击耿世化领兵400人前往剿灭。但官兵畏惧天地会的声势,行至距大里杙庄约6里远的大墩即不敢再进。知县俞峻即令士兵借口查拿天地会,大肆焚掠大墩一带村庄,任意捕拿百姓,使无辜妇孺皆凄号于道,并令村民自动擒献,否则全村连坐。官兵的乱捕乱拿激起当地百姓的极大愤慨,他们纷纷痛哭于林爽文之前。林爽文目睹了官兵对平民百姓无法无天的欺压,感同身受,在天地会的鼓动下遂于十一月二十七日举事,以"顺天行道,剿除贪污,拯救万民"为口号,并于当晚率部众袭击驻扎在大墩的清军。清兵全军覆没,知县俞峻、副将赫生额、游击耿世化皆战死。③林爽文派部封锁消息,焚毁船只,扼守水路,使台湾府城官员无从得到实情。次日黎明,有一士兵逃出,泅过溪水至西岸,回彰化城告变。知府孙景燧大惊,急忙召集城内留守营兵衙役200余人,固守城池,做好抵御林爽文率部进攻的准备。二十九日,彰化大雨,林爽文决定率部乘雨天清兵松懈之际进攻彰化城。农民军从城北门突入,一举攻下彰化,杀知府孙景燧、都司王宗武、同知长庚等官员数十人,释放囚犯。农民军攻下彰化后,随即就地建立政权,并推林爽文为盟主,任官设职,定年号"天运",次年改为"顺天",并出告示安抚百姓。在林爽文的影响下,庄大田在凤山起义,林小文在台北淡水厅举事,与林爽文遥相呼应。另外,当地的原住民也纷纷加入农民军,反抗官府的长期压迫。这是在朱一贵起事60多年后,台湾又一次爆发大规模的武装起义。这次起事带有明显的反压迫斗争性质,是实实在在的"官逼民反"。

十二月初,经过周密计划,林爽文决定出主力南下,先攻鹿港(今台湾彰化县鹿港镇),再至诸罗,最后进攻府城,同时另以小股兵力北上,

---

① 连横:《台湾通史》卷三一。
② 《平台纪事本末》第3页。
③ 〔清〕魏源:《圣武记》卷八。

五、清前期的反清之战

至淡水联合当地农民军进攻北路。以杨轩为副元帅,高文麟协助,率众700人驻守彰化;任命王作为扫北将军,许律、陈觉等协助,率部600人北攻沪尾(今淡水);林爽文则自率主力进攻城南之九芎林、斗六门、笨港等处。驻守斗六门等处官兵见势不妙,先后逃走。诸罗城告急,城内只有士兵800余人,知县董启埏与守备郝辉龙遣人赴郡告急,请求增援。驻守郡城的武将系总兵柴大纪得到报告后便派游击李中扬、千总苏明耀等领兵600人前往援助。李中扬从所有兵力中分出500人守北门,其余兵力平均分守其他三门。然而诸罗知县平时作威作福,百姓对之怨恨甚深,农民军来攻,城内百姓自愿做城外农民军的内应。十二月初六日,农民军混入城内的兵丁与城内百姓在城中放火制造混乱,城内顿时大乱,城外农民军乘机猛攻北门。北门守军毫无斗志,见农民军猛攻,不战而溃。农民军很快占领了县城,清军官员或战死或被擒杀。十三日,南路庄大田率农民军进攻凤山县,清军南路营参将瑚图里领兵300人至县城北门御敌。农民军刚刚进攻,瑚图里见状便骑马南逃,一晚上马不停蹄逃往府城。清军千总丁得秋、把总许得胜等战死,知县汤大奎等文官被农民军斩杀,凤山县被农民军占领。

闽浙总督常青很快便得到了林爽文起事的消息,于是一面立即向高宗奏报,一面派出三路大军前往台湾镇压。第一路由水师提督黄仕简领水师兵1000人、金门镇兵500人、南澳铜山营兵500人,即刻从厦门出发赴台,由鹿耳门登岸,平定叛乱;第二路则由海坛镇总兵郝壮猷、副将丁朝雄、参将那穆素里领总督亲兵800人、海坛镇兵400人、闽安烽火营兵300人,由闽安出发,至淡水登岸,然后这两路大军对农民军形成围攻;第三路则由参将潘韬、都司马元勋率领陆路提标兵1000人,由蚶江直渡海峡至鹿仔港阻截,配合前两路大军行动。① 高宗得到闽浙总督常青关于林爽文起事及派兵前往镇压的奏报后,起初对林爽文起事非常不以为然,认为系一般的民人械斗,这是台湾社会中的常事,并指出闽浙总督常青派福建水陆提督黄仕简、任承恩带兵赴台湾进行镇压的做法系小题大做,甚至下旨对常青进行申饬:"总以镇静内地为要,看尔等俱属张皇失措,为此朕欲牵念,台湾常有此等事,此次何致汝等如是张皇畏惧。……岂有水

---

① 《钦定平定台湾纪略》第102-103页,见《台湾文献史料丛刊》第7辑。

陆两提督俱远涉重洋办一匪类，置内地于不顾之理？"① 但随后来自沿海和台湾的奏报让高宗的看法有了一百八十度大转弯。常青、柴大纪先后密奏，林爽文原系天地会成员，其起义是在天地会的策动下发生的、要推翻大清王朝的"谋逆"行为。至此，高宗明白了此事的严重性，严令军机处"此次林爽文等滋事不法，即由从前贻患所致，不可不严切究办，以净根株"②。提出集中兵力，南北夹攻，直捣林爽文"巢穴"的军事战略。

派往台湾的福建水师行动较为缓慢，在没有外来援助的情况下，柴大纪率水陆兵向被农民军所攻占的诸罗城进军，屯驻盐埕桥时遭到农民军的阻击，柴大纪部凭借火炮数次打退了农民军的进攻。而农民军凭借优势兵力轮番进攻，先后拿下了府城外的下加冬、盐水港等地。这时的农民军已经发展到数万人，在激战中，普通百姓皆心甘情愿地荷畚插、持短兵，冲锋陷阵。随着农民军的步步紧逼，台湾府城内风声鹤唳、谣言四起，一日数惊，人人自危，城中百姓皆携老幼、负家资至港口租船准备随时逃亡。城守营把总高大捷驻守府城小北门，因害怕农民军进攻，遂于夜晚乔装改扮，潜赴鹿耳门租船内渡。

台湾府城西濒海，北门外即是总兵柴大纪所驻守的盐埕桥，南门外则由蔡攀龙守桶盘栈，而东门守备却非常松弛。农民军派人前往府城侦查，获知这一情况后，遂决定于除夕袭击府城，由农民军分出两部分攻击北门和南门，以牵制此两路清军，然后用主力攻击守备稍弱的东门，一鼓作气拿下府城。除夕日，林爽文设坛誓师，宰牛猪祭旗。黎明时分，农民军按照原计划分兵三路进攻，林爽文亲率主力进攻东门。台湾道永福自率同知杨廷理坚守东门，同时令知县王露、外委王国志率农民军千人前往南门支援助战。农民军逼近城下，挖城墙根，城墙上清军的火器又发挥不了作用，只得负隅顽抗，同时发动并联合当地地主武装，不断攻击农民军。正当农民军拼命进攻府城之际，鹿港的地主武装攻下了彰化县城，擒住了守将杨振国。同时，北路农民军将领王作所部也被地主武装击败，王作被擒。林爽文攻打府城的行动受挫，力量损失颇多，被迫停止进攻，率部向北撤退，庄大田亦率部退至大岗山。农民军最鼎盛时，只有府城、鹿港和鹿耳门等处没有攻下，其中中部的鹿港和南部的鹿耳门港对农民军来说无

---

① 《清高宗实录》卷一二七一，乾隆五十一年十二月戊辰。
② 《钦定平定台湾纪略》卷五。

五、清前期的反清之战

足轻重,因此并没有对此二处予以重视,更没有分出兵力去攻占,然而这两处却是台湾与大陆联络的主要港口,若没有这些港口,战舰就无法登岸。其中,鹿港便是后来福康安率领大兵渡台登岸的通道。①

乾隆五十二年(1787)正月初四日,福建水师提督黄仕简统领参将潘韬、游击邱维扬、孙全谋等将领35人、兵2300人在台湾登陆,海坛镇总兵郝壮猷也统领台协副将丁朝雄、长福营参将那穆素里、金门游击陈元等将弁30人、兵700人随后在台湾登岸。初六日,陆路提督任承恩、同安参将福兰泰等将弁37人、兵2000人在鹿仔港登陆。此后1个月内,清政府又陆续增援了4批人马,总兵力达1万余人。② 黄仕简因害怕农民军,率余部7000人屯守在府城内。为了确保府城的绝对安全,除了自率游击孙全谋等统兵500人坐镇府城外,还下令修筑工事、加固城垣,并调来两门红衣大炮放置在大门前,令守备黄象新等统兵1200人分守府城外要地草店尾、柴头港,府城七门原来的守备兵力部署不变。③ 一番布置后,黄仕简安心在府城中驻守。高宗对黄、任两提督畏缩不前的表现非常不满,连续降旨予以斥责和催促:"现在贼众既分屯诸罗县城及铁线桥地方,黄仕简、任承恩二人务宜亲督弁兵,南北夹攻,以期一举集事,勿再迟延。"④

十三日,在高宗的训斥和催促下,黄仕简不得不在府城进行军事部署,令柴大纪率游击林光玉、杨起麟,守备邱能成等领兵1700人北上,反攻诸罗县,由参将潘韬等率兵500人前往协助;令总兵郝壮猷率副将丁朝雄等人统兵1500人南下,收复府城南80里外的凤山县,由参将珊图里、游击蔡攀龙等率兵700人从旁协助。总兵柴大纪奉命率北路军向诸罗城进军,于二十日至城外的三苞竹驻扎。当地地主武装在武举人黄奠邦的领导下与柴大纪取得了联系,率地方兵丁随同官兵作战。柴大纪先遣邱能成为先锋,率部先行探听虚实。而此时防守诸罗城的农民军仅有数百人。林爽文率部北撤时,令农民军将领蔡福、叶省等一定要死守诸罗县城,但等林爽文北撤后,蔡福等也弃城逃往诸罗山中,只留下数百人守城。守城

---

① 王良志:《林爽文起义》,载《历史教学》1962年第11期。
② 《清代台湾农民起义史料选编》第264-265页。
③ 《钦定平定台湾纪略》第1册,第487页。
④ 《天地会》第1册,第340页。

农民军没有大将坐镇，见清军至，纷纷溃逃，清军便很快拿下了诸罗城。

统领南路清军的海坛总兵郝壮猷听闻农民军主力驻扎于大岗山，忙告诫部队切勿轻易冒进，每天只行军5里。十九日，行至府城东南20里处的大湖，与驻扎岗山的农民军遥遥相望。农民军知清军至，蛰伏于岗山后。清兵侦察后，派兵攻击，忽见东南密林中有农民军的旗帜飘扬，官兵立即止步，列阵以待，但多时却不见农民军出来交战，清军遂又全队前进；突然远处尘土飞扬，清军以为是农民军杀来，又列队以待。如此者，多次，清军害怕被农民军偷袭，遂全部退回大湖军营。当晚，清军得到消息，农民军要乘夜偷袭。半夜时分，农民军一部果然前来偷袭，清军枪炮齐发，直至天明乃止。郝壮猷率部搜查，直见不远处有草房数十间，内中空无一人，知被农民军诈战，怒而尽焚草房。正在此时，突然周边林中厮杀声大起，清军见状急退回大湖营地。农民军四出袭击清军，清兵坚守营垒抵抗，双方相互胶着，相持近1个月，在这期间清军寸步未进。

台湾道永福见各路清军进展缓慢，郝壮猷部尤其畏敌如虎，便请黄仕简催促郝壮猷快速进兵，收复凤山。黄仕简则指出：劳师以远，轻进必有失。暂且令郝壮猷回师，再从长计议。永福则强净，若回师，必让农民军知道官兵不足惧，请令同知杨廷理、知县王露率乡勇2000人前往助战。① 黄仕简虽然同意，但直至福建绿营游击延山率兵1000人至府城后，才开始调兵遣将支援郝部，先派出500人的步军队伍赶赴大湖，派郑嵩率水兵500人由海道绕至打鼓山登岸，从南边攻击凤山。二月二十日，农民军大部退出凤山县。清军攻占凤山后，总兵郝壮猷率部驻扎于县城东门外，同时令参将瑚图里率600兵追剿农民军。三月初四日，游击郑嵩、千总徐景庆等率兵600人准备前往接应瑚图里部。大军行至硫磺溪时，农民军已埋伏在溪尾，乘官兵渡河至半时起而截杀，四面围堵，清军顿时溃乱，郑嵩单身骑马突围而逃，其余兵将或死或逃。瑚图里听说有官兵前来接应，遂率部向前迎接，至九脚桶地方才知道援兵已被农民军打败，准备回走之时，农民军蜂拥而至，瑚图里寡不敌众，率部回撤至下淡水。初六日，庄锡舍率部3000人进攻凤山营盘，郝壮猷率部撤至城内，屯扎于城西龟山顶，并分兵守各个城门。初八日，农民军开始攻城，清军尽发枪炮抵抗，

---

① 《清代台湾农民起义史料选编》第268页。

农民军假装不敌逃跑，清军出城追剿，农民军突然尽起合围，清军急退入城中。农民军随即将所得清军官兵着装穿上，乘乱随清军入城。不久，混入城中的农民军在城南门放火，城中顿时大乱，农民军乘机猛攻。郝壮猷见南门起火，恐县城不保，遂单身骑马从西门逃走。兵士们见主将逃跑，皆无斗志，纷纷落逃，奔赴打狗港。农民军乘机冲进城中，清军溃乱中自相践踏，拥挤落水，淹死大半。总兵郝壮猷、参将那穆素里、守备黄乔等夺渔船逃回府城，兵丁损失3000人，只有600人逃回。至此，农民军又夺回了凤山县城。①

福建提督任承恩从鹿港登岸后也没有立即进军，而是以"兵单难于远行"为借口率部队主力安居鹿港，仅派游击穆腾额、守备潘国材率兵500人进攻南投，令游击海亮率兵300人进攻嵌顶、守备常万雄率兵300人进攻北投，在遇到农民军的阻截后便不敢前进。

黄、任两人领兵万余人渡台平乱，并没有取得大的进展，反而驻守几座孤城和营垒。任承恩驻地虽离林爽文的根据地仅40里，却不敢进攻，只是固守鹿港。海防同知杨廷理奏报："贼匪滋事以来，大兵仅属固守，皆以兵单难于远捕为词，如彰化早经恢复，而任承恩驻兵鹿仔港，普吉保驻兵埔心庄，诸罗收复月余，而柴大纪驻兵城外，凤山复经收复，郝壮猷分驻四门静守，黄仕简驻守郡城，以致贼匪各路啸聚。现在台湾之兵统计一万三千有余，合之则多，分之则寡。"② 高宗对杨廷理的奏报甚是认可，对黄、任二人贻误战事十分愤怒，下令将黄仕简、任承恩革职，回京交刑部治罪；将郝壮猷就地正法。同时，高宗对前线大员重新了调整：任命李侍尧为闽浙总督，驻节厦门总调度；任原闽浙总督常青为将军，统率大军前往台湾接办军务；③ 调熟悉台湾事务的江南提督蓝元枚为参赞，率兵2000人东渡台湾援助，令福州将军恒瑞为参赞，率兵赴台。除此之外，李侍尧还奏请调广东兵4000人、浙江兵3000人、满洲兵1000人赴台增援。

在常青出征之际，高宗谕令其"将台湾现有之兵，择其精壮者，亲自

---

① 《清代台湾农民起义史料选编》第273页。
② 《清高宗实录》卷一二七七，乾隆五十二年三月乙未。
③ 《清高宗实录》卷一二七三，乾隆五十二年正月丁酉。

带至大里杙贼巢,痛加歼戮,将首逆林爽文擒获"①。而且还告诫常青:"即将各路官兵调集汇合一处,以期兵威壮盛,士气振奋,专力全赴贼巢搜剿,断不可又蹈黄仕简、任承恩故辙,轻分兵力,观望迟延,俾贼匪得以四散,牵制藏事,致稽时日也。"② 然而常青来台后,不但没有按照高宗的指示主动进军,反而畏惧农民军,设法避战。据记载,与农民军刚交战,常青便两腿战栗不能举鞭,大呼大叫说,贼敌欲砍老子头矣。策马逃走,众将弁兵丁顿时慌乱,全部撤进府城内。③ 常青令官兵在府城周围深挖壕沟,大修城栅,严防农民军进攻。

三月二十三日,农民军重要首领庄大田率部进攻府城的小西门,驻扎在城外桶盘栈的清军不敌,退守上中洲。次日,农民军将领陈灵光、谢桧等率部焚毁城东外咸新化里。二十七日,农民军将领许尚、陈聘率众进攻府城小北门、柴头港,清军退守洲仔尾。同日,林爽文遣其弟林永率部千人至大穆降,与庄大田约定合攻府城。庄大田率部攻城西之桶盘栈,同时另遣部将庄锡舍率部攻小南门;谢桧等攻草店尾,其中又分一部攻大东门;林永则率部主攻大北门。一时间,南北路农民军会合,部众10万,将府城围住。从黎明直至中午,农民军连续攻击清军,清军则用枪炮猛烈还击。游击蔡攀龙防守桶盘栈,农民军与之进行了长时间的拉锯战,阵杀把总2人、兵丁100余人;农民军在小东门墙脚下纵火焚烧,守备王天植率部急出扑救,农民军与之战,清军被迫退入城中。城中百姓见清军退入城中,以为农民军破城,顿时大乱,纷纷溃乱奔逃海口。正当农民军酣战并逐渐占据优势之时,农民军重要将领庄锡舍率部2000人向清军投降,单身入城见常青,并许诺戴罪立功。庄大田听闻庄锡舍率部投敌,非常惊骇,恐部众生变,遂停止进攻,率部急撤回南潭。林永、谢桧等见庄大田率部急退,也被迫从各自阵地撤回。农民军进攻府城的计划没有实现。

四月十二日,柴大纪上书告知常青:林爽文所部现驻扎于牛稠山,与军师董喜密谋联合南路各部欲进攻诸罗,希望常青饬令总兵普吉保率鹿港之兵与之会合,前后夹击;同时,请从府城发兵五六百,支援驻扎麻豆的清军,以保护诸罗粮道。柴大纪的建议得到了常青的批准。常青檄令总兵

---

① 《清高宗实录》卷一二七七,乾隆五十二年三月丙申。
② 《清高宗实录》卷一二七八,乾隆五十二年四月己亥。
③ 〔清〕徐珂:《清稗类钞》第6册。

五、清前期的反清之战

普吉保率部南下,与柴大纪配合进剿。普吉保迟疑不决,常青几次檄令催促,普吉保才不得已领兵2000人南下。二十三日,守备黄乔遵令率兵300人至麻豆,并侦察得知农民军将要进攻,于是先领官兵和地方武装至麻豆庄西迎战。农民军突然从麻豆庄中率部攻打,黄乔所部清军与地方武装顿时惊溃,黄乔逃回府城。常青令总兵柴大纪就近救援,柴大纪遣游击杨起麟、李隆、守备黄象新率兵800人以及当地的地主武装前往麻豆支援。等到清军增援至时,麻豆已被农民军占领。

二十七日,普吉保率兵南下。在行军中,普吉保迂途绕道,由二林沿海而行,故意延缓行军速度。五月初一日,普吉保大军先至土库地方,而与其约定会合的柴大纪却稍迟才到。普吉保大怒,指出柴大纪失约。而此时,林爽文等听闻清军两路大军已至,遂率部急回大里杙,躲避清军锋芒。普吉保得知农民军已从牛稠山退走,指责此系柴大纪失约所致,两人意见不合,言语互呛,后不欢而散。普吉保率部于初六日向鹿港撤回。虽然清军在战场上进展并不顺利,甚至处于被动状态,但是常青在向高宗奏报时却一再表功,他奏报道:"台湾南路贼匪侵扰府城,屡经亲率官兵出城迎捕堵杀,将弁用命,义民争先,奋勇协剿,接仗数次,共枪炮打死农民军二千余人,生擒正法者五十余名。"①

当时,身在府城的常青得到投诚农民军首领庄锡舍的密报,得知农民军南路庄大田部现驻扎在南潭,而且有一大部分兵力被派往北路支援林爽文,现在兵力较弱,宜于乘机剿灭。五月十五日,常青、参赞恒瑞督率水陆兵丁近6000人在府城大北门校场誓师,试图一举歼灭南部农民军庄大田部,但清军进至离府城60余里处的南潭时,便遇到庄大田部农民军。双方经过激战,清军伤亡近百人,守备林士春、千总谢元、把总刘茂贵等将弁战死。常青见状,留下部分清军驻守南潭,自己则急率部分清军返回府城,此后便一直龟缩在府城内。②庄大田部农民军伤亡也不少,其中农民军土著女将领金娘等被庄锡舍设计擒住,后被押送至京师杀害。

同日,抵台的水师提督蓝元枚檄调普吉保率游击海亮等统兵千人防守八卦山,派守备张奉廷率兵300人防守大肚溪,他自己亲率游击穆腾额等部向农民军进攻。当行至彰化县北门时,农民军分为左右翼前来迎战。蓝

---

① 《清高宗实录》卷一二七九,乾隆五十二年四月甲子。
② 《清代台湾农民起义史料选编》第280-281页。

元枚见农民军皆赤裸上身或衣衫褴褛，认为皆是当地难民，告诫士兵不要发枪炮，并命人上前招降。突然，农民军蜂拥而至，瞬间两军短兵相接。蓝元枚急忙迎战。当时刚刚下过雨，地方水坑洼地皆漫水，道路泥泞，农民军赤足而行，在泥泞中往来自如，而清军盛装而行，行动笨拙，难以招架。守备唐昌宗率把总等多人冲入农民军阵中，以游击穆腾额为后援，穆腾额见农民军势盛，畏惧不肯前进。蓝元枚见状立即鸣金收兵，穆腾额也放弃救援，立即撤回。守备唐昌宗部陷入农民军阵中，成为一支孤军，在农民军的猛烈攻击下伤亡巨大。蓝元枚见农民军势力甚为强势，立即率残部退回鹿港，并向朝廷上奏，请求增兵前来支援。

二十五日，常青、参赞恒瑞以总兵梁朝桂、魏大斌为前锋，副将谢廷选、蔡攀龙为左右翼，副将宫福贵林、参将特克什布为翼长，农民军叛将庄锡舍为向导，统领福州驻防协领、佐领、骁骑校，以及福建、广东、浙江等绿营将弁437人、满汉兵丁5500人，向重新进占南潭的庄大田部进攻。总兵梁朝桂先率部进攻，战事不利，退守关帝庙。时营垒未立，将士露宿，军心未稳，以为敌军来袭，半夜大惊，至天明乃定。二十六日，清军遣庄锡舍前去打探消息，得知庄大田听闻清大军前来，已先集合大武陇一带的农民军前来支援，并在南潭掘壕沟，树栅栏，以阻挡清军前进。二十七日，常青、恒瑞倾全部兵力进攻南潭。农民军分三路迎敌，清军不敌，退守嵌顶。常青、恒瑞立即向朝廷上奏，请求再增加援军万人，方能剿灭农民军。

六月初十日，农民军将领蔡福、李七等率部3000人攻打诸罗城外的鹿仔草。柴大纪遣游击李隆率兵500人前去增援。农民军听闻清军援军将至，遂埋伏在竹仔脚、田洋一带。李隆率兵将至时，农民军突然出现。清军行军中措手不及，溃乱一团，纷纷散逃。清军将弁被杀多人，兵丁亡200余人。农民军乘机向诸罗县城周边进攻，县城周边重要据点皆被农民军占领，诸罗县城告急。柴大纪散发告急信件后，十五日，总兵魏大斌领兵600余人，都司刘振唐领广东兵400余人，罗光炤领凤山溃兵500余人，从关帝庙出发，由海道驰援诸罗。魏大斌率兵登岸至鹿仔草，游击邱能成前来迎接，建议魏大斌率兵速攻诸罗。十八日，魏大斌率部自鹿仔草向诸罗出兵，东行10里至大崙，农民军将领蔡福已率部前来阻击。魏大斌所率浙江兵皆属老幼病疲，毫无战斗力，凤山溃兵也是疲乏无斗志，见农民军大队人马杀来，顿时混乱溃逃，将弁兵丁死伤大半，魏大斌率残部撤回。

五、清前期的反清之战

清驻军分散，兵力有限，各自为战。常青驻守在府城，提督蓝元枚屯兵鹿港，总兵柴大纪固守诸罗。诸罗县城居南北咽喉，系府城之门户，自六月以来，农民军已集中优势兵力"必欲陷之，昼夜围攻"。柴大纪向常青求援，常青则派出总兵魏大斌部支援，自己则躲在府城内不敢出战。常青在给高宗的奏报中一直为他的胆小怕死找借口，"贼众围攻盐水港，故意在诸罗，而实觊觎府城。臣等扎营府城以南，未敢移动，俟添调官兵到齐，相机剿捕"。诸罗所处位置十分重要，高宗一针见血地指出常青存在的问题："盐水港在诸罗之南，笨港在诸罗之北，皆为运粮要路。今俱有贼匪抢占，以绝粮饷，诸罗势甚迫急，所关甚重。""若诸罗有失，则台湾府城势更孤悬，四面受敌，大有关系。"① 命令常青立即"于总兵、副将内择其奋勇可靠者拨派一员，令其固守营盘，常青等人拣选精锐，亲自统领，同侍卫、章京、将备等数人直趋北路，前至诸罗，会同柴大纪，并力擒渠捣穴"②。

魏大斌被打败后，农民军加紧进攻诸罗城。此时农民军不仅围住诸罗城，而且切断了守城清军与外界的联系，"禁粒米不得入城"，守城清军缺粮乏食，"疲不能支"，破城指日可待。③ 柴大纪急向魏大斌求救，而魏部新败，毫无战斗意志，只能向常青请求支援。常青派游击田蓝玉、参将张万魁率师前往增援。

七月十一日，清军援兵至鹿仔草，与魏大斌会合，援兵总数达4000余人。在柴大纪的催促之下，魏大斌兵分三路，其中火药粮饷作为中路，由游击邱能成率400兵守护；以当地地主武装首领黄奠邦等人为向导。清军出发后从半天厝近路向诸罗前进。然而，道路狭窄难走，左右两边都是山，清军只能鱼贯而行；而且山陡布满竹签，士兵越走越害怕畏惧。中午时分，清军至诸罗城不远的倒店，官兵兴奋不已。突然，农民军杀声四起，前后夹击。清军顿时陷入慌乱之中，纷纷丢械弃甲而逃，粮食火药全部被农民军所夺。清军大败，千总以下将弁被杀18人，兵丁损失达1300余人，魏大斌率残部逃至诸罗城内。柴大纪聚集城内剩余将弁兵丁，分驻诸罗四门，日夜严防。

---

① 《清高宗实录》卷一二八四，乾隆五十二年七月丁丑。
② 《清高宗实录》卷一二八四，乾隆五十二年七月丁丑。
③ 《乾隆朝上谕档》乾隆五十三年三月二十一日。

七月二十九日,常青檄调副将贵林、蔡攀龙,参将孙全谋等领广东澎湖兵1600人前往增援诸罗。然而清军将领并不听命,贵林等人率兵由海道前去增援,在海上逗留近20天后才到达盐水港,且一直没有继续前进增援诸罗城的信息和动作。而此时的诸罗城,自七月以来已经是武器粮饷基本耗尽,农民军围城数重,很快就会城破。

直至八月十八日,贵林等人留老弱兵丁百人驻守盐水港,自率主力与杨起麟部合兵,于二十日兵分三路进军,农民军也分三路阻截。清军稍占优势,遂引兵进攻大埤农民军之营垒,结果反而被农民军团团围住。杨起麟率部前往支援,不料倾盆大雨,溪水陡涨,官兵阵乱,农民军乘机进攻。清军首尾不能相顾,贵林、杨起麟等皆死,另外千总以下官弁也亡18人,兵丁战死700余人,当地地主武装也损失百人。其他人虽逃至诸罗城内,但器械、粮饷皆被农民军所夺。诸罗被围日久,清军无法解围,几路援军皆被打败。常青几次檄调驻扎在盐水港的恒瑞前去援救,恒瑞畏惧农民军之势,每次都以"贼众兵单"为借口而予以拒绝。驻扎在元长庄的普吉保也观望不敢进。

高宗对常青入台以来的表现非常不满,斥责其不但没有将农民军予以剿灭,反而驻守一地寸步不进,数月以来劳师糜费,毫无进展。遂解常青将军之职,任命协办大学士、陕甘总督福康安为将军,佩钦差关防,赴台替换常青;授海兰察为参赞大臣,普尔普、舒亮为领队大臣,挑选出巴图鲁、侍卫、章京100余人随往。为了彻底剿灭农民军,高宗又从湖南、广西、贵州、四川等省调兵万余人入台。① 在福康安还未至台之际,高宗便已发出指示道:福康安抵台后,不必带兵前往府城,而是要率人马直接进攻林爽文的根据地大里杙,"俾贼人闻之,自必回顾巢穴眷属,则诸罗之围可

图5.1　福康安像

---

① 《清高宗实录》卷一二八六,乾隆五十二年八月辛丑。

五、清前期的反清之战

不攻自解,而南路庄大田部亦必闻风惊溃,纷纷解散,此为声东击西之计"①。1个月后,高宗再次重申其战略:"福康安应同海兰察等统领巴图鲁、侍卫、章京,督率大兵以全力进剿贼巢。若敌由诸罗返救,则福康安等迎头截杀,柴大纪此后跟踪追剿,使其首尾受困,自可全部就擒。如敌不返救,则福康安扫平敌营后回兵移救诸罗。"② 后来,战场形势发生了很大的变化,高宗又根据台湾形势变化重新调整军事战略。

十月十六日,高宗经过一段时间的筹划后确定了集中兵力先进攻诸罗,打通南北的战略,指出:"自先以救援诸罗为要。福康安到鹿仔港后等候川、黔、广西兵到齐,即直抵诸罗。"③

十一月初六日,福康安、海兰察等率广西、川汉兵5000余人从鹿仔港出发,两日后至仑仔顶,兵分五路并进,分由海兰察、鄂辉等人统领。驻扎在仑仔顶的农民军没有料到清军大队人马的突然到来,仓促应战,不敌,退入竹林中。仑仔顶周边的农民军陆续前来增援,福康安立即调整部署,命鄂辉、穆克登阿两路为左翼,普尔普、春宁等为右翼,分别阻截和抵抗前来增援的农民军,然后由海兰察率巴图鲁、侍卫直向诸罗城进发。海兰察率部至牛稠溪,农民军隔溪阻击,海兰察率部强渡溪水。农民军被迫退至牛稠山中,并于山中搭设竹棚,作为长久围困诸罗城的营垒。海兰察命人放火烧山后率众入诸罗城。随后,福康安率部入城。农民军对诸罗城长达几个月的围困顿时被解。因力量悬殊,农民军开始从诸罗城周边撤退。诸罗城的解围成为清军平台战争的转折点,自此之后,清军掌握了战争的主动权,声势浩大的农民军开始失去战场优势,直至失败。

诸罗城的解围给自林爽文起义以来一直处于被动状态的清军打了一剂兴奋剂,更让惴惴不安的高宗兴奋不已,立即下旨褒奖:"福康安、海兰察能督率将弁官兵鼓勇前进,不等候贵州、湖南续调官兵,即不避险阻,将各庄囤聚之贼匪痛加歼杀,直抵县城,数月之围应手而解,城内数万生灵获更生之庆",此皆福康安等人调度有方,才能克敌制胜。福康安、海兰察俱系侯爵,著晋公爵,各赏红宝石顶戴、四团龙补褂,其余鄂辉等人

---

① 《清高宗实录》卷一二八七,乾隆五十二年八月庚申。
② 《清高宗实录》卷一二八九,乾隆五十二年九月辛卯。
③ 《清高宗实录》卷一二九一,乾隆五十二年十月庚戌。

一并从优议叙。①

随后,福康安率部夺取嘉义县、彰化县,继而兵分三路进攻,令恒瑞、普吉保率兵攻打大埔林;鄂辉、袁国璜率部进攻大埔尾;海兰察与穆克登阿等进攻中林。清军以八旗军为先锋,农民军不敌,退至斗六门。清军追击,林爽文亲率部众以三路迎战,农民军与之激战3天,终因寡不敌众,向大里杙一带撤退。② 福康安为防止农民军逃往内山高山族地区,遂一面调派官兵防守水沙连山口,一面遣派官兵向大里杙进发,形成包围。十一月二十四日,清大军抵达大里杙南5里的平台庄,而此时北路农

图5.2 海兰察像

图5.3 攻克大里杙·平定台湾得胜图(《平定台湾战图》,天津人民美术出版社,2014)

---

① 《清高宗实录》卷一二九四,乾隆五十二年十二月丁未。
② 《清代台湾农民起义史料选编》第297页。

五、清前期的反清之战

民军基本上都集结在大里杙周边。林爽文一面率大军砌筑土城,密排大炮,内设竹栅两层,外有沟礌重叠,依险固守;另一面派其弟林勇联络庄大田,让其带兵来援。但庄大田却没有给予林爽文以及时的援助,而是率部在南潭一带活动。结果,林爽文孤立无援,只得以弱势兵力抵抗福康安的大军。双方交战后,农民军率所部出战,数次被清军打散,数次又重新聚集迎战。傍晚时分,清军埋伏于沟道间,农民军持火把来攻,却看不见躲在黑暗中的清军,而清军却能清清楚楚地看到农民军,清军利用这一优势发枪炮,农民军伤亡颇多。林爽文知失策,命所有人灭掉火把,擂鼓助威而攻,如此清军虽与农民军一样看不清,却能听到鼓声,便向有鼓声处发枪炮弓箭。双方激战至黎明,农民军伤亡惨重,清军攻占大里杙。①

林爽文在激战中负伤,遂将父母妻子等家眷安置于当地土著家中,自己则率农民军残部2000余人在高山族人的帮助下撤退至内山隘口的集集埔,凭险抵抗清军。清军尾随追剿,农民军被杀达千余人,最后林爽文只率数十人逃进内山中。福康安命当地的地主武装利用熟悉当地的优势扮作普通百姓,配合清军一方面招抚农民军,另一方面搜捕拒不投降的农民军。在清军的招降下,很多农民军首领纷纷出降,形势对农民军越来越不利。其中原住民杜敷系林爽文最信任之人,林爽文率部撤退之际将家眷托付于他。杜敷投降后将林氏家眷全部擒献清军。②清军的一系列举动对林爽文来说是釜底抽薪,很快,易守难攻的集集埔被攻破。林爽文率领残部逃往深山中的小半天——此处在万山之中,最为险僻。清军分兵把守各个隘口,然后令普尔普率领土兵进攻,士气已十分低落的农民军不敌,农民军头领林追、林天被擒拿。林爽文率领残部由原住民居住之鹤骨社、狮子社沿山撤退。然而,清军此时已是四路围堵,星罗棋布,加上福康安一再派人前往内山中,对原住民威逼利诱,令其擒献林爽文,正月初四日,林爽文逃至老衢崎地方,因叛徒告密被清军擒住,押往京城后处以极刑。

北路农民军失败后,南路的庄大田部真正成了一支孤军。清军最大的劲敌北路农民军被剿灭后,福康安挥大军南下,全力进剿庄大田等剩余农民军。清军先后攻占大穆降、九社口、本县庄、大武垄、大埔、十八重溪等农民军重要据点,并与农民军在南仔坑大战。农民军不敌,福康安乘胜

---

① 《皇朝经世文编》卷八四。
② 《平台纪事本末》第300页。

进占凤山。庄大田率部逃往台湾最南部的琅峤，此地在台湾岛最南端，迫近海岸，鸟道崎岖，林箐稠密。福康安令侍卫乌什哈达率水师由海道绕道阻截；令海兰察、鄂辉由山路进剿；福康安则率大军从风港进军，翻山越岭，行军30里，慢慢逼近庄部。三路大军夹击，庄大田部农民军损失巨大，被迫退至内山之原住民村寨柴城。福康安再令总兵穆克登阿率土兵一部，总兵许世亨等领黔兵一部，总兵梁朝柱等领粤东兵一部，游击王宣等领粤西兵一部，地主武装刘绳祖等率粤庄农民军一部，投诚后的前农民军首领庄锡舍等人率投诚农民军一部，自山梁密布排阵，相次而下，梯次配合，逐步进攻农民军。自辰至午，双方激烈交战，农民军损失惨重，被杀者数千人，乱中溺亡者数千人，被擒后再被杀者又数千人，农民军几乎全军覆没。① 二月初五日，庄大田被俘，不久在台湾府城被杀。②

至此，历经一年两个月的台湾林爽文、庄大田起事宣告失败。这次起义席卷全台，参与者不仅有汉人，还有当地大批少数民族人士，农民军人数最多时达数十万人，极大地震动了清政府。清政府随后调整对台湾社会的控制和管理政策，加强了对台湾吏治、民生等方面的重视，以杜绝类似事件的发生。

作为台湾反剥削、反压迫的代表性农民反抗斗争，朱一贵、林爽文事件对当时清政府在台湾的统治产生了很大的影响，让统治者深刻感受到民间力量的强大，进而不断加强对台湾的控制，调整统治方式，改善民生状况。然而从另一个角度来看，农民起义一旦成功，台湾必然有独立之趋势，而在西方东侵前保持大陆与台湾的统一，意义重大。因此，从整个民族利益的角度来看，清政府平定以朱一贵、林爽文为代表的农民起义具有更加重大的意义，不仅在西方东侵前维护了台湾与大陆的统一、版图的完整，更重要的是维护了整个中华民族的根本利益，故直至现在仍具有重大的现实意义。

---

① 杨廷理：《东瀛纪事》，见《清代台湾农民起义史料选编》第135－136页。
② 〔清〕徐珂：《清稗类钞》第6册。

六、台湾保卫战

六、台湾保卫战

19世纪下半叶,西方各主要资本主义国家基本上都已进入帝国主义阶段,并掀起了一股瓜分世界、划分势力范围、争夺殖民地的狂潮。此时,血腥镇压巴黎公社的刽子手茹费理被大资产阶级选为法国内阁总理。茹费理是一个狂热的殖民主义者,上台伊始便把对外侵略作为一项重要的国策,除了促使法国疯狂地参与非洲和其他地区的瓜分外,更把主要力量放在对亚洲尤其是对中国和越南的争夺和瓜分。

而此时的大清王朝正如一艘破旧的大船,航行在风雨交加的大海上,稍不注意便会被暴风雨打得支离破碎。自鸦片战争后,清政府对西方势力处处妥协、步步退让,以换取统治的继续。法国则乘西方瓜分中国之际也决意来华分一杯羹,在法国金融资本家的推动下,茹费理政府开始扩大对越南的侵略,然后意欲以越南为跳板随时侵略中国,叫嚣"必须征服那个巨大的中华帝国"①。

1. 法国发动侵华战争

中国与越南山川相连,唇齿相依,自古以来关系密切。19世纪以前法国天主教势力已侵入越南。第二次鸦片战争期间,法国开始武力侵占越南南部(南圻,西方人称为交趾支那),使越南南部六省沦为法国的殖民地,然后从西贡出发沿湄公河探寻通往中国的航线。在发现湄公河上游澜

---

① 《李文忠公全书·奏稿》卷二四。

沧江不适合舰队航行后，便转向越南北部（北圻，西方人称为东京），企图利用红河作为入侵中国云南的通道。同治十二年（1873）十月，法国派安邺率侵略军百余人袭击并攻陷河内及其附近各地。越南国王嗣德帝阮福时请求当时驻扎在中越边境保胜地方（今老街）的中国人刘永福率领黑旗军前往协助抵抗法国侵略军。同年十二月，黑旗军在河内城郊大败法军，击毙法国侵略者头目安邺，法国侵略军被迫退回越南南部。同治十三年（1874），越南在法国侵略者的压迫和讹诈下，在西贡签订了《越法和平同盟条约》，即《第二次西贡条约》，越南向法国开放红河，并同意法国在越南北部享有通商等多种权益。光绪元年（1875），法国照会清政府，通告该条约的内容，试图以既成事实强迫清政府承认，从而排除中国对越南形成已久的影响。清政府复照对此不予承认。

光绪七年（1881），由总理茹费理主导的法国议会通过了以240万法郎的拨款作为侵略越南的军费的提案。为了进一步掠夺资源，"特别是在广大无边的中华帝国内竭力地攫取他们自己的一份"，茹费理还恬不知耻地叫嚣道：法国征服那个巨大的中华帝国是不成问题的。① 次年三月，法国茹费理政府即命令交趾支那舰队司令李维业率领侵略军又一次侵犯越南北部。四月，继续侵占越南河内城砦，并派舰船探测红河的通航情况，直至河内西北的山西附近。法国对越南的侵夺并不只是一城一地的得失，而是事关整个大局的问题。当时的中国是越南的宗主国，两国更是"辅车相依，唇亡齿寒"。而清廷内的一些有识之士已经深谙其中之要，朝廷大员如刘坤一、陈宝箴、唐景崧、曾纪泽等纷纷表达了他们的抵抗立场，指出："越南世守藩服，今听其自存自亡，而不一援手，无论外藩解体，且示弱于法人，恐陵夷日甚，不特琉球不可恢复，即高丽、蒙古亦未必能相维相系也。"越南北圻等地与滇粤毗连，如果看着法国人占领越南北圻而不加制止，只是一味地采取闭关自守，不但藩篱全撤，而且将会造成后患无穷的局面。况且"环伺而起者，不止法国，相□而处者不止一越南，此不特边疆之患，抑亦大局之忧也"。② "窃维今日兵事为中外大局所关，外之高丽、缅甸，内之台湾、琼州，皆视越南一隅之存亡以为安危，诚不可

---

① ［法］鲍维：《茹费理与法兰西帝国主义的复兴》，转引自白寿彝《中国通史》，上海人民出版社，1999。

② 《清光绪朝中法交涉史料》卷二，第3页。

六、台湾保卫战

不用全力以图挽救。"① "越之积弱，本非法敌，若任其全占越土，粤西唇齿相依，后患堪虞。且红江为云南澜沧江下游，红江通行轮船，则越南海口旬日可至云南，此事关系中国大局。"② "查法夷驶入中华，势必远涉重洋。如窃据越南，则陆路由凉山直达广西镇南关，由洮江直达云南蒙自县，海道由海东府直达广东钦州，朝发夕至，患难猝防，设有不虞，滇粤震动，楚淮岂能独安？"③ 其中有人更是一针见血地指出法国的狼子野心："越南为滇粤之唇齿，国外之藩篱。法国垂涎越南已久……规取越南东京，思渡洪江以侵凉山，又欲割越南广西边界地六百里，为驻兵之所。……然法人终在必得越南，以窥滇粤之险，而通楚蜀之路……。"④ 当时出使英国、法国的钦差大臣曾纪泽向清廷表达了他援越抗法的建议：让越南派出大员长驻北京，并派人至中国驻法使馆为随员；劝越南开放红河，不要轻易与法国人订立条约。此外，曾纪泽还向法国政府提出："不论在上海或巴黎，讨论的问题只能是关于中国对越南的宗主权方面的问题。"⑤ 虽然主战派发出了他们的声音，但掌权的主和派却从中作梗。李鸿章等人以"绝不可轻言战事"为由，希望以妥协求苟安。他在上呈的奏折中甚至为法国的侵略行径辩护："去冬，宝海过津，请在保胜设关通商，亦欲中国为之设法疏通，而滇粤各省既不谓然，法国复自翻前议，度其添兵攻取南定，查封越粮，又遣新使赴越勒订新约，无非胁越以必从，非志在全吞越境也。"⑥ 并且，李鸿章很肯定地认为，法国人不可能再在越南通过北圻继续北进。他的理由是："越之北圻沿边诸省地本最瘠，万山丛杂……道路崎岖，水毒风恶，烟瘴终年不解，法人岂肯冒此风险！"甚至对曾纪泽探得法国将要增兵并吞并越南的情报嗤之以鼻，并给曾纪泽电报说，这些都是"西人夸诞之言，奚足深信！"到最后赤裸裸地指出："即使废置其君，灭绝其国，亦与汉之捐弃珠崖等耳。"⑦ 在李鸿章等一些当权的妥协

---

① 〔清〕唐景崧：《请缨日记》卷三，第234页，文海出版社，1967。
② 《清光绪朝中法交涉史料》卷二，第1页。
③ 《清光绪朝中法交涉史料》卷二，第2—3页。
④ 罗惇曧：《中法兵事本末》，见荣孟源《中国近代史资料选辑》，生活·读书·新知三联书店，1954。
⑤ 〔美〕马士：《中华帝国对外关系史》卷二，第383—384页。
⑥ 郭廷以：《中法越南交涉档》第2册，第150页，台湾精华印书馆，1962。
⑦ 《清光绪朝中法交涉史料》卷四，第3—4、24页。

派的鼓动下，清廷的最高统治者从举棋不定向妥协倾斜，并派李鸿章与法国人进行接触。

光绪九年（1883）三月，法军又继续北上，再侵占越南的煤炭基地鸿基（今越南下龙市）和军事要地南定（今越南南定市）。面对这样的危局，越南朝廷立即向清政府请求派兵驰援。接到越南的请求后，清政府命滇桂两省大员督促边防军扼要进驻，但一再命令清军"衅端不可自我而开"①。法军在越南大肆烧杀抢掠，激起了当地百姓及黑旗军首领刘永福的强烈愤慨。五月十九日，刘永福率黑旗军在怀德府纸桥与法国侵略军进行了一场激烈的遭遇战，法国侵略军司令李维业、副司令卢眉等30余名军官，200余名士兵被击毙，法军被迫退回河内。法国茹费理政府利用李维业之死大做文章，随即宣布要"为她的光荣的孩子复仇"，继又增拨给北圻法国侵略军350万法郎，竭力煽动全面侵越战争。除增援陆军外，法国还特别成立北越舰队，调兵遣将，积极部署。八月，法军乘越南政局混乱，派侵略军一面在北越加紧进攻黑旗军，一面调军舰进攻越南中部，直逼越南都城顺化（今越南顺化市），并最终迫使越南签订《顺化条约》，取得了对越南的"保护权"。法国侵略者为实现对越南的殖民统治，及早达成以越南为跳板和基地侵入中国西南的目的，全力对付清政府。

然而，越南北境不仅驻有黑旗军，还有被请来协防的清军。法军在北侵的过程中，因为黑旗军和部分清军的阻拦，无法达到占领越南全境的目的，更无法实现其从侵略当时亚洲尤其是从清政府中分一杯羹的计划。为此，法国茹费理政府决定扩大战争，任命侵略军头目孤拔为法国"远征军"总司令，调兵遣将与清军和黑旗军交战，企图赶走中国军队，打通越南北部的通道，控制红河流域和北圻。法国人一面假意谈判，一面积极备战，进行全面军事部署。很快，法国侵略者便中止了谈判，于光绪九年（1883）十二月向清军和黑旗军发起进攻，中法战争正式爆发。虽然黑旗军和部分清军奋力抵抗，却无法改变被动的局面，中国军队作战不利，至光绪十年（1884）二月，法军已连克北宁、太原（今越南太原省的省会）等地，清滇军退守兴化，桂军撤回北京。至四月中旬，法军已控制红河流域的大部分地区，战火烧到中越边境。

---

① 《清德宗实录》卷一六一，光绪九四年三月戊子。

六、台湾保卫战

清军作战接连失利,引起了朝臣们的强烈不满,弹劾主和派的奏折纷纷上达,加上慈禧太后对清军前线的表现甚为震怒,于是对清王朝的权力中枢军机处进行了大调整。首先以"委靡因循"的罪名,将以恭亲王诉为首的军机大臣全部罢黜,停奕䜣亲王双俸,命他在家养病;宝鋆原品休致,李鸿藻、景廉降二级调用;翁同龢革职留任,退出军机处,仍在毓庆宫行走。改由醇亲王奕谭会商军机要政,以礼亲王世铎为军机大臣领班,以庆亲王奕劻主持总理衙门,史称"甲申易枢"。

奕谭掌权不久,即授权李鸿章谋求与法国妥协。而此时的法国虽然暂时取得了军事胜利,但兵员和后勤补给越来越困难,因而企图在既有的军事压力下通过谈判获得更大的利益。光绪十年(1884)四月十七日,在德国人德璀琳的斡旋之下,清廷派李鸿章与法国海军中校福禄诺(Fournier)在天津进行谈判,最后双方签订了《中法会议简明条款》(又称《天津简明条约》或《李福协定》)。该协定主要内容为:(1)清政府承认法国占有全部越南;(2)清政府将驻扎在北圻的清兵全部撤回,并对越法所有已定与未定之条约不能过问;(3)法国不索兵费,但法国商品可以在云南、广西等地自由通商,并进入内地。① 李鸿章的退让,"招引法国以为中国将不会反抗"②,法国政府仍然增兵越南,扩大侵略。六月,法国远征军杜然(Dugenne)中校率领法国侵略者和一部分越南雇佣兵千余人,到达谅山以南100多里外的沧江岸边。他是根据福禄诺的通知前来"接管"清军驻防的。然而令他意想不到的是,谅山观音桥一带驻扎的清军并没有撤回,在此设防的清广西军仍有3000余人,由革职留任提督的万重暄统领。清军很快派出了信使,向法军发出了照会。蛮横的法国人并不把清军放在眼里,遣回信使,并警告清军,若1小时后不撤军,他们将用武力扫除障碍。

法人所不知的是,"李福谈判"后,主战派重臣左宗棠入值军机处。在左宗棠的影响下,清廷中枢也开始强硬起来,不但斥责了李鸿章与法人的谈判行为,还给前线将领发出命令,命其不许撤回,"仍扎原处,不准稍退示弱,亦不必先发接仗,倘法兵竟来扑犯,则衅自彼开,惟速与之决

---

① 罗惇曧:《中法兵事本末》,见荣孟源《中国近代史资料选辑》第232页。
② [法] 鲍维:《茹费理与法兰西帝国主义的复兴》,第169页。

战，力遏凶锋"①。法军的恫吓并不像朝廷的法令那样令人心惊，法国侵略军剩下的约 800 人蛮横地向观音桥开进，原以为在他们的恐吓下，中国军队会乖乖让出路来，但未曾想到的是他们反而陷入了中国军队 3000 多人的伏击之中。正当法军列队向观音桥开进时，四周的火枪密集地把子弹向他们射来。突然的袭击让法军猝不及防，随行的越南雇佣军四散逃跑，为数不多的法国侵略军苦苦支撑，双方激战 1 天后，法军全面撤退。法军在观音桥的失败很快传到了法国国内，法国当局立即向清廷施压。法国总理茹费理致电李鸿章，抗议道：我们为保和局并利益两国起见，订立要约，乃墨迹未干。法国派兵八百名往取谅山，广西竟遣兵万人击之……中国国家如此办事，其责成殊属可畏。海军司令孤拔中将奉令率领海军两舰队驶往北方！② 法国驻北京代理公使谢满禄更向清政府提出了无理要求：中国向法军赔偿军费 2 亿 5 千万法郎，若清政府不同意，便派海军前来进攻。③ 一贯害怕西方列强坚船利炮的清政府，在法国咄咄逼人的强势外交面前唯有妥协退让，企图通过其他列强的调停来解决面临的困境。清政府先是通过总税务司赫德从中斡旋，同时任命两江总督曾国荃为全权大臣，与新任法国驻华公使巴德诺议和。法国要求清政府履行"李福协定"，立即从越南撤兵，赔偿法国 2 亿 5 千万法郎的军费。清政府坚持不赔军费，后在西方列强的调停中，谈判大臣曾国荃答应给予法国抚恤费白银 50 万两。法国公使巴德诺认为与他们的要求悬殊，遂于六月十二日终止谈判，并当即通知正在待命的法国远东舰队副司令利士比（Lespes），令他率舰队进攻台湾。自此，中法战争中的台湾保卫战拉开序幕。

---

① 《道咸同光四朝奏议选辑》，潘鼎新奏法人扑犯营迭迎击获胜疏，第 317 页，台湾大通书局，1984。
② 《李鸿章全集·电报一》，第 176 页，安徽教育出版社，2008。
③ 《清光绪朝中法交涉史料》卷一八。

六、台湾保卫战

2. 基隆失守

清廷许多大员已认识到台湾的重要战略地位,并先后建议清廷加强对台湾防务的建设和管理。沈葆桢、丁日昌等人先后上折清廷,强调台湾虽然只是海外一隅,但"地居险要,物产丰饶,敌之所必欲争,亦我之所必不可弃"①。清廷也因此对台湾的防务重视起来,命总理各国事务衙门统筹台湾全局防务事宜。

法国人对台湾垂涎已久,并在入侵越南时就开始盘算如何抢夺台湾。其内阁总理茹费理更是赤裸裸地说:"在所有的担保中,台湾是最良好的,选择得最适当的,最容易守,守起来又是最不费钱的担保品。"② 早在中法战争正式爆发之前几个月,法国人为了军事行动的顺利,就开始对台湾进行侦察。光绪十年(1884)三月,法国军舰"窝尔达"号(Volta)从香港直接驶入台湾基隆港,水兵3人登岸侦测港口各要塞,并欲进入炮台内窥探,被卫兵所阻。法军头领福禄诺借机大肆咆哮,发出照会,要求当地官府赔礼谢罪,并强令当地售给煤炭60吨作为燃料,否则,他们就要"将头桅设立红旗,钩炮桅顶,立即开炮,且将开放阁船洋枪"。③ 完成军事侦察任务后的法人在其要求得到满足后率船驶离,并以最快的速度将所得之情报向当时的舰队副司令利士比做了报告。根据这些情报,利士比肯定攻占台湾必以基隆为突破口,而且占领此地并不困难,更重要的是基隆拥有大量的优质煤矿,而此地的守卫却只有几个装备不良的炮兵连,其中仅有一个连配备了5门克虏伯炮。此外,为了给日后的战略做准备,利士比命令舰船到基隆进行补给。④

---

① 《洋务运动》(二),第346页,上海人民出版社,1961。
② [法] 罗亚尔:《中法海战》,见《中法战争》第3册,第539页。
③ 《法军侵台档》第40页。
④ 转引自黄振南《首次中法基隆之役考》,载《大同高专学报》1997年第2期。

基于西方列强对台湾的窥视，尤其是法国舰队不断对台湾的军事侦察和骚扰，清政府一再发上谕强调台湾的重要性。光绪十年五月初一日，朝廷颁布上谕："台湾孤悬海外，久为外人所垂涎，一切防守事宜，尤应切实筹划。"① 同时，起用在家养病的著名淮军将领刘铭传。闰五月初四日，刘铭传进京陛见，清政府任命其以巡抚衔督办台湾防务，全台镇、道各官均归其节制。刘铭传（1836—1896），字省三，安徽合肥人，清末淮军著名将领。早年在乡办团练，后因功由千总升至总兵，29岁时擢升为直隶提督，继而又督办陕西军务。刘铭传临危受命，于闰五月十二日离京赴台。在赴台之前，考虑到"孤身渡台，既不能布置防务，尤恐难控制台军"，刘铭传遂从旧部刘盛休部抽调教习130人随行，同时命旧属部将提督王贵扬等10余人携毛瑟后门枪3000杆，配齐子弹，渡海赴台。② 为了配合刘铭传抵台设防，清政府饬令南洋大臣曾国荃抽拨前门炮10门、后门小炮20门和40万两军费，以及闽浙总督何璟的14万两拨款，一并交给刘铭传赴台设防。闰五月十六日，刘铭传率众抵达基隆，次日便巡查台湾要塞炮台。经过了解，刘铭传发现台湾的防务状况非常严峻。作为基隆主要防御工事的炮台，"仅有洋炮五，且仅守前面，不能应敌之旁攻"，驻台军队"不知纪律，只知要钱"，"虚冒疲滥"，"勇借官势生事扰民，嫖赌洋烟是其惯习。忽勇忽盗，查办綦难"。③ 甚至台湾驻军将领之间也是矛盾重重，派系林立，互相掣肘，"镇道不和，势同水火"④。而台湾的军事部署更是存在问题，全台共40营官兵，号称2万余人，但装备落后，海防炮台很少，火炮陈旧、射程不远、威力甚小，虽有水师之名，却无船只。在兵力部署上，40营官兵中有31营驻防在台南，台北仅有9营驻守。而此时的法舰早已在台湾的很多港口游弋，尤其是基隆港口海面已泊法舰数艘，台南之安平、期后各海口均有法舰窥伺。⑤ 为了合理调整台湾军力部署及海防格局，刘铭传立即着手进行布防调整，特别是增强了基隆和淡水的防卫力量。他以新从台南调来的章高元2部营兵力扼守八尺门高地和

---

① 《清德宗实录》卷一八三，光绪十年五月乙亥。
② 《中法战争》第5册，第409页。
③ 《法军侵台档》第25页。
④ 《法军侵台档补编》第15页。
⑤ 《刘壮肃公奏议》第217页。

六、台湾保卫战

东岸炮台;以曹志忠部6个营的主力扼守田寮港附近高地,并分出一部分兵力扼守八斗子附近海岸;以杨洪彪部1个营扼守西岸仙洞高地。除封锁航道外,还在北岸兴筑两座炮台,封锁港口及海滩。刘铭传驻扎于台北,并于此处设团练局,招募乡勇,加强力量;同时,清政府雇用了德国商船"万利"(Wille)号向基隆和淡水补充弹药军械,但因为法国军舰在东南沿海的阻碍,在淡水卸下一部分军火后,到基隆遭法舰重重阻挠,该船被迫退回;① 又在上海设立台湾军械粮饷总局,委苏松太道道员负主持,负责筹备战争事宜。②

法国侵略者首先选中了基隆作为侵略台湾的突破口,制定了"摧毁基隆的炮台,并占据附近的煤矿工场"的目标。③ 基隆在台湾北部,人口约有万人,不仅有蕴藏量极为丰富的优质煤炭,繁荣的商业和贸易,以及收入巨大的关税,而且还有天然良港基隆湾。但在当时,基隆的防卫在全台湾来说是最差的,攻下基隆可以对攻占台北府乃至整个台湾产生巨大的影响。所以,一直以来,基隆都是兵家必争之地,"全台防务,台南以澎湖为锁钥,台北以基隆为咽喉"④。更何况,"法舰以煤为命"⑤,若"不得基煤,万难用兵中国"⑥。基于如此之考量,法国政府命法国舰队副司令利士比负责执行这一阴谋。法国的狼子野心已是路人皆知,当时清政府已看到了法国人的阴谋,指出"基隆一为所袭,煤利彼更扩充,洋船有恃无恐,自在游行,更不可制。况基隆地属台北,波浪尚平。由台北以窥台南,可免澎湖诸险。是基隆之关系,即全台之关系,得失之数,所当豫筹"⑦。

六月十二日,曾国荃与巴德诺的谈判终止后,法国舰队副司令利士比很快便接到了巴德诺要求攻占基隆的命令。次日,利士比乘"鲁汀"(Lutin)号战舰离开闽江停泊地,前往马祖,于此处得到法军旗舰"巴雅"(Bayard)号所给予的煤炭补给,并将船上的兵士转移到另一艘开往

---

① 《申报》1884年8月16日。
② 连横:《台湾通史》第283页,商务印书馆,1983。
③ 《中法战争》第3册,第540页。
④ 《刘壮肃公奏议》卷三,第2页。
⑤ 《中法战争》第4册,第193页。
⑥ 《中法战争》第5册,第531页。
⑦ 《法军侵台档》第1册,第52-53页。

基隆的法舰"拉加利桑尼亚"（La Galissonniere）号上，当日傍晚时分与"鲁汀"号一起出发，于次日上午 11 时左右抵达基隆湾港口，与之前游弋在此处窥视基隆的"维拉"号会合。"拉加利桑尼亚"号系大型舰船，至基隆港口时因吃水太深无法进入港内，停泊在距离基隆新炮台 900 米处，用左舷的大炮对着该炮台，同时用舰尾大炮与停泊在基隆东海岸口炮台 120 米地方的"维拉"号左舷舰炮对港口西的炮台形成掎角之势。而"维拉"号左舷所对的基隆港口西岸的炮台只装了 3 座口径 180 毫米的滑膛大炮，"维拉"号能很容易地压制港口的炮台，并可以很准确地击中炮位。①六月十四日，一切准备就绪后，利士比率军舰和兵士 400 余人闯进基隆港，派其副官雅克米埃（Jacquemier）向基隆港守军指挥官苏得胜、曹志贵发出"劝降书"，要求中国守军交出基隆城及所有的防御工事；广发告示，欲安民心；同时知照外国人及港内停泊的商船。

  面对法国军舰的恫吓，中国守军并没有屈服，还特别加强了战备。翌日晨 7 时半，利士比发出侵略基隆的命令，"拉加利桑尼亚"号桅杆上升起了第一组令旗，法军立即进入战斗状态。8 点整，法舰开火，攻击岸上的中国守军。中国守军英勇还击，社寮岛新炮台第一排炮 5 发炮弹就有 3 发炮弹击中法军战舰。但因为炮弹威力较小，更重要的是大部分炮台设计不尽合理，"炮台有前洞，无后洞，若法人将炮悬至桅上，在后面、旁边攻打，炮台不能还击"②，所以没有使法舰遭受重创，炮弹只是落在了船垫板上或打穿了法舰的船壁。利士比命令兵士减缓攻击速度以提高射击的命中率。法舰的猛烈轰击对驻守的清军造成了重创，炮台被击中，弹药库起火爆炸，大火蔓延，一直烧到邻近的村庄。法军约 200 人乘小艇登陆，占领大沙湾附近高地。守军营官姜鸿胜指挥部下进行了顽强的抵抗，当他们驻守的炮台遭到法舰攻击时，守军指挥官章高元、苏得胜各带 100 人隐伏于炮台墙外壕沟中，伺机反击，得知炮台和火药库被毁，才被迫退出。法军登陆后，将清军驻守的工事全部炸毁，并准备于次日继续进攻。双方交战持续了 1 个小时，清军伤亡颇重，"伤亡弁勇六十余人"③，而法军却

---

  ① 《中法战争》第 3 册，第 541 – 543 页。
  ② 王彦威：《清季外交史料》卷四三，第 24 – 25 页。
  ③ 《刘壮肃公奏议》卷三，第 5 页。

六、台湾保卫战

无一伤亡,据利士比向其上司的报告,军未损一兵一卒。① 鉴于法国军舰火力强大,刘铭传决定避敌优势,采取诱敌深入的方式进行近战歼敌,传令守军立即撤出防御工事,退入后山,以曹志忠率部守田寮港东西高地,阻止法军追击,待其脱离港口军舰的火力支援范围后,便进行反击。当晚,由于大雨倾盆,法军无法行动。

十六日下午2时,利士比派雅克米埃率部分人前往基隆侦察城区情形,包括周边的防御阵地,另一队在大沙湾附近占领制高点。大约有200人的法国侵略部队向扼守田寮港西边高地的清军曹志忠部逼近,在港口海面上的法国炮舰的支援下开始向守军疯狂地发动进攻。曹志忠命人率一部分士兵坚守阵地,自己则率属下王三星等200人出战,双方战斗十分激烈。刘铭传见此情形,认为反击的时机已到,立即决定全面反攻,令提督章高元和苏得胜率部从东面、邓长安从西面,两路包抄法军。打阻击的曹志忠见东西两路反攻,大受鼓舞,乘法人撤退之际率部奋起追击,顿时对法军形成了三面夹击。法国侵略者见清军反攻,急忙顽抗,在1个小时内组起了匆忙的抵抗。但清军从3个方向围来,人数越来越多,最近的距离不过数百米,并逐渐收缩包围圈,杀声震天,让敌人惊慌失措。面对汹涌的清军,法国人争先恐后地向海滩撤逃。这次进攻攻破了法国人登岸后所筑的营垒,缴获洋枪数十杆、帐房10余顶、法国军旗2面,打伤敌军11人,击毙2人,以清军胜利而暂告结束,大挫法国侵略者的锐气,大鼓清军志气。清政府得捷报后大喜,传旨嘉奖"刘铭传调度有方,深堪嘉尚,著交部从优议叙",并"拨内帑银三千两以劳军"。②

法国人进攻基隆失败后,反而借口基隆事件向清政府发出要挟,继续讹诈清政府,索要之前提出的巨额赔款,但清政府并没有立即答应他们的无理要求。法国夺取台湾作为担保的计划落空后并不甘心,立即调转枪口把侵略的目标转向马江。法国人从基隆撤退后,刘铭传并没有感到一丝轻松,他清醒地认识到"法人自入中国以来,未经此败,势岂能甘?必将增兵增船,一雪斯耻"。特别是对法国人千方百计地要侵占基隆更是一针见血地指出:海上一旦发生战事,"香港、日本皆以公法所关,不能济敌船

---

① 转引自黄振南《首次中法基隆之役考》,载《大同高专学报》1997年第2期。
② 《中法战争》第3册,第152页。

煤炭；惟基隆煤矿久为彼族觊觎，以故声言攻取"。① 为此，刘铭传不仅增强防御措施、加强战备，根据地理形势将防守部队部署于基隆后山，以山为屏障，阻挡敌舰大炮攻击；还为了不让法舰得到煤炭供应，下令拆除基隆煤矿，将厂房和1万5千吨存煤予以销毁，并将所有机器设备进行了转移。②

在基隆的布防上，刘铭传的战略设想是退出基隆，守后山阵地，在淡水构筑强固工事，保护囤积军用物资的台北，然后伺机与敌进行决战。刘铭传曾多次将其战略设想向清廷进行了奏报：当时法国人的军舰集聚于港口，基隆炮台已被其尽数摧毁，"臣深见敌人船坚炮利，巨炮环布铁船，非避开船炮，纵得基隆，终难据守"。因此，需要放弃基隆，分一部分兵布防于基隆后山，其余则退守淡水。淡水是基隆的后大门，距离囤积军用物资的台北30里。刘铭传接受了部属李彤恩的建议，在淡水港口沉入大船，以塞住进口，同时在港口布满水雷，以阻挡法舰进入。刘铭传在上奏中说，在这种情况下，"不得不退居沪尾，添筑炮台，另筑土墙，深挖壕窟，隔山坚守，以劳敌师。隔山则巨炮不克移攻，登岸则坚船已归无用。非若死守基隆，胜算可自操也。沪营既定，复购外洋枪炮、水雷、浮桩，分投密布，一面沉船载石，填塞口门，然后坚保沪防，拥护台北府城，固全根本"③。但是刘铭传的这种战略考虑既没有得到朝廷的理解，更没有得到当时驻守将领和百姓的理解，他还一度被误认为是贪生怕死之辈而遭到弹劾。台湾兵备道刘璈也向督办福建军务的左宗棠密告刘铭传放弃基隆的投降行为，左宗棠得到密禀后立即上奏朝廷参劾，其他官员对于刘铭传放弃基隆的看法都是认为他胆怯害怕，"论者前后数十疏，诏旨切责，有谤书盈箧之语"④。台湾百姓更是对刘铭传放弃基隆的战略误解甚深，有民众曾当众堵路，将刘铭传从轿子中揪下来进行殴打和谩骂，场面一度失控。据英国人当时的记载："刘爵帅退至板加的地方，该地人民怒而围之，捉爵帅发，由轿中拽出肆殴，并诟之为汉奸、为懦夫。"⑤ 百姓的这种行

---

① 《中法战争》第3册，第145、141页。
② ［美］马士：《中华帝国对外关系史》第二卷，第398页。
③ 《刘壮肃公奏议》第235页。
④ 《刘壮肃公奏议》第77页。
⑤ 《中法战争》第6册，第192页。

六、台湾保卫战

为体现出了台湾人民反抗侵略热爱祖国的热忱和决心。防守基隆的官兵也是坚决反对放弃基隆的决定。刘铭传属下两位得力干将孙开华和章高元，刚开始得到撤退的命令后都坚持不服从，誓与基隆共存亡。刘铭传先令孙开华从基隆撤防，"退回沪尾地方，孙不遵，回言，吾今誓死于吾汛地内矣"。① 而章高元则是以死相谏，要求坚守基隆，不能让出半步，恳求刘铭传收回撤退的命令。最后，刘铭传顶住各种压力，坚持完成了他自己的战略布局。事后证明，他的做法是正确的。

六月二十一日，鉴于台湾的严峻防守形势，刘铭传向总理衙门电告求援：台湾"海外孤悬，信息不通，兵单器缺，茫无措手"，请求火速增援，以抵抗外侮。清廷接到刘铭传的奏报后立即做出了反应，先后颁布命令给东南沿海督办防务的各大臣，以使其全力支持台湾抗法。首先电告办理广东防务的钦差大臣彭玉麟，命令他："法人注意台湾，传闻有复踞基隆并扰澎湖之说，台南北均形吃重。著彭玉麟等速拨吴宏洛五营或他军，携精械航海至旗后上岸。该尚书等力顾大局，必能妥筹援应，迅赴戎机，以后并当设法接济军火。"之后又分别电令两广总督张之洞、两江总督曾国荃，要求他们全力协助，不可稍存畛域："顷闻孤拨兵船要出闽口，求我兵船暂离开，以存体面，伊有急救东京之信。该洋船设词赴越，实必赴台。台防紧要，粤省有铭部，务速饬运兵械援台。"七月初三日，军机处再次电令李鸿章等大员，命令李鸿章、曾国荃各拨兵船两艘，赶赴闽省，运送铭军旧部和章高元旧部赴台。七月初六日，清政府正式颁布宣战上谕，宣布与法国正式开战："沿海各口，如有法国兵轮驶入，著即督率防军，合力攻击，悉数驱逐。"②

虽然朝廷一再谕令各相关大员督抚们要全力支持和协助台湾抗法，但令人遗憾的是，各个大员因为各种利益关系并不认真贯彻清廷指令，总是找出很多借口予以推脱、拖延，阳奉阴违。南北洋水师为了保存实力，互相推诿，害怕遭到法国军舰的重创。船政局调拨给南洋水师4艘军舰，希望南洋水师赴台支援，然曾国荃部下"管驾、水手久居沪上华丽之地，不居船内，惧涉风涛，游惰已成习惯"，皆不愿前往台湾援助。为此，刘铭

---

① 《法军侵台档》第 217 页。
② 《中法战争》第 5 册，第 488、507、508、518 页。

传曾专门上奏，恳请清廷饬令曾国荃督促军舰速速赴台援助。① 然而由于法国军舰的封锁，大陆有限的援助很难通过正常的途径抵达台湾，在刘铭传的请求下，清廷采取雇用民间商船、悬挂外国国旗、夜晚偷渡和绕道东南海岸登陆等运送方式冒险援台助战。② 即便如此，大陆对台湾的援助仍然十分滞后，无论是兵力还是财力，不仅数量非常有限，而且在时间上还无法得到保证，难以对刘铭传的台湾防务建设形成有力的支持。第一次基隆之战后，刘铭传向清廷请求的援军，由于种种原因，一直到八月初一日，第一批200余人才在铭军旧属刘朝祜率领下抵达淡水，第二批300余人于初九日自新竹登陆，但在几天后打响的战事中仍未能按照刘铭传的要求及时赶往台北。此外，台湾防守将领因出自不同派系，他们之间也存在矛盾，如刘铭传与台湾兵备道刘璈之间就存在这样的矛盾，甚至演变成日后的互揭和互参。将领之间的不和与矛盾对台湾的防务安排和军事部署有很大的掣肘作用。在兵力不足的情况下，刘铭传向驻守台南的刘璈发出协防命令，请调台南守军急赴台北，但非常不顺利，"调台南两营，廿余日始到一营"③。如此的布防效果使得刘铭传认为负责台南防务的刘璈是在故意拖延，遂上疏奏请调淮系将领周盛波赴台南办理防务，代替刘璈。④ 两人之间的关系更加紧张。

第一次侵略失败后，法国人并没有放弃抢夺基隆的野心，而是做了更多的战争准备。法国政府根据利士比"2000人足可以占领基隆"的报告，决定增兵基隆，从越南西贡等地的法国侵略军中抽调出1800人的部队，同时还增加了转向式机炮和几门阵地炮，弹药配备双份。八月初十日，法国军舰从马祖澳出发，进攻台湾。孤拔自率8艘战舰进攻基隆，副司令利士比率4艘军舰攻击淡水，企图在得手后两路合击，攻占台北。此时，清军已在通往淡水大路的南面各山峰和西南方的高地上筑起防御工事。在大路西面有一高岭叫狮球岭，此岭居高临下，山脚下可以直至大海，系此地的制高点，也成了法军登陆后首先必须攻占的要地。法军打算攻占此处后设置炮台，然后向周边的清军进行炮击，步军则沿岸边的山脊绕过港湾偷

---

① 《刘壮肃公奏议》卷三，第4页。
② 吴玫：《杨昌浚与台湾建省》，载《台湾研究集刊》1989年第2期。
③ 《中法战争》第5册，第529页。
④ 《中法越南交涉档》第2746页，台湾"中研院"近代史研究所，1983。

六、台湾保卫战

袭清军，同时海面上的战舰可以用大炮进行炮击，支援步兵的行动。十二日上午9时，孤拔率舰队抵达基隆港口海面，加上之前一直停留在此的3艘法舰，共11艘。孤拔做了一番侦察后，决定于十三日登陆。法军登陆部队由海军步兵大队和炮队各3队、宪兵和工兵各1队，以及一批来自西贡和海防的民夫和苦力组成。

十三日早上6点，法国步军开始乘小艇登陆。为了配合登陆，基隆港口海面的"巴雅"号战舰向狮球岭发出了第一炮，整个舰队紧随其后立即向同一个方向炮击，同时还向有清军驻扎以及有火力回击的各山峰开炮。6点半，法国步军按照其计划陆续登陆，登陆小艇并未受到攻击。法国600余人从仙洞登岸后，向清军驻防的阵地围攻而来，并先用大炮攻击。时清守军自八月以来"将士血战两月，日在炎瘴潦湿之中，病者十居八九……能战者不过千人，曹、章、苏等亲自搏战，誓死不挠"①。其中恪靖营营官毕长和带领兵勇百余人参战，往来厮杀，血战多时。在清军的顽强阻击下，上岸的法国侵略者竟然没有占到便宜，反而在遭到清军顽强抵抗后开始后撤。法军在后撤中迷路，被清军打死40余人、打伤60余人。②法国人再增兵力，并在海面舰艇猛烈炮火的掩护下强行登陆。不久，法军集中优势兵力从山头包抄，清守军不敌撤退。上午9点，法军占领狮球岭，并以山头为据点，与海上的法国军舰配合，用大炮猛烈轰击清军阵地。在敌人猛烈的炮火下，清军被迫退守二重桥。正当清军全力抵抗之际，利比士率领3艘法舰至淡水，与之前早已在此的1艘法国战舰会合。前敌营务处官员李彤恩见情势危急，不敢擅自作主，立即飞书给坐镇基隆的刘铭传告急。傍晚时分，刘铭传正在大营中与众将议事，当时议定：半夜之时，由曹志忠率5营编成4队，会同章高元军偷袭西岸法军军营。正当此时，刘铭传接到淡水的告急文书，同时截获英国驻淡水领事费里德和淡水关税税务司法来格的来信，称："法人十四日十点钟定攻沪尾，攻破沪尾之后长驱到台北。台北空虚，料难抵御。若台北有失，则全台大局不可问。以洋人论，则基隆重而沪尾轻；以中国论，则基隆轻而台北重。务

---

① 《刘壮肃公奏议》卷三，第8页。
② 〔清〕刘璈：《禀法船来基开衅炮台被毁暨十六日获捷各情由》，见《巡台退思录》，岳麓书社，2011。

请率师救沪尾,以固台北根本。"① 但是,在兵力和布防十分吃紧的情况下很难做到兼顾,基隆的防守战正在相持,在这种情况下不可能再从基隆驻防清军中抽调力量支援淡水,刘铭传遂飞调刚到新竹的武毅右军左营,立即赴沪尾助战。

晚上10点左右,淡水的第二份告急文书传到了刘铭传手中,李彤恩在书中说:"法舰已到五艘,沪口危在旦夕,台北郡城恐为敌有,请移师救援。"在这样的情况下,刘铭传决定"先其所急,移师顾后路",于是放弃了偷袭法军的计划,并从大军中抽调奋勇300人,与林朝栋土勇100人退守狮球岭,其余的则由他亲自率领准备从基隆撤退,向台北附近的锡口、艋舺一带集结。在撤退令下达后,所有的人都不理解。基隆通判梁纯夫当面建言:"若弃基隆不守,则基隆以达宜兰,而苏澳非复国家土地矣。况守基隆,胜于守艋舺。基隆不守,敌人即有立足之地,不独可以直下艋舺,且到处可扰。其关系大局,特非浅鲜!"基隆的百姓也上书请愿,恳请刘铭传不可放弃基隆:"思基隆为台北府城门户,最为扼要,门户一失,堂奥堪虞。且法人之所难得者,煤炭耳。今民炭任在搬运,海上之船从此有恃无恐,而脚踏实地,步步为营,长驱直入,水陆并进,凡台湾苍赤难免遭殃。""况台湾为海外重镇,如此一变,天下大局震动。凡有血气者,莫不捶胸顿足,号哭郊原,痛切剥肤,咸动公愤。"② 其部属大将们也不愿从基隆撤出,"左右皆以基隆必不弃,环跪而谏"。然而在法国人多点出击的情况下,刘铭传被迫选择"救一必弃一",在基隆和台北问题上,他不得不舍弃基隆而保全台北,"不舍基隆,台北不能保也"。最后,刘铭传除留了一部分兵力在城外要地驻守外,其余的则由其亲率撤向淡水、台北一带防守。

清军撤退后,法国人很轻易地占领了基隆。入城后,这些侵略者不但杀害了清军俘虏,甚至连无辜百姓也不放过。基隆失守的消息很快便传到了大陆,朝野一片沸腾。清廷最高统治者也开始慌了起来,不仅颁下旨意,严令刘铭传"基隆要地,岂容法兵占据? 著刘铭传乘其喘息未定,联络刘璈,同心协力,合队攻剿,并募彰、嘉劲勇助战,将敌兵悉数驱

---

① 《中法战争》第5册,第568页。
② 《中法战争》第5册,第564-568、566-570页。

逐"①。同时，还电令钦差大臣左宗棠、闽浙总督杨昌浚竭力保全台湾，令江南及闽粤各省派兵、运械速援台湾；为了配合台湾军民抵抗法军的行动，清政府采用了"攻其必救"的策略，令边境的清军猛烈攻击侵略越南的法国侵略军，企图将攻打台湾的法军诱回越南，以减轻台湾的防御压力。

法军占领基隆后，法国人很快便发现"据地为质"的战略并没有他们想象的那样有效，他们陷入一个进退两难的境地，"原希望对于基隆的炮击会使中国让步。反之，这次袭击并没有收到任何实际效果"。法国政府的计划眼看就要落空了，法国人更是觉得他们的侵略行为会徒劳无益。这个时候的法国"在基隆方面更多了一层困难，因为它不能放弃基隆的占领而不承认它的失败"，他们觉得若将基隆放弃，"会被人看作一种犹豫的征象，或是一种无力的告白，而这事非极力避免不可"。② 占领基隆的 3 支法国步兵大队陷于基隆一带无暇他顾。事后法国人承认，在基隆的法国步兵队若能抽调一队支援沪尾，那么"这样的一种增援机会特别使得利士比少将所担负的任务比较容易，不幸的是基隆方面须防范敌人反攻，而孤拔提督便不以为应当将如此有限的兵士放在一些情形不熟和准备不周的阵地上去冒险作战"③。

3. 清军淡水大捷

法军攻占基隆后，在中国朝野间激起了一股强大的反抗浪潮。总理衙门首先照会法国公使谢满禄，强烈指出法国"一面照请会商，一面攫取基隆，中外无此办法！查泰西各国兵争索款，事所尚有，断无阳为会商、阴

---

① 〔清〕朱寿朋：《光绪朝东华录》第 2 册，第 1814 页。
② 韦庆远：《论 1884—1885 年反法侵略的台湾保卫战》，载《台湾研究集刊》1984 年第 1 期。
③ 《中法战争》第 5 册，第 501 页。

谋蹜地之事！"① 并致电两江总督曾国荃，令其促总税务司赫德速北上来京协助会商交涉事宜。同时，照会各国驻京公使，指出：法国在谈判中无视公法，突袭基隆，若因此导致中法失和，咎在法而不在我方。试图请求各国的帮助。几天后再次照会法国公使谢满禄，措辞更加强烈地指出，法国"乘商办调停尚无复音之际，遽尔用兵攻袭地方，此岂大国用兵之办法？……此后有伤我两国睦谊并致损各国商务大局，皆贵国之所为矣"②。为了争取更多西方国家的支持，清政府命驻外使节向西方列强谋求帮助，如命驻英使臣曾纪泽前往英国外交部，要求英国确认法国的这次行动是一桩无理行动。然而弱国无外交，其他西方列强与法国本就是狼狈为奸、沆瀣一气，寻求他们的帮助只能是画饼充饥而已。而国内一些投降派、主和派却另有一套说辞，其中以李鸿章为首的一些主和派一直发出悲观的声音，坚持与法国媾和的立场，甚至建议清政府令驻法使臣李凤苞转告法国，清政府同意赔款以换取两国和睦相处之友谊。③ 但法国咄咄逼人的行为已让清政府无法再忍下去了，于是在主战声音的呼吁下，忍无可忍的清政府终于奋起抵抗，保卫领土和主权。因此，针对李鸿章的妥协基调，清政府断然否决，"此事中国理足，廷议佥难给津贴"④。清政府命令东南沿海加强防御的同时要全力支持台湾抗法。

　　第一次攻占基隆遭到失败的法军并没有甘心，除了梦想攻下基隆外还盯上了淡水。孤拔率战舰前往基隆之前就已经做好了军事安排，其中由其助手利士比率"拉加利桑尼亚"号、"凯旋"号、"德斯丹"号、"蝮蛇"号4艘舰前往淡水港，统一由利士比指挥，准备侵占淡水。然而刘铭传来台后对台湾防御做了一些准备，尤其在淡水，无论是港口海面还是岸上都已有了一定的安排和部署，因此，对法国人来说，想要侵占淡水港，需要清除清军已经部署好的各种海上障碍和火力点。孤拔认为，淡水的防御相对较薄弱，只要清除了港口内的障碍，法国军舰即可入港，进而一举拿下淡水城。他自己则率主力侵入基隆，一方面侵占基隆、消灭清军主力；另一方面也让基隆清军无法分援淡水，以利于法军攻占淡水。因此，在利比

---

① 《法军侵台档》第1册，第66页。
② 《法军侵台档》第1册，第75页。
③ 《法军侵台档补编》第51页。
④ 《法军侵台档补编》第60页。

六、台湾保卫战

士行动之前，孤拔便指出淡水的行动首先要摧毁能威胁淡水港内外锚地及航道的清军防御工事，如有可能再摧毁清军大炮；其次，法军"凯旋"号船上有4枚300～400千克的黑火药水雷，可以用水雷将清军设置的沉船等水中障碍炸毁，若不够用，孤拔还将派船拨送；最后，夺取清军水雷点爆站，然后将航道内的水雷逐一清除。①

此时，淡水的防御工事经过之前的部署已形成一定的规模，而且还在不断地修筑。据当时的记载，至法国人抵达淡水之日，1000名台湾民众正在公开地整日加紧修筑防御工事。工事由2个大堡垒组成，一个正在修建红堡，位于约40米的丘陵上，差不多可以控制整个港口海面，其中炮台上未见到大炮，不过从起重吊杆上可以看出正在安装，最后，原计划装备170毫米口径克虏伯大炮19门，实只安装3门；另一个堡垒则用土包筑成，筑于海滩上，从射击孔中可以看到大炮的炮口，扼守河道入口。②此外，守军在河流的沙洲内将装满石头的船只沉底，构成堤坝水障，坝外则布满水雷。

八月十三日上午，利士比按时率军舰停泊在淡水港外海面，尽可能选择水深处抛锚，离清军新筑堡垒3400米，离用土包修筑而成的白色堡垒约2500米，准备择机向淡水发起进攻。利士比首先通知停泊在沙洲内的英国炮舰"甲壳虫"（Scarab）号，并通过其告知在台欧洲侨民，法人将在24小时后进攻淡水的防御工事，欧洲人须至安全地带躲避。次日清晨6点35分，正日出之际，红堡中的清军先发制人，用刚刚装备成的3门大炮向法国军舰开火，却由于清军大炮口径较小，火力不强，虽有命中，但无法对法舰造成重创，只是把法国战船的桅杆炸成两截，或在船舱旁击成一大洞，其他别无大的损伤。利士比急忙组织抵抗，但当时是清晨日出时分，清晨的雾气阻挡了他们的视线，而且他们面对升起的太阳，属于逆光还击，强烈的阳光也对他们产生了视觉障碍，所以，射击命中率极差，反击效率非常低，刚开始时对清军基本没有威胁。③法国人也承认了当时的情形："中国方面当攻击的开始，是懂得利用我们不可能好好射击的时机的，当光耀的太阳出现在俯瞰城市和堡垒的群山上时，一阵浓雾完全把城

---

① 黄振南：《关于淡水之役的几个问题》，载《军事历史研究》1996年第4期。
② 《中法战争资料丛刊》第3册，第565页。
③ 《法军侵台档》第207页。

堡遮盖着，把它们掩藏起来，使我们看不见。我们的视线原已经为当面扑来的强烈阳光所妨碍。此外，又如晴天的早晨所常有的高度的折光现象在整个海岸出现，目标全都显得高起，以致我们的炮弹打得过远。半小时内，我们完全是无益地消耗子弹。"① 而这种情况在7点半后逐渐逆转，此时薄雾已经散开，东升的太阳也已南偏，法国人开始校正射击，并立即组织反攻。一开始，英舰"甲壳虫"号停在白堡的正前面，使得其他法国军舰无法对白堡进行炮击，很快，该舰沿淡水河上行改变位置，海滩上的清军白堡便很容易地被法舰"拉加利桑尼亚"号上的240毫米口径的大炮所击毁。而红堡中的清朝守军则给海面上的法舰造成了颇大的麻烦，他们以视死如归的勇气持续抵抗了1小时，直到所有的大炮被法国侵略者摧毁。从上午10点开始，清军的还击因为大炮的被毁而基本停止，法军还断断续续地向岸上的防御工事进行炮击，一直到下午4点才停止。法方除1艘战舰被清军大炮的几块弹片击中外别无损失，而清军的2座炮台遭到了重创，大炮也基本被毁，将士伤亡30余人。②

当晚，利士比命令水道工程师雷诺（Renaud）、水雷军官梅林（Merlin）等乘"蝮蛇"号向港内驶去，前去侦察航道。测量的结果是：涨潮时，港口内有相当的水深可以让"蝮蛇"号通过，仅有两三天水少除外，同时还察得航道内淤泥较厚，可能藏有阻止船只入内的铁链。十五日清晨，法军炮艇准备前往前一晚所侦察出的淤泥航道，进行较为详细的侦察，若有可能就顺便打捞水雷和铁链，同时还带上了2只小艇。正在此时，清军红堡有不少兵员出现，法国人为了侦察的顺利进行遂立即开炮，以140毫米口径的榴弹攻击。随带的2只小艇在"蝮蛇"号后保持100米左右的距离跟着，轻轻地打捞铁链，突然间一颗水雷在2只小艇前方约400米的地方爆炸，浪花喷射到空中，声音虽然不大，但亮光却非常耀眼。法国人受惊吓过后感到非常庆幸，因为他们发现守军弄错了距离，过于急促地在法国小艇进入水雷的爆炸范围之前就予以引爆。这让法国人更加确定，航道内布了水雷，守军对水雷的控制很熟练。对利士比来说，若先攻取水雷点爆站，扫除航道内的水雷然后再登岸，手中的兵力显然是不够的。利士比派出"德斯丹"号舰前往基隆，将淡水的情况以及他所拟订

---

① 《中法战争资料丛刊》第3册，第566页。
② 《中法战争资料丛刊》第5册，第567页。

六、台湾保卫战

的作战计划一并报给孤拔，以寻求援助。利士比甚至想让孤拔从基隆调来1个大队的海上步兵，帮助他完成清除水雷的任务。然而让利士比失望的是，孤拔攻占基隆后，所部在人数上仅足以维持他们已攻占的区域，无论如何也无法再抽走步兵了。最后，孤拔只能派出"杜居土路因"号、"雷诺保"号和"胆"号3艘战舰带着3队200名左右的海上陆战队援军于下午5点抵达淡水。至此，法国战舰达到7艘，兵力已达600人。利士比决定由"拉加利桑尼亚"号副舰长马丁（Martin）指挥这次行动，并于十六日开始登陆。按照计划，法国侵略者的这次登陆将由小艇运送陆战队在淡水河北岸的一个小湾处，马丁率部上岸后直攻清军红堡所在高地，然后再由红堡直下白堡。之所以选择这条线路，是因为法国人害怕在两堡之间的密林中行军会随时遭到中国军队的袭击。然而不凑巧的是，从十七日晚开始，海面上刮起了大风，一直到十九日仍没有停止。二十日，天气变好，海面风平浪静，登陆小艇可以直抵岸边，法国侵略者觉得这一天是他们的幸运日。但登陆指挥马丁由于风湿病发作，无法指挥登陆行动，最后改由波林奴指挥。

按照法国人的作战计划，登陆部分被分成5个大队，同时还有2个鱼雷艇小队，600名登陆人员每人携带1天的食物和16盒子弹，分乘各战舰派送的小艇及由"胆"号派出的平底驳船，于上午9点35分攻至淡水海滩预定的登陆地点。在港口海面战舰炮火的掩护下，侵略者非常顺利地登上了岸。上午约10点，法军开始正式进攻，在最前面的是"拉加利桑尼亚"号和"凯旋"号上的两支大队，其后右翼紧跟着"德斯丹"号和"雷诺堡"号上的两支大队，其后左翼则是"巴雅"号的一支小部队。法国侵略者刚刚组成战斗队形，便表现出缺乏统一指挥和团结力的不足，尤其是"巴雅"号上的这支法国侵略小部队，求胜心切，完全不遵循事前的军事部署，放弃了设计的行军路线，毅然决定走捷径，从利士比所担心的密林中通过。

自八月十三日以来，法国侵略者不断进行武力骚扰，清军守军已做好周密的部署和充足的准备。针对法国人的强行登陆进攻，清军设计了一路诱敌深入、四面埋伏，准备以优势兵力利用有利地形进行歼敌。清军提督孙开华亲率右营官龚占鳌埋伏于殷港，中营官李定明率部于油车设伏，令后营官范惠意为后应。而章高元、刘朝祜则各率所部设伏于北台山后，以防法国人偷袭台北府。营官李彤恩招募乡勇张李成1营设伏于北路山间。① 清军各部连日埋伏于密林中,不敢稍歇,将士同仇敌忾,只等法国人自投罗网。② 清军约4000人,人数上是法国侵略者的数倍,张网以待。清军在海边设羸弱兵数百人,法军一登岸,他们便佯败后撤,诱兵入有埋伏的密林中。此时,右营官龚占鳌已命部偃旗息鼓躲藏于林中,驻守以待。不久,法国人果然向右军方向扑来,直逼营门。此时大约是10点10分,进入丛林中的第一批法军首先遭到了清军的迎击,双方开始交火,一开始的枪声不是太大,规模不大,法国人从远处军舰上只听到零星的"砰砰"的枪声,看到一道小小的青烟从树林中升起。继而清军开始以短兵接战,法国人前队的枪炮无法施展,只能以剑相拒。法军后队见前队被袭,遂以枪炮来援。此时数量众多的清军从红堡后面的工事和营地中蜂拥而出,并迅速向法军的两侧移动。清军左营即出奇兵直冲入法国部队的中间,将法军从中截断,使其首尾不能相顾。提督孙开华率中军营截断法军后路,准备对法军形成包抄。而驻扎于税关的500名土勇由统带张李成率领,听闻法军来袭后立即前来助战。③ 眼见此状,为了掩护上岸的法军不致陷入包围,法国的军舰立即向对法军逐渐形成包围的清军拼命地发射炮弹。但清军并没有被吓倒,法国人发射的榴弹无法阻止清军的行动。④

法国登陆指挥波林奴命令一个大队立即前往支援,另一队从左翼支援。由于战斗非常激烈,尤其是清军人数众多,对法国侵略者形成一定的压力,法国军队只能用连续的射击来进行抵抗。在混乱中进行的射击,因法国人缺乏镇定而可能在刹那间成为一种无意义的枪战。波林奴担心如此下去很快便会将弹药耗尽,遂下令降低射击速度,以便提高射击精准度。但传令兵头部受伤,命令无法快速传递给每个士兵,只能通过口头慢慢下达。更重要的是"一进入灌木丛,各连之间甚至各排之间彼此都看不见了。在这种情况下,无法统一指挥"⑤。但是在清军排山倒

---

① 《刘壮肃公奏议》第176页。
② 《述报》卷七,第223页。
③ 《述报法兵侵台纪事残辑》第84页。
④ 《中法战争资料丛刊》第5册,第570页。
⑤ 转引自黄振南《关于淡水之役的几个问题》,载《军事历史研究》1996年第4期。

六、台湾保卫战

海般的袭击面前，法军完全丧失理智，不顾波林奴的命令，拼命射击抵抗，期望不被击倒。从白堡中冲出来的清军迅速将法军右翼包围，双方从一开始的猛烈枪战，到后来展开了白刃战。法军左翼眼看也要陷入清军的包围之中。战斗进行到上午 11 点半时，法军伤亡迅速增多，登陆的几个大队的小头领被清军击伤，所携带的弹药也快要耗尽，部分法军开始向海滩撤退。随着迅速增加的法国伤员被纷纷运送到海滩，越来越多的没有受伤的法军也开始向临近海面的低洼沙丘及海面的运输小艇跑去。11 点 45 分，一个法国水兵舵手爬上港口灯塔的石山上，向港口上的法国军舰发出手势信号："我们被逼后退，没有军火，损失严重。"①

波林奴眼看实在无他法了，唯有拼力一试，于是下达了冲锋的命令，但此时法军除了伤员外还有部分士兵已经撤退，能继续作战的实在不多，阵线根本无法再向前推进，且离他们战前所设定的目标还有很大的距离。清军对法军的左翼发起了猛烈反攻，另外还有几小股清军从左侧山丘上陆续冲下来，他们冒着法军舰艇上发射的炮弹，将法国最先进入丛林的一小队切断，而右翼法军已基本逃回海滩。波林奴深知无法再组织抵抗，若不及时撤退处境将会十分危险。中午 12 点左右，波林奴命令所有法军迅速撤退。最先撤退的是"拉加利桑尼亚"号和"凯旋"号上的两支队伍，因害怕被清军追击，于是边退边向后放枪。等法军退到海滩时，海面上的风浪大了起来，运输小艇根本无法靠岸，此时要想撤退只能蹚过深至颈部的海水上小艇，这对毫发无损的法国人来说没有多大困难，但是对那些由人抬着的伤员来说就不同了。法国人害怕他们在登艇的时候清军追击而来，将会面临灭顶之灾。这时法国军舰中吨位最小的战舰"蝮蛇"号慢慢靠近海岸，试图用其 100 或 140 毫米的榴弹炮为法军的撤退做掩护，开炮乱轰。因急护败兵，自伤小艇 1 只。在法军的撤退过程中，"其逃亡上小船者又因潮涨风狂，覆去四艘"，而清军也没有紧追，只是远距离射击。在"蝮蛇"号的掩护下，下午 1 点 10 分法国军队全部撤离海滩。有的法国士兵在撤退中为了快些逃命，甚至将伤员抛弃。其中一支部队的头领方丹（Fontaine）因脚部受伤无法行走，由 3 个法国手下抬着落在撤退队伍的最后面，而藏在林子中的清军等他们走过时，用装有长柄的铁钩钩住了

---

① 《中法战争资料丛刊》第 5 册，第 570 页。

法国人的衣服，有 1 人侥幸逃脱，其余 3 人被捉住后就地处死。"凯旋"号登陆队头领德荷台胸部中弹，虽然被强行抬回法舰，终因伤重而毙命。

这场激烈的战斗最终以清军的胜利而结束，法国侵略者伤亡如下："拉加利桑尼亚"号被击毙 9 人、伤 9 人；"凯旋"号毙 4 人、伤 17 人；"杜居士路因"号伤 4 人；"雷诺堡"号伤 7 人；"胆"号毙 2 人、伤 4 人；"巴雅"号伤 3 人；"德斯丹"号毙 2 人、伤 5 人，总共被击毙 17 人，伤 49 人。① 其中 9 个被击毙的法国侵略者的首级先是被悬挂在清军营房附近示众，然后被抬着绕着淡水城内大街小巷游行。如此"残忍"，让在淡水的外国人颇为震惊。在停泊在淡水的英国军舰"甲壳虫"号舰长的交涉下，这 9 颗人头最终得以下葬。而清军虽然战胜了法军，但由于武器落后等原因，人员伤亡反而比法军多，据估计约有 300 人。②

关于这场战争的激烈状况，双方参战人员事后都有记述，而当时作为第三方的淡水关税务司英国人法来格则详细描述了他的观战经过。他说："法兵登岸约在六百名、八百名之间，连战四点钟之久。时孙总镇率兵一千二百名并土勇二百名，力将法兵御退。……法兵进至枪弹可及华军处施放枪弹，旋即退去，一任华兵冲出。……缘时华军张两翼而进，胆力坚定，步武整齐，不少退缩；以来复枪夹攻法兵，连施不绝。……法兵皆持来复枪，并多带有轮旋施放之新式炮，加以船皆开炮相助，乃力战四点钟之久。法军终不获已而退。此时尚皆竭力携扶死伤回至诸小船内。华军尾追至岸时，法船向华军开炮，反自毙法兵数名，并自击沉二小法艇。至过午一钟半时，战事皆毕，岸上遗有二十法兵尸。……闻此战华民大有踊跃兴起之势。"③

"淡水大捷"令慈禧太后大喜过望，整个清王朝也犹如打了一针兴奋剂一样。清廷大肆犒赏有功将士，刘铭传于光绪十年九月十一日（1884 年 10 月 29 日）"补授福建巡抚，仍驻台湾督办防务"④。其余有功之臣如李彤恩、孙开华、张李成、章高元等，也皆有封赏。

---

① 《中法战争资料丛刊》第 5 册，第 571 页。
② 关于清军和法军在此役中的伤亡人数，有多种说法，黄振南先生就此做过较为详细的考证，本文赞成黄先生的观点。
③ 《法军侵台档》第 218－219 页。
④ 《清德宗实录》卷一九三，光绪十年九月壬子。

六、台湾保卫战

淡水之战的失败是对法国侵略者的一次沉重打击，大大挫伤了侵台法军的士气，让法国人留下了难以抹去的阴影。"这次的失败，使全舰队的人为之丧气"，而清军因之而"军威大振"。淡水一战，坚定了台湾军民抗法保台的决心，鼓舞了全国反抗法国侵略者的信心，同时也让法国人企图迅速占领台湾北部，并以此要挟清政府的美梦落空了。

4. 反封锁战

淡水大败后，侵台法军总头目孤拔曾经不可一世的嚣张气焰遭到了一次严重的打击，其占领台北府的战略企图化为泡影，而所强占的基隆一地也让其陷入进退两难的境地。台湾的节节失利让在上海的法国谈判代表巴德诺寝食难安，他原指望占领台湾后，以此作为要挟清政府的本钱，却不料陷入了尴尬的局面。

孤拔在给法国内阁总理茹费理的汇报中提出："我放弃占领淡水埠口，因为我们军队员兵，仅勉强足供基隆之用；我打算由外面停泊处或由外海予以封锁。我向政府提议封锁台湾府与打狗港各海口，及该海口与基隆间的全部台湾西海岸；最急要的是使基隆不能接到任何援军；如政府赞成此计划，我即将八至十艘军舰拨归利士比海军提督指挥，以充执行此计划之用。"① 法国的谈判代表巴德诺也赞成孤拔的阴谋，认为"台湾封锁，似有必要，盖可以防止中国援军的接济，且对于阻止我们失败的消息传播到中国去，亦属有益"②。

光绪十年九月初二日（1884年10月20日），法军侵略军司令孤拔在获得法国内阁授权和认可的情况下，宣布法国远东舰队将于10月23日（农历九月初五日）封锁台湾岛的北部及西部各港口及停泊地，发布文告如下：

---

① 《中法战争》第7册，266-267页。
② 《中法战争》第7册，第265页。

法国远东舰队总司令、海军中将

依据我们的权力，兹宣告如下：

1884年10月23日将发布命令：台湾岛沿岸包括自鹅銮鼻（或南沙岬）至苏澳之间，由西向北（上述地点之位置为：前者北纬21°55′，东经118°30′；后者北纬24°30′，东经119°33′）之全部港口及停泊地将被我们所指挥之法国海军实行封锁，所有友好国家之船只必须在三天之内装载完毕并离开封锁区。

我们对任何企图违反上述封锁之船只皆将按国际公法及有效条约采取行动。

      孤拔（Courbet）

  1884年10月20日，于法国铁甲舰"巴雅"（Bayard）号上①

孤拔派出6艘军舰封锁基隆海面，以3艘封锁淡水海面，以1艘停泊于马祖，以2艘往来于基隆、马祖间。遇到民船立即进行搜查，其他国家的船舰若携带书信，法国人皆令其"露封传递"，不能带有中国文字的文报书信等物。②为了能够从香港获得补给，法国人此时不愿公开得罪英国，承诺不在公海搜查和禁止船只。③孤拔及法国政府对他们的禁海之法得意扬扬，认为此法有助"当我们愿意时，可以恢复谈判。它使我们有权对中国采取一切战争措施而不必宣战；因而也可使英国不致宣告中立，而不让我们船舶进入其补给港及碇泊港，如香港和新加坡。并使我们有权捕获那些悬挂中国旗的船舶"④。法国侵略者企图用"封锁台湾"之法达到"一举两得"之效：一方面是对台湾岛所有港口施行封锁，一概"断截各项来往"，以此来围困台湾，迫使台湾向其投降，从而破解他们当时所处的尴尬之境；另一方面是封港必然影响到英国的利益，以此迫使英国向中国政府施压，让清政府向其投降。法国的意图已在英国人的意料之中，当

---

①《〈英国议会文件〉有关法军封锁台湾的信件选译》，载《福建文博》1985年第1期，第213页。

②《中法战争》第6册，第205页。

③ 广西社会科学编辑部编：《中法战争史专集》第80页，广西人民出版社，1986。

④［法］卡诺（E. Carnot）著，黎烈文译：《法军侵台始末》第37页。

六、台湾保卫战

时英国人就指出:"这些封锁在英法两国之间制造了越来越多的摩擦,其目的大概是损及英国的利益,以使英国对中国施加压力,迫其让步。"①很快,这份通告传达至各国驻台湾领事手中。二十二日,英国驻淡水领事将法国封锁之消息传达给淡水的外国人:"法国将自明天起封锁全台,允许所有中立国船舶于三日内完成装卸货作业之缓冲时间。"②

法国侵略者宣布封锁台湾后,对台湾海面上的民商船肆意焚掠劫杀,给中国军民造成了巨大的损失。这些法国军舰"日事游巡,逢船搜劫,见人击杀"③。据记载,十一月初五日,有法船一只停泊新竹油车港,并拖带商船一只。另一艘商船已被法船开炮轰坏,搁在浅水之中;船上血迹淋漓,并有青菜、酒坛等物。嗣据泗水逃跑的水手蔡连升供称:"该船名陈合发,载运木板等物,自福建来台;在红毛港被法船轰毁,焚烧殆尽。人尽死亡,仅存船底而已。"十一月十六日,金合兴、晋江、金捷美等商船四、五号暨北路驳货船,统计大小十余号,在后南澳地方遇法船,尽遭焚毁,船中舵水、搭客无辜受戮,或遭剖腹,或遭割首等。十八日未刻,有法船一只游弋红毛港上之泉水空港。适遇竹堑郊行商船一号(船名:金妆成)由泉州运载面线、纸箔杂货,又有头北船一号,均被法人开炮,尾追莫及。又见随后有商船二号,已被法船赶上牵去。而法船又将龙皂渔船内捕鱼者共 16 人尽行掳去,而空船放之。④

清军在抵抗法国侵略者的过程中损失非常巨大,"淡水大捷"虽然暂时打退了法国侵略者,但台湾岛内的防御形势愈发严峻,处境更加艰难。光绪十一年(1885)九月初五日,刘铭传向朝廷奏报了台湾的窘境:"闻各船不敢再装兵械,无复有接济之望。官绅坚请添招土勇数千,以辅兵力不足。毫无器械,乌合之众,万难御敌,饷款益绌。现台南库存,据台湾道报称,仅敷目前之用。""台北所存不足十万,以台北之出入之数计之,不过仅支一月。台北关税厘金,因军事日紧,丝毫无收,过此以往,即成

---

① [英]季南著,许步曾译:《英国对华外交(1880—1885)》第 97 页,商务印书馆,1984。
② [英]拖德著,陈政三译:《北台封锁记》,第 71 页,台湾原民文化事业有限公司,2004。
③ 《刘壮肃公奏议》第 185 页。
④ 《法军侵台档》第 348 页。

罄竭。前尚恃有沪口一线之路，少通消息；以后商船日少，信也难通。"①法国人宣布封锁台湾后，台湾岛内的情况变得十分严峻和艰难。九月二十一日，厦门提督彭楚汉向清廷奏报，由于法国侵略者的封锁，台湾与厦门之间的通信也难以进行，更不用说是运送兵丁和器械了，支援台湾已十分困难，"此间商船因法船在台，均不能渡，纵有重价，无船可雇；现在即搭商船，改装换色，亦不能往。……商民船只均要搜查，如有夹带官印封套者，即拆阅数处。……现法阻各船，不准渡台，各轮已不载往，将来文报亦塞不通"②。由于台湾与内地远隔重洋，平时轮舶往来，文报尚多迟滞。"自马江一战，官轮告罄；法逆封口，商轮亦绝。现在虽有台湾自购'平安'旧轮勉借英国旗帜，冒险往来，渡送兵勇；而英领事自法逆二次封口，奉英国廷命应守局外公法，尚在揞给船牌。现在仍饬赴澎渡勇，又赴香港运军械，均系托词办理；尚不知能否得达。往来商、渔各船屡被法逆轰击，受害甚惨；民间视为畏途，不肯受雇。"③

为了粉碎法国侵略者的封锁阴谋，九月二十二日刘铭传先后给朝廷发出了请饷、请械、请兵的奏请，他在折子中指出了台湾防守的艰难之状，"土勇已募五千，无器械……军士疫疠不止，日有死亡，能战者不足三千人，敌势甚大，传同将士惟拼死守，保一日是一日。现在洋火药已缺，食盐无来……饷路亦阻，台局不堪设想，可为痛哭云云"④。刘铭传的奏折还没有设法送抵京师，清廷便已经就法国的封锁开始讨论对策了。早在九月十九日，慈禧太后令文武百官就办理台湾军务之事在五日之内拿出办法。经百官商议，清廷就台湾的军务情况谕令刘铭传采取"就地取材""以台保台"的策略为主外，另一方也在积极向其他西方列强寻求支持，并从中调停，同时在越南继续采取军事行动，以减轻法军对台湾的军事压力。二十二日，德宗发布上谕，补授刘铭传为福建巡抚，仍驻台湾督办防务；敕令刘铭传晓谕台湾士绅，令其竭力助剿。同时要求沿海督抚伺机渡海援台，因台湾军火缺乏，令李鸿章、曾国荃、张之洞、杨昌濬、倪文蔚设法接济。一定要遴派精细员弁，妥为运解，或由外国商船受雇包运，给

---

① 《中法战争》第 5 册，第 579 页。
② 《中法战争》第 6 册，第 2 页。
③ 《法军侵台档》第 347 页。
④ 《福建省志》之《清记》第 19 卷，第 16 页。

六、台湾保卫战

予重价，并著妥为筹办，毋稍膜视。① 二十四日，军机处寄令刘铭传"就地取材"，对台湾岛内的士绅要"婉词劝勉，借饷办团，以大义感动"。同时，几次电旨李鸿章、曾国荃等人，命他们凡是有可以援台之处，必须竭力筹划，切勿畏难坐视不管。②

法国侵略者的封锁计划并非天衣无缝，仅用10艘军舰执行封锁任务，根本无法达到全面封锁的效果。正如当时的人指出："12月15日之后，安平及打狗港外即不见法舰踪影，封锁虽然已成具文，然外国商轮仍少驶来。民船起初虽屡为法舰击沉，此时已可通行无阻。"③ 英国的报纸更是一针见血地指出：法国的封锁政策实际上到后来是没有效果的，"在台湾法船仅有数艘，其余皆赴香港、安南各埠，是以封口一节全无成效。中国兵丁军械皆由小艇运来，所有贸易亦由小艇私做"④。在清廷的大力推动下，抵抗法国，全力援助台湾的行动得到了一定程度的贯彻。大陆通过各种途径，绕过法国人的军舰将军饷、器械、兵员等运至台湾。张之洞在两广海防吃紧、军饷奇缺的情况下，鉴于"台湾孤悬海外，强敌垂涎，不敢不设法兼筹"，积极响应朝廷的号召，从有限的财源中挤出一些经费，援助台湾刘铭传营军饷库平银2万两，又购觅哗咪地洋枪1400杆，码子52万粒，洋火药600桶。⑤ 此外，还招募到煽土提漂制药员匠13人，设法运送至台，以便台湾自造火药。⑥ 道台邵友濂、龚照瑷等人多方筹划，密雇洋轮，通过给以巨资、许以重赏等方式，才得以偷偷地将兵勇、军饷、器械等运至台湾。虽出生入死、险阻百端，俾有助于台湾局势。⑦ 杨昌浚也把大陆吴鸿源的春字营，陈鸣志、王诗正的恪靖4营等共2000余人送至台湾助战；输送饷银70余万两。⑧ 左宗棠派出援台恪靖军一部，由"平安"号运至澎湖，然后再雇民船悄悄地运至台湾岛内。当月，南洋舰队派出5艘战舰赴台支援，次年正月在浙江洋面被法军截击，其中2艘战舰被

---

① 《中法战争》第6册，第10页。
② 《中法战争》第6册，第20页。
③ 《中国海关与中法战争》第226页。
④ 《中法战争》第2册，第592页。
⑤ 《张文襄公全集》第9卷，第3页。
⑥ 《中法战争》第6册，第140页。
⑦ 《中法战争》第2册，第615页。
⑧ 吴玫：《杨昌浚与台湾建省》，载《台湾研究集刊》1989年第2期。

击沉，3艘被迫折返上海。总之，即便困难重重，对台湾的援助也丝毫没有断绝。从江苏候补道龚照瑗所奏报的对台湾的援助情况上便可见其一斑。龚氏援台概况：自1884年农历六月至十二月，雇船探信，传递折报，并多方重价购觅商轮民船，先后10次，昼伏夜行，运送淮军3000余名、大小后膛枪炮60余尊、后膛新式洋枪9000余杆、大小枪炮子弹300余万颗、水雷40具、电线80余里、饷银10余万两，以及拉火铜引火药各项，一一解到，并无丝毫遗失。①

台湾岛内军民在刘铭传等人的领导下，坚决奉行朝廷命令，积极备战，丝毫不敢松懈。虽然清朝中央政府三令五申要求东南沿海各地必须千方百计地支援台湾的抗法活动，但由于法国的海上封锁以及东南沿海各地自身困难等因素，对台湾的援助其实是"雷声大，雨点小"。在援助不顺畅的情况下，统治者同时也命令刘铭传等人就地取材，充分利用岛内的有限资源，调动和依靠岛内力量顽强抵抗法国侵略者。德宗传谕给刘铭传，令其务当竭力设法联络土勇，出奇制胜。而刘铭传也秉承朝廷旨意，积极发动社会力量，联络各方人士和基层团练组织，以弥补台湾军力、物力和财力等方面的不足。在最困难的时候，台湾地方士绅和百姓表现出强烈的爱国精神，纷纷出钱出力，抵抗法军。台北豪绅林维源率先捐银20余万两，全台士绅和普通民众捐银达近百万两。此后，百姓还组成了500人的抗法义勇，由张力成率领。在法舰封锁台湾，外援不至的情况下，台湾将士血战两个月，虽然"军士疫疠不止，日有死亡，能战者不足三千人"②，但因为有全台湾人民的大力支持，全岛军民同仇敌忾，即便环境险恶，但岛内仍是"将士奋发，土勇甚好，人人思战，不畏法虏。米粮充足，市价如常"③。在刘铭传等人的积极活动下，台湾民众的爱国热情被激发出来，他们组织起来，与官兵一起保卫自己的家园不受外国侵略者的蹂躏。台湾武举人王廷理、周玉谦等捐资组织了一支300人的土勇队伍；彰化人林朝栋举家纾难，自备粮饷枪炮，组织了一支500人的土勇团，皆坚守基隆后山，利用熟悉地形的优势与法军进行周旋，为牵制和打击法军做出了重大贡献。新竹乡绅林汝梅也筹款两月，招募土勇200名，协守新竹。台北乡

---

① 《中法战争》第2册，第577页。
② 《中法战争》第4册《李文忠公全书》。
③ 《中法战争资料》第6册《中法越南交涉资料》。

六、台湾保卫战

绅林维源自光绪十年（1884）独自捐资 50 万元后，又不断地协助各地操练土勇，所需各种费用巨大，他在自己也无法承担如此巨额费用的情况下，毅然奔走于东南各地筹集款饷。戏曲艺人花旦张李成"不欲变服饰为西人奴也！"走下戏台，拿起武器走上战场，配合官兵作战。战地附近的百姓几乎全部自发行动起来，协助官兵作战。农民用锄头协助挖战壕，猎人以猎枪为武器，配合守军奋勇杀敌。当时的一位法国侵略者头领见状，感叹道："中国人靠着他们众多的兵力，并且也靠着在官吏号召之下都肯前来效力的人民的合作，已将他们所有的阵地筑成堡垒"，"带着一种不能预见的激昂之情表现出他们的强韧"，表现出"超出一切限制的勇气并且能够坚持到最后"。①

清政府一方面可以说是全国总动员，积极打破法国对台湾的封锁，千方百计地对台湾的抵抗活动予以最大限度的支持；另一方面也在试图通过外交活动，促使其他西方列强支持清政府，对法国增加压力，迫使其退兵。清政府认为"英德与法有隙，……而德尤疑猜滋甚"②，便积极通过外交努力，试图争取到这两国的支持，令其出面干预法国的军事行动。法国对台湾采取军事行动后，清军机处电告出使俄英大使曾纪泽："英、法因埃及事不睦，法现又与华失和，如趁此机会以兵抉法，埃及事必大得利。法为英牵制，必不能大举来华。此中英两益之事，阁下与英外部颇熟，希亟图之。"③ 曾氏接电后，便立即前往英国外交部，与英国外交部助理次宫庞斯福特进行了一次长时间密谈，但最后庞氏"不允私定中英友好之约，而允守局外两拒办法"④。曾氏通过私人关系翻译官马格里"以私人身份到庞斯福特（原文作庞斯弗德，此处按照现今通用之法由笔者改动）拜会，提议中英两国之间建立友好的谅解，希望中英结盟"，但最后还是未能如愿。⑤ 十月初一日，英国外交部部长照会曾纪泽，申明："法国封禁台湾一事，本国业已允许，故于此处当守局外之分。"⑥ 清政府对

---

① ［法］卡诺（E. Carnot）著，黎烈文译：《法军侵台始末》，第 76–77 页。
② 《中法战争》第 1 册，第 777 页。
③ 《中法战争》第 5 册，第 512 页。
④ 《中法战争》第 2 册，第 375 页。
⑤ ［英］季南著，许步曾译：《英国对华外交（1880—1885）》第 145 页，商务印书馆，1984。
⑥ 《中法战争》第 2 册，第 499 页。

英国的外交努力落空后，转而对德国展开了外交努力。光绪十年腊月二十四日，清驻德公使许景澄奉总理衙门之命前往德国外交部，与其国代理外交部长波士进行会晤，争取德国的支持。但德国的态度模棱两可，对许景澄提出的要求并没有给予明确的答复。两天后，许景澄又前往德国外交部，第二次会晤波士，指出：法国封锁台湾海面，搜查各国来往之船只，是为不合国际公法，应请德国不允许法国这种做法。德国外交部代理部长波士回复道："公法亦须活看。现在两国明有战事，在中国以为并未宣战，在法国以为与宣战无异。若德国船只装载军火送赴交战之地，一定不准法国查看，是德国显然偏助中国，其势万做不到。"并托词要看看英国的决定和行动再定。① 清政府代表第三次与德国政府交涉，仍未得到德国政府的明确支持答复，清政府本想"借他国之说辞以梗法人封禁之议"②，但最终却是徒劳。英德等国从自身的殖民利益出发，不可能为了贫弱的清政府而与法国发生冲突。此外，台湾被法国封锁后，很多官员根据国际公法纷纷发表言论，指责法国人封锁台湾是非法的，是不符合国际公法的。台湾道刘璈针对法国人的野蛮行径，首先指出法国人无礼索诈、背约开兵、扰海通商、残虐百姓，实为公法所不容，为各国所不齿；法国封锁之做法不合公法，皆法人自外于公法，封港实于中外商务有大碍，并将法国人违背公法封口碍商的情况向驻台各国领事详细言明，请各国能够按照公法进行干涉。③

光绪十年十一月二十二日（1885年1月7日），法国人再次发布公告，宣称自是日起，从大甲至台湾海岸南端，重新进行封锁。法国人更加疯狂地对海上民船进行劫掠，据当时记载："法舰重来，迄闽省各港民船得讯停驶以前，遇害者不可胜计，海上断樯碎船漂浮不绝者累旬，凡遇法舰者尽遭毒手。"④ 之后，民船被法国人劫掠之事不绝，被法舰焚毁击沉也无法统计，虽然有能乘夜间偷渡来者，但海上白天已无法见到片帆了。

法国人在重新封锁台湾后，力度要比第一次稍强。至光绪十一年

---

① 《法军侵台档》第5册，第388页。
② 张孙彪、王民：《中法战争时期清政府在"台湾封锁"问题上的外交努力》，载《台湾研究集刊》2006年第1期。
③ 《中法越南交涉档》第4册，第2424页，台湾文海出版社，1983。
④ 《中国海关与中法战争》第226页，中华书局，1983。

六、台湾保卫战

(1885)正月后,台湾形势愈发严峻。据当时帮办福建军务的杨岳斌说:"自去冬至今春,更形吃紧,如安平、国使港、旂后、大沙湾、东港、枋藔、琅璃、鹅鸾鼻及布袋嘴各口,无日不由法兵轮,或一、二号至四、五号不等,往来游弋,每以巨炮向岸轰击,时图窥窜,遂致随处皆有兵临城下之危。""近日,寇又搜扰后山卑南、花莲港、成广澳一带,即台南前后附近之小琉球、红头屿各小岛,我军势难分受之处,亦有法船停逼居民,并声言派兵窃据。"① 至二月,法国人的封锁突破台湾海面,开始在公海上检查船只,查禁军火。其实,法国人也非常清楚自己的军事力量不足以完全断绝台湾与外界的联系和交往,为此,法国驻上海公使巴德诺向茹费理内阁致函,指出他们在台湾已经陷入尴尬的境地,而向台湾增派兵力是补救当时时局的唯一办法,否则将无法实现他们的图谋。② 孤拔向法国政府请求增派援军,提出:"为安全占领基隆,将敌人迅速逐至相当距离以外起见,非有一支 2500 至 3000 人的援军及 100 匹有马鞍的骡马不可。为了进攻淡水,尚需另增 3000 人。"③ 最后,法国政府决定分批派出阿非利加大队和外籍雇佣军大队,总人数约 600 人。这些所谓的增援孤拔的士兵,"有的是陆军监狱和苦役场释出的犯人,有的是在入伍前犯案累累的年轻兵士","他们的身份簿上没有一人不是有犯刑记载的",这些人都有着盗窃和劫掠的趋向,都热衷于做坏事,可以说几乎全是不容于本国法律的恶棍冒险者。④

法国侵略者通过各种手段想阻断台湾对外的联系,而大陆各地对台湾的援助即便非常有限,但仍在源源不断地进行着。正月十五日,左宗棠派出王诗正率部冲破法军海上封锁,抵达台湾。李鸿章派出聂士成率领淮勇 800 余人抵达台湾府城。随着时间的推移,台湾的防御力量并没有因为法国侵略者的封锁而遭到削弱,反而在一定程度上让台湾岛内的军民更加团结一致,共同抵抗外侮。但相比之下,陷入进退两难境地的法国侵略者却日益失去后劲,离他们起初的"梦想"越来越远了。法国侵略者为了振奋

---

① 《中法战争》第 6 册,第 362 页。
② 《中法战争》第 7 册,第 292 页。
③ [法]卡诺(E. Carnot)著,黎烈文译:《法军侵台始末》,第 77—78 页。
④ 韦庆远:《论 1884—1885 年反法侵略的台湾保卫战》,载《台湾研究集刊》1984 年第 1 期。

颓势，不时出击暖暖（现台湾基隆市东南一带）等地，并展开了月眉山攻防战。十八日，法国侵略者大举侵犯清军阵地，经过4天的激烈战斗，清军伤亡千余人，法军伤亡近200人。基隆河北面的月眉山、深澳坑、暖暖等地相继失守，清军退守五堵、七堵等地。之后，刘铭传逐渐在台湾五堵、六堵、草兰尖山顶一带重新部署防御阵地，并亲自督率聂士成、苏得胜、刘朝祜所部淮军驻防六堵，扼守台北要道，并在基隆河北港孜、火炭坑、马陵坑一带设防2个营，以牵制法国侵略者的进攻。三十日，数百名法军企图架桥从河北杀向河南，企图沿台北大道向台北府城进军，稍振其日益显现的颓势。但在刘铭传等爱国将领的精心设防和严密防御下，台湾军民团结一致，一心对外，以巨大的牺牲为代价换来了防守阵地的固若金汤，令法国侵略者未能再向前推进一步。

鉴于在台湾的处境不可能有所改善甚至还有可能恶化，法国海军部决定先占领澎湖列岛，然后再从台湾本岛撤兵，如此便可以掩盖其从台湾撤退的难堪。二月十二日，孤拔派出1个步兵大队和1个炮兵分队，分乘6艘战舰和1艘运输船，前往攻打澎湖。在人数上，步兵和炮兵约400人，加上各舰原有的海军陆战队，总人数达900人。① 当天晚上，法舰抵达了澎湖列岛附近海域。次日，按照孤拔的命令，法军开始摧毁清军的重要防御工事。从早晨7点左右，法舰"巴雅"号、"凯旋"号进入澎湖湾港口，双方开始交火。法国人派3艘军舰攻击澎湖岛上的四角山、蛇山等处炮台，又派另外4艘军舰进攻金龟头外的露天园炮台，后经过半个小时的激战，清军的炮台被一一摧毁。② 至8时，岛上的南炮台及四角屿炮台都已被毁，包括2座火药库也被摧毁，守军被迫泗水撤退。岛上的炮台只有北炮台一直在进行顽强的抵抗，孤拔遂集中军舰火力进行轰击，至9点半时，双方的战斗基本结束。据当时的记载："法人调集兵轮十艘猛扑西屿炮台，开炮百余门。炮台亦即开炮还击，未几，弹药告尽，兵勇伤亡大半，管带台州勇营之某副因亦阵亡，炮台遂被法人毁坏。"③ 临近傍晚5点，法国人在没有遇到任何抵抗的情况下从圆顶湾登陆。十四日上午，法国侵略者在一名被俘的清军叛徒带领下向马公岛进发，大约有三四百名清

---

① ［法］卡诺（E. Carnot）著，黎烈文译：《法军侵台始末》，第95页。
② 《清季外交史料选辑》第4辑，第188页。
③ 《申报》1885年4月14日第2版。

六、台湾保卫战

军对法国侵略者展开阻击。孤拔指挥军队对清军进行猛烈攻击,先命令用大炮轰击清军,同时在大炮的掩护下兵分左右两路,从清军的左右翼包抄。很快,清军不敌,法国侵略者占领了清军的阵地。清军在副将周善初等人率领下,一路退至中墩,但此处不仅粮道不通,还四面受敌,无法驻守,只得退守湾贝。① 最后,与法国人激战后,因弹尽粮绝,后无支援,只得率兵士数百人乘数十艘渔船逃回台湾岛。双方的激战,法国人仅死亡5人、伤12人,清军阵亡三四百人,负伤者也有此数。在不到3天的时间里,清军3000人的守卫力量在武器落后、后援无法保障的情况下被迫撤回台湾岛。法国900人的侵略队伍占领澎湖列岛。

法国人在封锁台湾失败后企图通过攻占澎湖挽回颜面。而此时在越南战场上,中方已经开始采取更加积极行动,给法国侵略者造成的压力越来越大。正如当时兵部尚书彭玉麟所指出的那样:"我不能遽逐法虏以去鸡笼,法亦不能击破我军而踞台地,惟有力争越南,攻所必救,庶不致率其丑类,肆毒孤台。越圻渐恢,台围自解。"② 光绪十一年(1885)前3个月中,清军在越南针对法军侵略者动作频频,在各方积极配合下,局面对清军也越来越有利。二月初八日,冯子材等将领率部攻克谅山,取得了镇南关大捷。法军大败的消息导致茹费理内阁倒台,法国国内政坛占据优势的激进派却更加积极对外扩张。出使英俄大臣曾纪泽致电总理衙门:"刻下若能议和,中国极体面,虽稍让亦合算。"出使法德意奥四国大臣许景澄亦致电总理衙门,提出:"谅山战胜,可乘机议和,否则,战祸无已。"③ 这些意见与当时主和派首领李鸿章的意见不谋而合。李鸿章指出澎湖失守,台湾必不可保,因此坚持"当借谅山一胜之威,与缔结和约,则法人必不在妄求"。清廷和最高统治者接纳了李鸿章停战求和的意见,并下令全国军队立即停战。④ 光绪十一年二月,清政府派税务司英国人金登干代表清政府赴巴黎与法国政府进行和谈。二月十九日,金登干以清政府名义,在巴黎与法国代表毕尔签订了《停战条件》,就以下内容达成一致意见:中国政府批准光绪十年四月十七日(1884年5月11日)所订之

---

① 《清季外交史料选辑》第4辑,第190页。
② 《中法战争》第6册,第290页。
③ 《中法战争》第6册,第367页。
④ 《中法战争》第1册,第26页。

《中法会议简明条约》；中法两国得到各国当局同意后即行停战，法国撤除对台湾的封锁；法国派出代表一人至天津或北京就所订条约之细目进行商谈，然后再确定两国撤兵时间。① 二月二十一日，慈禧太后颁布诏令宣布停战，中法战争结束。法军于四月二十日从基隆撤离，六月初十日从澎湖撤离。虽然从中法战争的整体来看，清政府最终是不败而败，但台湾一岛的抗法之战却是十分成功的，不仅抵挡住了前期法国人的猛烈攻击，也在后期法国侵略者实行封锁期间顽强抵抗，最终使法国人的阴谋没有得逞，在中国历史上留下了不可磨灭的一笔。

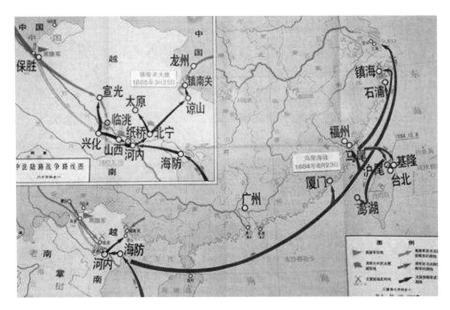

图 6.1　中法战争形势图（地图出版社，1988）

---

① 《中法战争》第 7 册，第 420 页。

七、反割台战争

七、反割台战争

日本在明治维新后,成功"脱亚入欧",开始走上资本主义道路,国力日渐强盛。然而日本是个岛国,国内资源匮乏、市场狭小,急需对外进行商品输出和资本输出,加之其国内封建残余势力浓厚以及各种矛盾日渐激化,以天皇为首的日本统治集团急于从对外扩张中寻求出路。

清光绪十三年(1887),日本参谋本部制定了所谓的"清国征讨方略",之后逐渐变成以侵略中国为核心的"大陆政策"。其中,第一步便是攻占台湾,第二步吞并朝鲜,第三步征服满蒙,第四步灭亡中国,第五步统治亚洲,最终称霸世界,实现所谓的"八纮一宇"。而中日甲午战争就是日本实现"大陆政策"前两个步骤的重要环节。而此时的清王朝更加衰落,"洋务运动"并未能使中国走上富国强兵的道路,政治十分腐败,人民生活困苦,官场中各派系明争暗斗、尔虞我诈,国防军事外强中干。西方列强则因为他们自己的在华利益而各怀鬼胎,对日本的侵略行为采取默许或纵容的态度。很快,日本便开始在平壤挑起事端,侵略朝鲜,中日之间的关系开始转变为赤裸裸的军事冲突。

1. 清被迫割让台湾

光绪二十年(1894),朝鲜爆发东学党起义,朝鲜政府请求清政府派兵协助镇压。清政府派直隶提督叶志超、太原镇总兵聂士成率淮军2500人赴朝。日本见状,亦立即派兵入朝,企图从中渔利,进而强占朝鲜半岛和中国东北三省。为了达到这个目的并消灭清政府的海上力量,日本政府把日本海军统一整编为联合舰队,任命海军中将伊东佑亨担任联合舰队司令，还组建了侵华战争的最高统帅部——日本大本营，并召开大本营御前会议，决定发动对华战争。当中日两国向朝鲜出兵时，朝鲜政府已与东学党起义军签订了休战和约。而日本政府为了达到侵略的目的，继续向朝鲜半岛增兵。日本驻朝公使大鸟圭介以优势兵力作为后盾，胁迫朝鲜政府废除中朝通商条约，并驱逐中国军队出境，攻占朝鲜王宫，拘禁国王李熙，成立以大院君李昰应为首的傀儡政府。不久，朝鲜傀儡政府在日本的逼迫下废除了中朝两国间的一切条约，并提请日军驱逐屯驻牙山的清军。六月二十三日，日本海军不宣而战，日本联合舰队第一游击队在朝鲜丰岛海域突然袭击了北洋水师"济远"号和"广乙"号，同时击沉了运送清兵的英籍运兵船"高升"号，扣留了"操江"号炮舰。而此时，北洋水师的战舰却只在威海至大同江口一线巡弋，对日本的侵略行为无动于衷，对日本联合舰队护送运输船队向朝鲜增兵的行动更是不管不问，这大大助长了日本侵略者的嚣张气焰。很快，中日两国舰队在黄海海面爆发了一场惨烈的海战。黄海海战历时5个多小时，北洋水师损失致远、经远、超勇、扬威、广甲5艘军舰，来远受重伤，死伤官兵约800人；日本舰队松岛、吉野、比睿、赤城、西京丸5舰受重伤，伤亡239人。黄海海战以后，北洋水师退回旅顺、威海，"避战保船"不再出战，日本海军掌握了黄海制海权。

　　黄海海战后，清廷内部的主和派与日本议和的声音甚嚣尘上。其中重新被起用的奕䜣和李鸿章请各国驻华使节出面从中斡旋，却毫无成效。后不得不委派天津海关税务司德璀琳为头等议和公使前往日本求和，日本首相伊藤博文以其无资格而拒绝会见。旅顺被日军侵占后，清廷大震，立即派出总理衙门大臣、户部左侍郎张荫桓，署理湖南巡抚邵友濂为全权大臣，前往日本广岛进行谈判。日本首相伊藤博文以张、邵二人"全权不足"为借口，拒绝进行正式谈判，并继续让日本军队强攻威海卫。清代表团根据日方的要求，向清政府汇报了日本的要求。清政府同意立即补足张荫桓、邵友濂二人的全权委任状，即便如此，日方仍拒绝进行谈判。正在此时，国际形势出现了变化，原来无动于衷的西方列强开始蠢蠢欲动。首先是俄国政府召开了一次特别会议，决定在远东增加军事实力，军舰由之前的16艘增加至22艘，以使其海军力量尽可能要比日本强；[①] 并向英法

[①] 《中日战争》第7册，第307页。

七、反割台战争

等列强提出,如果日本政府和中国缔结和约时,所提出的要求侵犯了他们的重要利益,则将会共同对日本施以压力。英国此时也向远东增派军舰至20余艘,此外还准备从印度调陆军前往远东。西方列强的种种动向让日本有了警觉和顾虑,日本政府发现俄国将武力匆忙集中于中国海及日本海,欧洲的立场已经逐渐露出不稳的情形,决定"不如设法诱使中国政府早日再派媾和使臣,速行停止战争,恢复和平,以改变列强的视听"①。为了最大限度地达到侵略目的,日本政府将侵略军布置在旅顺、大连,做出将要进攻北京的样子,向清政府施压,以迫使清政府在谈判中满足日本的所有要求,包括割让台湾。日本政府也撕下虚伪的面具,在谈判桌上直接把他们的无耻要求全部抛出。当时日本外相陆奥宗光就赤裸裸地指出:"要想达到这一目的,就不得象以前那样再对中国政府隐秘我国的媾和条件。"② 光绪二十一年正月二十三日(1895年2月17日),日本政府通过美国驻日公使埃德温(Edwin Dun)和美国驻华公使田贝向清政府发出照会,代转日本政府在议和谈判时的4个条件,即朝鲜独立、割地、赔款、重订中日通商条约,同时还要求清政府另派具有商谈这四项内容权力的大臣前往谈判。

北洋舰队覆灭后,北京城受到日本侵略军的进攻威胁。面对日本的军事威胁,就如何应对这一危机,清廷君臣掀起了一场大争论。当时,针对日本人的军事压迫,一些有识之士和清廷重臣建议迁都以避日本锋芒。署理两江总督张之洞、户部尚书翁同龢、礼部右侍郎李文田、翰林院编修黄绍箕、沈曾桐等人都是持这种立场的大臣,认为只有"不顾恋京师,则倭人无所挟持"。同样,反对的人也有不少,如工部尚书孙家鼐、兵部尚书孙毓汶以及李鸿章等人。其中主张迁都以再战的翁同龢与主和的孙毓汶就应对之法相争于传心殿,孙毓汶指出迁都即舍弃宗庙和社稷,"岂有弃宗庙、社稷之理?"③ 宗庙社稷之安危乃清王朝最后的底线,任何行动都不能触碰这一红线,迁都之论最终不了了之。

在日本的压力下,清政府最终决定按照伊藤博文的要求,任命内阁大

---

① [日]陆奥宗光著,伊舍石译:《蹇蹇录》,第129-130页,商务印书馆,1963。
② [日]陆奥宗光著,伊舍石译:《蹇蹇录》,第179页。
③ 〔清〕文廷式:《闻尘偶记》第496页。

学士李鸿章为头等全权大臣，授予其缔结和约、进行签押全权，代表清廷前往日本进行谈判。而此时的国际形势是，各国列强为了各自在华利益，害怕清政府在日本的军事压力下突然垮台，都不希望日本真的进攻北京，他们千方百计劝说甚至是阻止日本进攻北京。由于列强的施压，以及日本自身也没有足够的力量进行长线作战，进攻北京，日本选择强化军事压力进行恐吓，通过西方人放出日军即将进攻津沽的谣言，逼迫清政府妥协。清政府未能看出当时的局势，日本的恐吓彻底把清王朝的当权者给吓住了，当时朝野上下都以为日本即将进攻北京，惊慌失措。朝廷急忙电令李鸿章急速来京："此时事机至迫，连日电询李鸿章启程日期，殊堪焦盼。该大臣须即日布置成行。"①

正月二十七日，李鸿章抵达北京。紧接着便连续两天入宫，与清廷统治者和一干重臣商议与日本议和之事。日本之前提出的4条大致的谈判条件中，最难以决定的问题便是领土割让，对于此，德宗的立场是"令坚拒"②。而其他重臣的意见大致有如下情况：军机大臣兼总理衙门大臣孙毓汶、徐用仪赤裸裸地主张割地求和；军机大臣、户部尚书翁同龢反对割地，提出用赔偿来代替割地，只要能不割地，可以多做些赔偿，同时建议借助英、俄之力来挟制日本。全权谈判大臣李鸿章虽然一再强调"鸿虽死不能画诺"，并在朝议时也表现出"割地不可行，议不成则归耳"的决心，但其真实想法是什么？时人则一针见血地指出他的真正用意，"现在李鸿章语及和局，辄以不愿割地偏告于人，窥其用意，必欲使此说出自宸断，然后定约之后，天下士论、民心怨愤不平之气尽归朝廷，而与己无与"③。此外，李鸿章对借助英、俄之力抱有很大的期望，并分别与美、俄、法、英、德等国公使商谈求助。不久，英、法、俄三国外交部向清政府发出正式答复，三国皆劝说清政府早日赴日议和。

接到清政府委派李鸿章为全权大臣进行谈判的通知后，日本政府还要求得到清政府遵照日本政府之前所提之条件关于派遣全权大臣的保证，并要求清政府将事先拟好的李鸿章全权委任状文稿先行发给日本，经日本政府修改后方可有效。同时，日本政府为了配合谈判，派兵于二月底先后攻

---

① 《中日战争》第3册，第435页。
② 《中日战争》第4册，第324页。
③ 《中日战争》第3册，第491页。

七、反割台战争

占牛庄、营口、田庄台等处，焚烧长山岛上中国专为监视日舰的电报局。① 在别无他法的情况下，清政府不得不先授予李鸿章以商让土地之权，以便和谈召开。二月初七日，德宗授予李鸿章以商让土地之权。帝师翁同龢夜访李鸿章时提出了最后的期望："台湾万无议及之理。"此时的李鸿章对即将到来的谈判还颇有些信心，一再强调"必当斟酌轻重，力与争辩""但能争回一分，即少一分之害"。②

十九日，李鸿章率领代表团启程。代表团成员有参议、李鸿章之子李经方，代表团顾问美国人科士达，李鸿章私人顾问美国人毕德格，以及参赞罗丰禄、伍廷芳、马建忠、翻译等，一行33人。除此之外，代表团还带去了庞大的服务团队，有医生、仆役、厨师、轿夫等90人，分乘轮船招商局的"礼裕""公义"两船，悬挂中立国德国的国旗，从天津出发，前往日本。二十四日抵达日本马关，下榻在由引接寺整修而成的招待处，谈判地点就在附近的春帆楼。

二十五日下午2时许，李鸿章在参议李经方，参赞罗丰禄、伍廷芳、马建忠，以及日文翻译卢永铭、罗庚龄等人陪同下，坐轿前往春帆楼进行首轮会谈。春帆楼位于马关红石山脚下一个小丘上，旁边是安德天皇的祠堂。此次会议，中日双方各有7人出席。日本方面除总理大臣伊藤博文、外相陆奥宗光，还有内阁书记官长伊东已待治、外务书记官井上胜之助、外务大臣秘书官中田敬义，以及外务省翻译官陆奥广吉、口原陈政。第一次会议的主要任务是交验文书，双方很快便完成了。紧接着，李鸿章出其不意地提出先停战后谈判。然而，由于日军在中国战场上十分顺利，伊藤博文当然不愿轻易答应。第一天的谈判就这样草草结束。第二天，日本提出在日军占领大沽、天津、山海关三地后始行停战。李鸿章表示不能接受。对此，总理衙门也表示坚决不能接受，并要求李鸿章先向日本索要和约条款。二十九日，双方举行第三次谈判，李鸿章撤回对日本停战的要求，取而代之要求日本提出议和条款，双方约定在次日举行的第四次谈判上，日本将全部议和条款摆出。下午4点多会议结束，李鸿章一行人返回住所。途中，一日本青年从人群中跳出，拦住李鸿章的轿子，并向李鸿章开枪。子弹击碎了李鸿章眼镜，命中左颊骨。李鸿章顿时血流不止。李鸿

---

① 《甲午中日战争》（下），第624页。
② 《李文忠公全集·奏稿》卷七九，第47页。

章遇刺受伤，国际舆论哗然。西方列强也纷纷谴责日本的野蛮行径。伊藤博文和陆奥宗光等人担忧西方社会进行干涉，更担心李鸿章一行会借故中止谈判，离开日本。为了能让谈判继续下去，日本人开始进行危机公关。伊藤博文、陆奥宗光不仅亲自探视李鸿章的伤情，还专门派出两位资深专家负责治疗，同时当面向李鸿章告知日本政府无条件休战的决定。此外，天皇派侍从武官前来慰问，日本皇后还亲自手制绷带，派人送来敷用。幽静的住处顿时变得车水马龙、热闹非凡，慰问函电纷至沓来。李鸿章若乘机抓住国际舆论谴责日本的机会，停止和谈，立即回国，促使国际社会出面调停，或许会给中国创造一个有利的局面，但李鸿章却没有这么做，反而加快了与日本的谈判进程。

在李鸿章的提议下，日本政府于三月初七日下午将媾和条约草案送至李鸿章行馆。日本方面提出的和约草案共计11款，大要不外乎朝鲜独立、割地、赔款、最惠国待遇4个大项目。十二日，在日方的要求下，清廷增加李经方为全权大臣，在李鸿章无法出面的情况下由其代表进行谈判。针对日本提出的草约，双方反反复复地争议和讨价还价，最终在伊藤博文以增派军舰进攻北京的威胁下，李鸿章屈服了，完全接受了日本方面的要求。二十三日上午10点，双方全权大臣在条约上签字，史称《马关条约》①（或称《中日讲和条约》）。

中日《马关条约》签订后，全国为之震动，据记载，当时"人情汹惧，奔走骇汗，转相告语，谓所有条款皆扼我之吭，制我之命，阻我自强之路，绝我规复之机，古今所未有，华夷所未闻"②。清朝宗室王公贵族、各部院大臣、御史台、地方各督抚、前线将领纷纷上疏，③反对批准《马关条约》，主张整军再战，斥责主和非计。这些官员或单独上奏，或联名上书，少则三五人，多则数十人，最高者多达150余人。从三月底到四月上旬，各级大小官员以至督抚将军、王公大臣、宗室贝勒共500余人次上

---

① 条约内容为：中国承认朝鲜为独立国；割让辽东半岛、台湾和澎湖列岛；赔偿军费白银两亿两，分8次交清；开放沙市、重庆、苏州、杭州4个商埠；日本享受最惠国待遇；允许日本在中国通商口岸建立工厂，装运进口机器；允许日军暂驻威海等，并定于5月8日在烟台换约。注：俄国为了其自身在华利益，联合法国、德国向日本施压，日本放弃辽东半岛，但向政府勒索了3000万两白银的赎金。

② 《中日战争》第4册，第5页。

③ 《中日战争》第4册，第19页。

七、反割台战争

疏共109件。① 李鸿藻、翁同龢、张之洞等重臣主张暂缓批准条约。御史高燮更是指出：这一条约不仅使我国家不能自我振兴，更使我国家不能自立、不能自存了，若不否决，国家的危亡立等可见，即使想像南宋那样偏安一隅也不可能。礼部主事罗凤毕、兵部主事何藻翔上奏指出，《马关条约》就是一个卖国条约，主和派卖国欺君，罪无可逭，李鸿章、孙毓汶二人乃罪魁祸首。② 尤其是侍读学士奎华等联合156人一起上疏清廷，一针见血地指出：《马关条约》割地赔款流弊无穷，是中国的奇耻大辱，乃五大洲未有之奇闻，更是三千年所没有的变局。③ 理藩院侍郎宗室会章上折痛斥投降派割地保京师的谬论，激愤道：此端一开，各国顿生相似的野心，假如与列强再发生战事，是不是也要割闽广以保京师？割云贵以保京师？一直到版图割尽，最后只剩下京师一地而已？④ 甚至列强俄、法、德三国也劝告暂缓换约。兵部尚书孙毓汶则与李鸿章立场一致，力主早日批准条约。德宗不同意割让台湾，理由是，若割让台湾，则天下人心都失去了，"朕何以为天下主？"孙毓汶向德宗答以"前敌屡败"。德宗曾经准备宣布李鸿章所签条约无效，与日本再战。而孙毓汶却坚持"战万无把握，而和则确有把握"的立场，散布悲观主义思想。四月初八日，天津海啸，海水内侵，孙毓汶借此宣扬若再不批准条约，天灾人祸会接踵而至，大清有覆灭的危险，以此为借口逼迫德宗批准和约，"词色俱厉，各枢不敢有异词"。次日，德宗对批准和约仍持犹疑。孙毓汶再次催逼，德宗"绕殿急步约时许，乃顿足流涕，奋笔书之"，被迫下谕旨批准和约。⑤

台籍官员以及前来京师赶考的台湾举子得知割台消息后，纷纷行动起来，立即到都察院联名上书，要求坚持抗敌，绝不能放弃台湾而让予日本。他们在上疏中呼吁："今者闻朝廷割弃台地以与倭人，数千百万生灵皆北向恸哭，闾巷妇孺莫不欲食倭人之肉，各怀一不共戴天之仇，谁肯甘心降敌？纵使倭人胁以兵力，而全台赤子誓不与倭人俱生，势必勉强支

---

① 王汝丰：《乙未割台与反割台斗争的历史回顾》，载《台湾研究》1995年第3期。
② 《中日战争》续编3，第101、105页。
③ 《中日战争》第4册，第12页。
④ 《中日战争》续编3，第121页。
⑤ 《中日战争》第1册，第128页。

持,至矢亡援绝数千百万生灵尽归糜烂而后已。……夫以全台之地使之战而陷,全台之民使之战而亡,为皇上赤子,虽肝脑涂地而无所悔。今一旦委而弃之,是驱忠义之士以事寇雠,台民终不免一死,然而死有隐痛矣。"他们强烈要求清政府能够抗敌到底,表示与其生为降虏,不如死为义民。① 当时在京赶考的其他省份举子也是义愤填膺,悲痛万分,他们目睹台湾举子们垂涕请命的状况,莫不感同身受,也纷纷加入请命中来。其中以康有为、梁启超等人为代表,奔走呼号。一时,各种上书塞满了都察院,在都察院门前排队请愿的队伍竟长达 1 里多。其中,广东 81 位举人在其联名的请命书中指出:台湾乃国家之门户,幅员千里,山海峻险,物产丰富,岂可一枪不发而将此千里之疆土、千万百姓拱手让与倭寇?割让台湾的严重后果,"上之欲割台以全内地,保都城,而地更瓦裂,都亦必惊","不割则地或可保,都或不危"。他们吁请清政府抗争到底,"日人若因此败和,吾大兵可集激励,忠义犹可为战,众志成城,敌人亦何敢遽行藐视乎?"同时强烈要求严惩李鸿章,重新订正和约,绝不能割让台湾。②

　　割让台湾的消息传到台湾后,台湾官民罢市恸哭,"绅民拥入署,哭声震天",群情汹汹,"万民愤骇,势不可遏",③ 不肯附倭,发布檄文,怒斥李鸿章、孙毓汶等辈为卖国贼,表示"我台民与李鸿章、孙毓汶、徐用仪不共戴天,无论其本身,其子孙,其伯叔兄弟侄,遇之船车街道之中,客栈衙署之内,我台民出一丁,各怀手枪一杆,快刀一柄,登时悉数歼除","以为天下万世无廉无耻、卖国固位、得罪天地祖宗之炯戒"。④ 台湾人民表示,为了保台可以不惜一切代价,"全台前后山二千余里,生灵千万,打牲防番,家有火器;敢战之士一呼百万,又有防军四万人,岂甘俯首事仇!""设以干戈为事,台民惟集万众御之。愿人人战死而失台,决不拱手而让台。"⑤ 此时,台湾各官员纷纷电奏朝廷,奏明民众的悲痛之情及抗日愿望。三月二十七日,署理台湾巡抚唐景崧向清政府电奏道:"战

---

① 《中日战争》第 4 册,第 27 页。
② 《中日战争》第 4 册,第 39 页。
③ 《中日战争》第 6 册,第 384 页。
④ 《中日战争》第 6 册,第 449 页。
⑤ 王炳耀:《中日战辑选录》,第 69 页,台湾文献丛刊第 265 种,1969。

有生机，割地赔款实成绝路"，割台"则是安心弃我台民，台民已矣，朝廷失人心，何以治天下"。此外，唐景崧还主张通过国际公法力主废约保台，"公法会通第二百八十六章有云，割地须商居民，能顺从与否。又云，民必顺从，方得视为易主，等语。务求废约，请诸国公议，派兵轮相助，并求皇上一言以慰众志而遏乱萌"。① 后来，以唐景崧为代表的一些台湾官绅甚至提出向英国寻求帮助来抵制日本，企图以全台归英国保护为代价，请求英国派兵来台，土地政令仍归中国，以金煤两矿及茶脑磺三项口税作为酬劳。② 后来又转而寻求法国、德国的帮助。但这些异想天开的想法都是行不通的。

在全国舆论的反对声下，加上不少官员提出通过寻求西方列强的帮助，可以制衡日本，逼迫日本做出让步，清政府一度动摇，甚至提出"或允其割台之半，以近澎台南之地与之。台北与厦门相对，仍归中国"③。这些一厢情愿的想法只不过是痴人说梦而已，丝毫不能改变日本的贪婪之心，更不可能让西方列强愿意损失他们自己最大的利益，去帮助清政府而与日本为敌。

台湾官民见已无法改变家乡被割让的命运，决定抗战到底，与日军不共戴天。一场轰轰烈烈的反割台运动拉开序幕，一大批仁人志士前赴后继，为保卫故土和维护祖国的统一而献出了宝贵的生命。

2. 割台前期的抗日斗争

自甲午战争爆发后，台湾官民就日夜惴惴不安，皆以为台湾孤悬海外，地扼要冲，物产丰富，长期以来一直被日本所觊觎，而台湾可能随时被日本人所侵扰。为此，以台湾籍工部主事进士丘逢甲为代表的台湾士绅

---

① 《台湾唐维卿中丞电奏稿》，见《割台三记》第23页。
② 《中日战争》第6册，第388页。
③ 《中日战争》第4册，第343页。

鉴于"日人野心勃勃,久垂涎于此地"的情况而倡议进行团练,招募义军,以随时准备抵抗日军的进攻。这一倡议得到了清廷的认可。清廷先是命台湾首富且有太仆寺卿衔的林维源负责督办全台的团防事务。但他却并未全力督办团练,仅是"报效土勇两营,自备粮饷"①,以之向朝廷复命。虽然在朝廷的强烈号召下,台湾各地都大兴团防,上报的数目非常之多,"全台编册有一百六十余营"②,但实际上大都有名无实,"村甿乌合,未受节制,虚报浮填,图领兵械,使应前敌不堪一战也"③。当时署理台湾巡抚唐景崧见团练的效果不如人意,遂奏请委派丘逢甲负责招募义军,以备调用。

丘逢甲生于同治三年(1864),字仙根,号蛰庵、仲阏、华严子,别署海东遗民、南武山人、仓海君。祖籍广东镇平(今广东蕉岭),其曾祖于乾隆年间移居台湾彰化,后至其父时开始设教于苗栗县铜锣湾李氏家塾,丘逢甲便出生于此。光绪十五年(1889)春,丘逢甲赴京参加会试,中进士,钦点工部虞衡司主事,因其无意官场,返回台湾任职于衡文书院,后又到台南和嘉义教授新学。

图 7.1 丘逢甲像

临危受命的丘逢甲首先在台中发动和招募民众,并将民团改称义军。在台湾没有更多财政支持的情况下,丘逢甲想方设法筹集兵饷,最后不得不"倾家财以为兵饷"。兵员不足,他就到台湾各地广泛动员,对台湾百姓晓以大义:"吾台孤悬海外,去朝廷远……官兵又不足恃,脱一旦变生不测,朝廷遑复能顾吾台?惟吾台人自为战,家自为守耳。否则祸至无日,祖宗庐墓之地掷诸无何有之乡,吾侪其何以为家耶?"④ 面对日军即将到来的

---

① 《清德宗实录》卷三五四,光绪二十年十一月戊戌。
② 《仓海先生丘公逢甲年谱》,见《台湾文献丛刊》第70种。
③ 转引自戚其章《丘逢甲乙未保台事迹考》,载《学术研究》1984年第4期。
④ 江山渊:《丘仓海传》,见《中日战争文献汇编》第6册,第398页。

七、反割台战争

侵略，台湾百姓保卫家乡的激情高涨，在丘氏的引导下纷纷加入义军。在后期抗日斗争中涌现出的一些著名义军将领多是于此时通过招募而来的，如吴汤兴、姜绍祖、邱国霖、徐骧等人就是在这时加入义军，后成为丘逢甲的得力助手，并在之后的抗日保台斗争中做出了巨大牺牲，留下了可歌可泣的事迹。从光绪二十年（1894）年底到二十一年（1895）春，丘逢甲招募义军的效果非常明显，"自十月初招募，迄岁晚，全台报成军者约五六十营。次年春，编入伍者号百四十营之多"①。丘逢甲自带诚字3营、靖字1营、捷字1营，其兄丘先甲分带信字3营，进士陈登元统良字2营。在他的号召和努力下，全台编册的义军有160余营，特别编练了其中的32营，以诚、信、壮、靖等16个字来命名，每个字设1统领，下辖5个营，按照作战方位分为前、后、左、右、中5营，每营设1管带，计每营500人，最少者也有360人。后每个字营加编为10营。

在日本进攻澎湖之前，唐景崧已认识到台湾的形势非常严峻，于是对全台开始进行军事部署。起初，清廷谕令唐景崧进行台湾布防时要与杨岐珍、刘永福会商，不得意气用事，自以为是。②但唐景崧却认为自己"知兵"，而不与其他将领协商，独自对全台防御进行军事部署。他将全台分为"三路分守"，让刘永福率部与台南镇总兵万国本驻守台南，是为南路，由刘永福总负责；他自己则率部驻守台北，除张兆连一部外"专倚广勇"，让知县胡友胜统广勇守狮球岭，后又调丘逢甲率义军赴防台北；命林朝栋率台湾土勇守中路彰化。③整个台湾进行三路防御的布置，从力量分布上来看是存在严重问题的。台北防务力量单薄，唐景崧所倚重的广勇只有胡连胜、陈国柱、陈波、包干臣等各招募的数百人，均号统领，其实是无所系属。④而且刚从东南沿海招募而来的广勇至台后，喧扰无纪律，不可统驭，至此台湾兵事益坏。

台北系台湾省会所在地，全台的政治中心、经济中心，保台必先保台北，台北若失，台南必失。"台湾粮饷、军械萃于台北，台南赖此转运，

---

① 《台海思通录》第30页，见《近代史资料》第51号。
② 《清德宗实录》卷三四九，光绪二十年九月戊子。
③ 《东方兵事纪略》，见《中日战争》第1册。
④ 《中日战争》第1、6册。

弃而不守，赍为敌用，台南孤立，不啻以台北之资攻台南也。"① 鉴于台北的重要性，刘永福亲自前往台北与唐景崧会商防守台北事宜，并通过对台北布防各项事务的考察，认为唐氏的军事布置是有问题的，提出："中丞这个驻所，建筑不妥，且人马多有懦弱。何不我亦过来，与中丞同住，更改营盘，裁去老弱，添补精壮，且得近与商量办理，岂不两有裨益耶！且中丞办理民政，日不暇给，其军政事宜，千头万绪，如丝之乱，鄙意过来相帮，尤为妥善。"但唐景崧以为刘是想率部来台北与其争权，拒绝了刘永福的好意，并说："老兄在台南独当一面，节制南方各统领，任使行事已成专阃；弟虽有督办之名亦不为遥制，且鞭长莫及。台南地方实为扼要，非有威望大员不足以资震慑。老兄驻守台南，我驻守台北，南北两处皆有抗敌之责，可以互壮声势。我意已决，老兄回台南镇守，请勿多疑。"② 而此时，刘永福所部力量比唐景崧布置在台北的力量要强很多，据当时的记载，刘永福所部号称60营，分别驻防恒春、凤山、东港、白沙墩、布袋嘴等地，此外还有民团20余处分驻各要塞地方。③ 之所以会出现这种情况，不仅有唐景崧个人"刚愎自用""自以为是"的性格原因，也还有将帅不和的原因。正如当时人所指出的那样："刘（永福）一介武夫，事唐甚谨；唐则疑刘有异志，颇相猜忌，不肯假以事权。刘之声威著于天下，尤为外夷所畏，唐欲举大事，正宜引为臂助，乃不能推心置腹，以至如此，有一良将不能用，而所用将佐专择逢迎巧滑贪鄙嗜利之小人，欲不败其可得乎？"④ 唐景崧的这种布置实际上造成了"北轻南重"的局面，直接导致了台北的最早失陷，影响了台湾抵抗日本进攻的整个战局。

负责在全台招募义军的丘逢甲很清楚台北的重要性，"全台形势尽集于台北，台南非其比。台北失，足以牵动台南；台南失，未足以牵动台北"，更知道唐、刘二人不和事关台湾安危，"景崧虽号知兵，而防敌御寇远不逮永福"，因此"景崧一人守台北，无永福以佐之，恐守之非易"。⑤

---

① 〔清〕袁昶：《于湖题襟集》，见《中日战争》第6册。
② 〔清〕黄海安：《刘永福历史草》，见《中日战争》第6册，第405页。
③ 〔清〕黄海安：《刘永福历史草》，见《中日战争》第6册，第408页。
④ 〔清〕易顺鼎：《魂南记》第6页。
⑤ 〔清〕江瑔：《丘仓海传》，见《岭云海日楼诗钞》附录，第424页，上海古籍出版社，1982。

七、反割台战争

出于保台的公心，丘逢甲试图从中斡旋，尽管"焦唇敝舌，继之以泣"，但最终仍无法改变唐景崧的决定。"景崧坚持不为动，二军遂分"，丘逢甲叹曰："其殆天乎！"① 时人一针见血地指出：倘若唐景崧能摒弃私人恩怨而急公好义，"俯就仓海（丘逢甲）之请，则台湾未必终亡；即亡，亦未必若是之速"②。

唐景崧布防台北后，整个台北其所依靠的主要防御力量大都是从东南沿海一带招募而来的广勇。而这些广勇自入台以来就不太守法遵纪，难以约束。为了倚重他们，唐景崧凡事总是睁一只眼闭一只眼。唐的放纵，很快在台湾酿成了"李文奎之变"。李文奎本是河北保定府一带的游匪，后跟随刘铭传的淮军来到台湾，充当巡抚亲兵。后李文奎犯事被革退，被迫转投抚标中军，充当营中小队长。中军黄翼德前往广东募兵，由副将方某临时署理中军。方副将因李文奎多违军纪，再次将其革退。由此，李文奎对副将方某恨之入骨，伺机准备报复。此人是匪类出身，喜结交，党徒遍布台北城内，即便是巡抚衙署内外也布满了他的党羽。

光绪二十一年（1895）三月二十五日，唐景崧的女婿余某欲内渡回大陆，率丁勇携带行李出衙署。李文奎得知此事，歹意遂起，率一群党羽在半路上抢劫，护送余某的勇丁逃走。李文奎令其党羽将抢来的财物搬至路旁的关帝庙，他自己则去追击逃走的勇丁，一直追到巡抚衙门内。此时，副将方良元从衙门中走出，见李文奎后大喝道：你想造反！李文奎不待副将方良元有所准备，当下操刀砍向方氏的脖子，方氏猝不及防，被砼中后逃回门内倒在血泊中。中军护勇们见状放枪鼓噪起来，击杀中军统带周宏遇，③ 响应李文奎，形成叛乱之势。唐景崧听到外面喧嚣，不知道发生何事，便派差官出去查探。差官刚出仪门，便被乱兵砍了几刀，急忙逃回。叛军匪徒拥进衙门要杀唐景崧，正好唐景崧盛服而出，这些匪徒猝见巡抚大人，心里害怕，不敢下手，便收刀直立，假称无事。糊涂昏聩的唐景崧不但没有彻查此事，反而对这些匪徒"奖以有胆"。由于李文奎徒党甚多，唐景崧不但不敢深究，甚至还重用了匪首李文奎充当营官，屯防基隆。而

---

① 〔清〕徐珂：《清稗类钞》之《忠荩类》。
② 〔清〕江瑔：《丘仓海传》，见《岭云海日楼诗钞》附录，第424页。
③ 〔清〕洪弃父：《台湾战纪》，见《中日战争》第6册，第333页。

对被杀的副将方某，唐景崧只用一张缉捕杀人凶手的告示即将此事不了了之。① 驻防在台北后路的丘逢甲闻讯后赶回府城，力劝唐景崧"严肃军纪，雷厉风行，杀一儆百"，然唐氏却对此不理睬，由此手下将领多有不服，产生离心，而"军士遂欺景崧之无能为，浸骄不可制，至是益紊乱无纪律矣"。②

正当唐景崧和台湾军民在紧锣密鼓地进行布防之际，清廷已批准李鸿章与日本所签订的条约。在一批主和派的积极煽动下，不久清廷便派出伍廷芳等人为换约使，前往烟台与日本人换约。日本换约使伊东美久治乘舰船"八重山"号抵达烟台，经过讨价还价后于四月十五日夜间正式换约。四月十七日，日本政府擢升海军中将桦山资纪为大将，并任命其为首任台湾总督兼军务司令官，即日赴台，接收台湾。四月二十日，总理衙门向台湾巡抚唐景崧发去电报，告知清政府已与日本换约，"交割台湾限两月，余限二十日，百姓愿内渡者听。两年内不内渡者，作为日本人，改衣冠"③。此电传出后，台湾绅民拥入巡抚衙门，哭声震天。在台湾民众激昂的抗日保台情绪影响下，唐景崧也被感染了，先后多次向朝廷奏请抵抗保台。他向朝廷奏报道，祖宗缔造大业艰难，至今已有200余年，如果台湾一旦从当今皇上手中失去，天下后世将怎么看待和评价？百年后有何颜面去见列祖列宗？天下恐怕从此解体了，以后还能依靠什么去立国？而且版图是有限的，而敌人的欲望是无穷的，若他国群起效仿，国家的版图能经得起如此割让吗？④ 但割让台湾已铁板钉钉，不可能再改变。很快清廷又给唐景崧发出电谕：命令唐景崧开缺，来京觐见，所有台湾文武大小官员立即内渡。⑤

已经成功换约后的日本加快了霸占台湾的进程，四月二十日，日本政府致电美国驻华公使田贝并转告清政府，"日本朝廷业已简派水师提督子爵桦山资纪作为台湾、澎湖等岛巡抚，并授以钦差大臣之职，准其按照马关所立条约之第五款末节办理一切事宜。该抚约于二礼拜之内赴任，抵任时即行办理特委事件"。要求清政府立即派人去台湾办理交割手续，"日本

---

① 〔清〕姚锡光：《东方兵事纪略》，见《中日战争》第1册，第92页。
② 江山渊：《丘逢甲传》，见《中日战争》第6册，第400页。
③ 《甲午中日战争文学集》第381页。
④ 《台海思痛录》第32页，见《近代史资料》第51号。
⑤ 《清季外交史料》卷一一二，第18页。

七、反割台战争

政府即希中国政府立派钦差大臣一员或数员,前会该抚。至中国所派钦差之姓名、官阶,亦望即行照会日本政府"。① 在中日之间充当掮客的美国人科士达也在为实现日本早日霸占台湾而进行奔走,作为李鸿章对日谈判的顾问,他积极游说李鸿章:"台湾交割断不能游移,借故诿延,以致另起波澜,生意外危险。"② 老谋深算的李鸿章深知交割台湾系一"烫手山芋",在当前台湾民愤极大之际,一旦接手此事,定成千夫所指,留下"卖国贼"的千古骂名。李氏提出了一个两方都不得罪,而且还能让他自己远离这蹚浑水的办法:请朝廷下令,任命台湾巡抚唐景崧为代表,与日本代表交割台湾。清廷断然否决了李氏之议,指出:唐景崧系守台之官,无权与日本进行交割。并命其就如何处理此事继续妥商办法。③

正当李氏踌躇之际,刑部给事中谢隽杭上奏,向朝廷建议:"此事即系李鸿章、李经方主谋,岂有功届垂成反自逍遥事外之理?且该大臣等即能定割地请和之策,自必具有用夷变夏之才。请旨饬派李鸿章、李经方等迅速亲赴台湾,依限交割。"李鸿章千方百计地想躲开,谢隽杭却又把球踢了回来。在军机处的支持下,清廷批准了谢隽杭的提议,并颁下谕旨:"著派二品顶戴前出使大臣李经方前往台湾,与日本派出大臣商办事件。钦此。"④ 李经方接到谕旨后十分惊恐,他深知如果接手此事,不仅会继续被国人视为罪魁祸首,而且可能会丢失性命,于是与其父仔细商量后决定装病辞任,由其父代向朝廷请辞:"自马关随同回津后因忧劳成疾,回南方就医",商交台湾事体繁重,"似未便令对情形隔膜、资浅望轻质员搪塞外人,必至贻误。李经方实不能胜任,请旨收回成命,另行简派"。⑤ 李鸿章代奏之意图谁人看不出?他想置身事外并非易事。很快,清廷不仅没有同意他的请求,还下旨斥责了他的这种行为:"李鸿章身膺重任,当将此事妥筹结局,岂得置身事外?转为李经方饰词卸责。……仍著李经方迅速前往,毋许畏难辞避。倘因迁延贻误,唯李经方是问!李鸿章也不能

---

① 《清光绪朝中日交涉史料选辑》第 393 页。
② 《清季外交史料选辑》第 301 页,台湾大通书局,1958。
③ 《清季外交史料选辑》第 303 页。
④ 《清光绪朝中日交涉史料选辑》第 396、398 页。
⑤ 《光绪朝东华录续录》卷一二六,光绪二十一年四月丁卯。

辞其咎！钦此。"① 朝廷已下定决心，李鸿章只能硬着头皮接下这一差事，他立即去电告知其子，同时又向朝廷奏请命美国人科士达一同前往襄助，并得到批准。一直担心其子安全而惴惴不安的李鸿章与日本首相伊藤博文商量，让李经方与日本特使在澎湖完成交割手续，以避免其子登台受到危险。后双方经过讨论，决定在台湾海口会晤，完成交割。

烟台换约后，台湾的交割进程加快。台湾绅民恳求清政府不要割让台湾的呼声无法兑现，遂群起而支持两江总督张之洞、台湾巡抚唐景崧借外援保台的策略。唐景崧约见英国驻淡水领事时表示：由台中、台北绅士代表组成的代表团愿意把台湾交给英国，如果英国能在抵抗日本割占台湾上提供庇护，清政府只保留主权和地税权。② 虽然这也是一种饮鸩止渴的办法，但为求得保住台湾主权，即便"明知末着，而势不能不拼出此者"③。然而令他们失望的是，英国、法国、德国、俄国等西方列强基于自己的利益都不愿意介入台湾割让之事，最后押台保台的计划落空。当所有的希望都落空后，台湾士绅代表丘逢甲向总理衙门秉文："台湾为朝廷弃地，百姓无依，惟有死守，据为岛国，遥戴皇灵，为南洋屏蔽。惟须有人统率，众议坚留唐抚台，仍理台事，并请刘镇永福镇守台南。"台湾的军民已决心依靠自己的力量来抗日保台了。丘逢甲等人积极推动自主保台计划的落实，并偕绅民代表前往巡抚衙门与唐景崧协商。

丘逢甲与林朝栋等台湾地方绅士聚会商议，在万不得已的情况下接受了唐景崧幕僚陈季同成立民主国，然后再争取列强的帮助阻止日本占领台湾的建议。四月二十三日，以丘逢甲为首的士绅代表团至巡抚衙门，与巡抚唐景崧进行商谈。据当时淡水海关副税务司马士记载："他们曾详细说明自己的计划，要求发给武器和金钱。会谈以后，他们即发表宣言，谴责日本侵略，申述抵抗敌人登陆之决心。同时这个代表团自巡抚衙门的电报局发电请两江总督上奏朝廷，台湾既被割弃，台民决意自立岛国，请将此事通告全国，并将巡抚及刘永福留台。到了下一周，又有一件布告张贴出来，宣布和约无效，号召人民奋起保卫台湾。"④ 二十八日，士绅代表又

---

① 《李文忠公电稿》卷二〇，第61页。
② 《中国海关与中日战争》第221页，中华书局，1983。
③ 《丘逢甲文集》第264页，花城出版社，1994。
④ 《中国海关与中日战争》第229页。

七、反割台战争

一次前往巡抚衙门，促使唐景崧同意自立而抵抗日本，并吁请其"暂统政事"。三十日，台湾士绅经过多次商讨，决定成立"台湾民主国"，并于是日发布自立宣言。其文曰："日本欺凌中国，要求割让我国台湾。台民向朝廷几经请愿，终归无效。倭奴不日来攻，我已知悉。我若感心屈从，则我之土地、我之家乡尽归夷狄所有。我若不甘屈从，但因我无防卫，故难以长期持续。我几经与列强谈判，都约以援助，并主张台民首先独立。故我台民与其为敌所驱使，不如决一死战。今会议决定，以台湾岛为民主国，一切国务均由公民所公选之官吏办理。"① 五月初二日，"台湾民主国"正式成立，以丘逢甲为代表的台湾士绅数千人至巡抚衙门，向唐景崧献国旗、银质国玺②和"台湾民主国总统之印"。唐景崧身穿巡抚之朝服自内堂而出，先向北京方向行三跪九叩首大礼，然后接受台湾绅民两跪六叩首之礼，于衙署正式就任。以丘逢甲为副总统兼台湾义军统领、俞明震为内务大臣、李秉瑞为军务大臣、陈季同为外务大臣、林维源为议长、姚文栋为游说使等，改元"永清"，意思是永远臣服大清，制定国玺、印信、文告等。国玺为"民主国之宝印"，国旗则仿清朝青龙旗样式，图案为蓝底黄虎，虎首内向而尾高首低，表示对清廷的臣服。③ 仪式之后，一面立即致电清政府，表示"台湾士民义不臣倭，愿为岛国，永戴圣清"。正如唐景崧所说的那样，"仍应恭奉正朔，遥作屏籓，气脉相通，无异中土，照常严备，不可稍涉疏虞"。④ 另一方面发布台民布告，其文曰：

> 窃我台湾隶大清版图二百余年。近改行省，风会大开，俨然雄峙东南矣。乃上年日本肇衅，遂至失和。朝廷保兵恤民，遣使行成。日本要索台湾，竟有割台之款。事出意外，闻信之日，绅民愤恨，哭声震天。虽经唐抚电奏迭争，并请代台绅民两次电奏，恳求改约，内外臣工，俱抱不平，争者甚众，无如势难挽回。绅民复乞援于英，英

---

① ［日］藤村道生：《日清战争》第174页，上海译文出版社，1981。
② 按照礼制，最高统治者之宝印为玉质，番邦国主之印为金质，"台湾民主国总统"印为银质，显系按清制地方督抚大员之制而设。
③ 安然：《台湾民众抗日史》第45页，台海出版社，2003。
④ 《中东战乱本末》卷四，第402页，见《台湾文献汇刊》，厦门大学出版社、九州出版社，2005。

泥局外之例，置之不理。

查全台前后山二千余里，生灵千万，打牲防番，家有火器，敢战之士，一呼百万，又有防军四万人，岂甘俯首事仇？今已无天可吁，无人肯援。台民惟有自主，推拥贤者，权摄台政。事平之后，当再请命中朝，作何办理。倘日本具有天良，不忍相强，台民亦愿顾全和局，与以利益。惟台湾土地政令，非他人所能干预。设以干戈从事，台民惟集万众御之。愿人人战死而失台，决不愿拱手而让台。所望奇材异能，奋袂东渡，佐创世界，共立勋名。至于饷银军械，目前尽可支持，将来不能不借资内地。不日即在上海、广州及南洋一带埠头，开设公司，订立章程，广筹集款。台民不幸至此，义愤之伦，谅必慨为佽助，泄敷天之恨，救孤岛之危！并再布告海外各国：如肯认台湾自主，公同卫助，所有台湾金矿、煤矿以及可垦田可建屋之地，一概租与开辟，均沾利益。

考公法：让地为绅士不允，其约遂废；海邦有案可援。如各国仗义公断，能以台湾归还中国，台民亦愿以台湾所有利益报之。

台民皆籍闽、粤，凡闽、粤人在外洋者，均望垂念乡谊，富者挟资渡台，台能庇之，绝不欺凌；贫者歇业渡台，既可谋生，兼同泄愤。此非台民无理倔强，实因未战而割全省，为中外千古未有之奇变。台民欲尽弃其田里，则内渡后无家可归；欲隐忍偷生，实无颜以对天下。因此捶胸泣血，万众一心，誓同死守。倘中国豪杰及海外各国能哀怜之，慨然相助，此则全台百万生灵所痛哭待命者也。

特此布告，中外知之。①

无论是从唐景崧就任典礼上的仪式还是此时台湾对内外的电文和文告，都清楚地表明了成立台湾民主国并不是要脱离清王朝，而是台湾自保的一种权宜之计。② 另外，唐景崧也就这一问题向两江总督张之洞汇报

---

① 《中东战纪本末》卷四，第402页，见《台湾文献汇刊》，厦门大学出版社、九州出版社，2005。

② 按照清制，臣下觐见皇帝之礼为三跪九叩首之礼。台湾绅民拥唐景崧为总统，其礼节是经过深思熟虑和通盘考虑而专门设计的，其所行两跪六叩首之礼，系仿照进见内外王公之礼而制，表明台湾民主国最终仍属于清王朝，绝不是所谓的"独立"。

过，张之洞回电告之："奏报及行文内地各省暨台湾本省，自应仍用开缺本衔与巡抚关防。此层尤须迅速电奏，并电知各省为要。声明此系暂时权宜，以免倭人向中国生衅，事定后台仍归中国。"① 事实上，台湾绅民，包括唐景崧在内台湾官员也都是如此设想的。五月初七日，唐景崧在致各省的电文中称："台民自立，万不得已，非此不足拒倭……但有一线转机，仍归中国，断不肯自居化外，换用旗式为开仗计。……嗣后奏报及行各省公牍仍用开缺本衔及台湾巡抚官防。"② 张之洞也就台湾民主国之事向清廷做了具体解释："台倘幸存，自仍归命国家。印、旗系为交涉各国结援而设。"③

"台湾民主国"的成立不但激起了台湾民众的斗志，也让内地民众对抗日保台有了一丝希望和信心。轰轰烈烈的抗日保台活动便完全拉开大幕。

3. 日本侵占台北与台湾北部的抗日斗争

日本侵略者一面加紧逼迫清政府完成台湾交割程序，一面派出武力准备登陆台湾。光绪二十一年（1895）四月二十五日，被任命为台湾总督的日本海军大将桦山资纪率常备舰队和当时驻扎在辽东半岛的近卫师团向台湾驶去，准备接收台湾。五月初五日，29 艘日本军舰已经在台北海面游弋，除强行停泊在附近各港口外，基隆、沪尾、澳底、金包里等凡可登岸之处皆有日本军舰停泊。

按照唐景崧的早先部署，台湾北部一带由其做总指挥，率兵驻守防御。其中澳底则由曾喜照率部驻守；基隆由杨西园率部 12 营防守。澳底北距基隆 50 里，由北向南经陆路通往澳底的道路崎岖不平，两地之间又

---

① 苑书义等主编：《张之洞全集》卷二〇一，第 6410 页，河北人民出版社，1998。
② 苑书义等主编：《张之洞全集》卷二〇一，第 6416 页。
③ 《中日战争》第 4 册，第 145 页。

有当地最为险要的三貂岭，过此岭后有两条路，一条通往瑞芳，另一条通往吴朱埕，若循海岸线也可抵达基隆，但中间有九芬山阻隔，翻过此山即无路可走，皆乱石嶙峋，勉强通过后，最后必然从此处设置的一炮台前经过，因此此处可以说是易守难攻。更重要的是，唐景崧等人认为，日本舰队若要进攻必定从基隆、沪尾开始，因此大兵多驻扎于此二处，三貂岭、澳底一带为荒僻之处而不受重视，虽有兵丁把守，但力量非常薄弱。

次日，一些不法游民勾结私盗金矿的匪徒向日本侵略者投诚，带领日军从防守比较薄弱的澳底登陆。日本侵略者先遣军舰向基隆的金包里猛烈炮击，做登陆状以牵制清军的兵力，然后从澳底登陆。当时，澳底是由曾喜照率新招募的两营义勇防守，新兵没有经过军事训练，更没有战斗经历，战斗力较弱，根本抵挡不了日本人的进攻，刚接战便溃散，日本侵略者轻而易举地占领了澳底。①

日本侵略者在加紧对台湾的实际军事占领之际，也在逼迫清政府办理台湾交割手续，企图为其完全占领台湾寻找法理依据。在日本政府的逼迫下，清政府以李鸿章之子李经方为全权交割大臣，前往台湾与日本人办理台湾交割手续。五月初七日，李经方带领道员马建忠，顾问科士达，外文翻译伍光建，日文翻译卢永铭、陶大均，随行文武官员张柳、吕文经等，以及警卫40人，乘德国商轮"公义"号由上海启航，于初九日抵台湾淡水海面，并于下午4时26分在日舰"横滨丸"号右侧停靠，并派出翻译陶大均登上日舰，向桦山资纪告知李经方代表清政府前来完成台湾交割手续，并商定了交割时间。②

十日上午10时，李经方率翻译卢永铭、陶大均乘坐小船登上日舰"横滨丸"号。桦山资纪率公使、书记官和翻译等来到甲板迎接。双方坐定后，桦山资纪说："奉命来台，以为和约批准，交接甚易。乃伊藤接中国政府电告台事棘手，始带领水陆各军。到淡水后，派小兵轮欲进口知照华官，华兵开炮阻挡，故来基隆；又为华兵枪炮轰击，不得已，暂驻三貂澳。现陆军一万已登岸，日内可取基隆。"李经方答道："奉命来此，专与贵委员商办事件。台湾如何交接？望先明告。"桦山资纪则说等其攻取基隆，到台北府后再慢慢商议交接事宜。此时的李经方极其害怕台湾军民的

---

① 《台湾八日记》，见《中日战争》第6册，第373页。
② 戚其章主编：《中日战争》第8册，第503页，中华书局，1994。

七、反割台战争

反抗风潮,不仅不敢在台湾登陆,还一心想尽快完成与日本人的交割任务。他对桦山资纪道:和约批准,中国已将台湾治理事权交与日本;此来照约将堡垒、军器、工厂及属公物件交与贵委员。台民已变,岂能登岸一一点交!若候贵委员登岸到台北府,不知何时!全台地方甚大,民变非一日可平;恐非数年不能交接清楚。而桦山资纪则反驳道:即便如此,交割事大,不可迁就。双方各持立场,互不相让,辩论至日中,未有结果而回。当日下午2时,桦山资纪来访李经方,并问道,既然两国已经缔约修好,淡水、基隆的清兵为什么仍在武力抵抗日方?甚至还有令百姓等进行抵抗的官方告示?李经方答道:"和约批准后,大皇帝既派我来台带有全权交接台湾,且特旨令文武各官陆续内渡;此为两国实心和好凭据。台民不服生变,何事不为?淡水开枪,我未目见,不知虚实;但据贵委员之言,想必团练土兵所为。风闻杨提督等已内渡;其余文武各官虽为台民劫留,未能遵旨一律内渡。民不奉朝命,官久无权;告示皆台民所为,官岂能过问?"两人就如何交割台湾之事辩论良久,最后桦山资纪坚持需由李经方开具交割清单,格式不拘。在日本侵略者的逼迫下,以李经方为首的代表团不仅签订了《中日交接台湾文据》,还按照日本人的要求写下了交接清单。当天深夜,双方在中日文各两份的交接文据上签字盖章。①

《中日交接台湾文据》② 全文如下:

> 大清国大皇帝陛下及大日本国大皇帝陛下为照在马关所定和约第五款第二条交接台湾一省。
>
> 大清国大皇帝陛下简派二品顶戴前出使大臣李经方;大日本国大皇帝陛下简派台湾总督海军大将从二位勋一等子爵桦山资纪,各为全权委员,因两全权委员会同于基隆,所办事项如左:
>
> 中、日两帝国全权委员交接光绪二十一年三月二十三日,即明治二十八年四月十七日,在马关两帝国钦差全权大臣所定和约第二款中国永远让与日本之台湾全岛及所有附属各岛屿,并澎湖列岛,在英国格林尼次东经百十九度起至百二十度止,及北纬二十三度起至二十四度之间诸岛屿之管理主权,并别册所示各该地方所有堡垒、军器工厂

---

① 《清季外交史料选辑》第 322-324 页。
② 《清季外交史料》卷一一三,第 1914-1915 页,书目文献出版社,1987。

及一切属公物件，均皆清楚。为此两帝国全权委员愿立文据，即行署名盖印，以照确实。

　　光绪二十一年五月初十日、明治二十八年六月二日，订于基隆，缮写两份。

　　台湾全岛及所有附属各岛屿并澎湖列岛所有堡垒、军器工厂及属公物件清单：

　　一、台湾全岛澎湖列岛之各海口及各府县所有堡垒、军器工厂及属公物件。

　　一、台湾至福建海线应如何办理之处，俟两国政府商定。

　　双方办理完交割手续，李经方送走日本人后立即命令开船，哪怕多停留一秒钟都会令他十分不安。深夜12点30分，李经方所乘坐的"公义"号轮船拔锚起航，急切地驶离台湾海面。此时，最开心的莫过于李经方了，终于完成了清廷所交代的任务。当时在场的美国顾问科士达这样写道："夜半，中国船拔锚，在日本海军礼炮声中，我们向上海开行。我们在台湾海面36个小时，没有一个官吏是比完成任务的李经方更快乐的。"①

　　形式上的交割台湾，只是为日本对台湾的军事占领提供一个所谓合法的依据罢了。其实，早在交割完成的4天前，日军已经开始了对台湾的进攻，而此时台湾北部的防御已经十分薄弱了，一些将领已遵照朝廷旨意率部返回大陆。五月初六日，日本侵略者工兵一中队、步兵一中队登陆澳底，与清军接战。澳底在基隆东稍北，八斗澳西岸，距基隆50里，道路崎岖，中有三貂岭，过此岭则分大小两条道：大道通瑞芳，至基隆；小道则通吴朱埤、暖暖街，绕过狮球岭达八堵。若沿海岸线行军，则过九芬山后抵社寮炮台。② 因守澳底系曾喜照新募土勇，成军刚刚两三天，毫无战斗力可言，遇到全副武装的日军进攻，便很快败下阵来，澳底被占。③ 次日，日军向三貂岭进军，欲一鼓作气拿下基隆。此时的基隆兵力防守已大不如前，很多将领率部内渡后，整个基隆及周边的兵力只有张月楼所率7

---

① 《科士达外交回忆录》，见《中日战争》第7册，第486页。
② 〔清〕姚锡光：《东方兵事纪略》第133页，中华书局，2010。
③ 戚其章主编：《中日战争》第12册，第65页。

七、反割台战争

营,加上土勇4营,其中炮台分去3营。瑞芳、九芬也有一些防守兵力,但非常薄弱,战斗力非常低。鉴于此,唐景崧立刻命令以三貂岭为第一防线,急派总兵陈得胜率沪尾防军3营、吴国华率威远军2营协防三貂岭,同时另派游击李文忠率锐字军2营赶赴基隆海岸,以阻击日本人沿海岸线向基隆进军。后又加派林传率建字营、黄华来率抚标亲军右营驻防八堵,令抚标亲兵三哨驻防暖暖街。① 初八日,由广东调来防守的统领吴国华率700余人在九芬与向瑞芳进军的日本侵略者相遇,与前来助战的北路统领张兆连率铭字军右营、正营各半营,广勇1营及田字营先后赶到,两路大军前后夹击,打败日军。但两路大军各营在"军功"问题上互争不下,结果为了各自的利益而置抗日大事于不顾,对日本侵略者没有乘胜追击,反而各自率部负气撤回基隆。日军有机会重整并占领九芬,并伺机进攻瑞芳,② 双方再战于前面的金山。金山有台勇1营,为台湾人简溪水统领,在与日本人初交战时获胜,日军被迫止步。同日,日本近卫师团长亲王北白川宫率部在澳底登陆。唐景崧派出营务督办俞明震前去督战,同时负责前线将士的饷械等事宜。

初九日,唐景崧从沪尾守将中调派吴国华率部进防瑞芳,调李文忠率部赴援九芬,调杨连珍率部支援吴朱埤。三路军在基隆进行简单的休整后合力猛攻日军。与此同时,日本侵略者也兵分三路,其中两路作为攻击部队:一路进攻九芬,另一路进攻瑞芳,第三路则是扼守吴朱埤,防止清军包抄突袭。九芬在近海,守卫非常薄弱,日军用快艇炮轰,掩护部队登陆,很快九芬失手。清军大震,俞明震率领亲兵60余人前往瑞芳督战,扼后街口,并下命令:各营将士凡有临阵退却者斩!据当时日本人的记载,当时瑞芳一战非常激烈,虽然清军人数很少,但人人都将生死置之度外,据营而战,与日军阪井联队、宇津木联队和大野中队对阵,重创来势汹汹的日军,让其死伤甚多。③

十日,日军带领300人的汉奸部队来攻,将驻于九芎桥的张兆连部包围数重,进攻非常猛烈。陈得胜率80人、曾喜照率30余人涉溪涧冒死冲入,而此时张兆连已受重伤,在士兵的力战下,由一人背负潜水而逃脱。

---

① 戚其章主编:《中日战争》第12册,第5页。
② 〔清〕俞明震:《台湾八日记》,见《中日战争》第6册,第373页。
③ 《台湾抗战日方资料》,见《中日战争》第6册,第457页。

陈得胜战死，曾喜照受伤后边战边退，战至庚子寮时被李文忠部所救。正在双方酣战之际，俞明震令胡友胜率部驰援，胡友胜不仅不遵军令，更出怨言；欲调营官黄义光率亲兵扼九芎桥，但黄氏拒不遵军命。为整肃军纪，俞明震命人将胡氏、黄氏两人拉出帐外处斩。由于众人阻挠，仅摘去顶戴花翎以示惩。更让人诧异的是，至午后俞突然接到唐景崧电报，命黄义光率亲兵速撤回。俞明震急乘火车回府城，方知竟然有人冒充唐景崧之名私自向前线发电报，使黄义光免受处罚。面对这种恶化的局面，唐景崧竟然不敢追究，只能叹息而已。①

而在海面上，日本"松岛""千代田""浪速""高千穗"4艘军舰于下午3时在基隆港外海面集合，以挑衅的姿态逼近基隆港，侦察该港及附近地区的情况。由于守军无法确认这些舰艇是敌是友，并没有进行抵抗，炮台更没有发射炮弹。在没有遭到任何抵抗的情况下，日本军舰一直侦察到日落才离开基隆港。②

十一日，张兆连从瑞芳败退后，率部撤回基隆。而日本北白川宫则自行指挥，率近卫师团向基隆进军；同时桦山资纪也率前卫骑兵半中队及步兵二中队，本队步兵五中队、骑兵半中队、炮兵二中队，右翼步兵四中队，左翼步兵四中队，同侧支队步兵二中队，星夜追击清军退兵。然后分兵一部进攻北斗，另一部攻击田寮港，以夺取基隆海口。从早上10点开始双方交战，一直战至下午2点。③由于基隆周边各个防守部队各自为政，不能协同一致，以致被日军各个击破。俞明震率部固守阵地过程中被日本重重围住，其他各营却坐视不救，最后各军都溃败，基隆也被日本攻下。俞明震在抵抗中被日本炮弹炸成重伤，血流不止，亲兵抢护其至狮球岭，由西医救治。

日本侵略大军猛烈攻击基隆，遭到了基隆守军二三千人的顽强抵抗。但在基隆附近参与战斗的日本侵略者约4000人，并有山炮4门。日军在登陆的时每人只携带了150发子弹、3天的口粮，而至基隆时口粮、弹药即将耗尽，日军不得不拼死一战。相比之下，基隆的守军部队顽强抵抗，但各部之间却互不相帮、各自为政，日军采取各个击破的办法，最终将势单力薄的各

---

① 〔清〕俞明震：《台湾八日记》，见《中日战争》第6册，第376页。
② 《攻台战纪》第116页，台湾远东出版公司1995。
③ 〔清〕吴德功：《让台记》，见《中日战争》第12册，第66页。

七、反割台战争

部基隆守军尽行击破,占领基隆。在争夺基隆的战争中,日本侵略者死伤 30 人,而基隆守军战死不下 200 人、被俘 113 人,被日军缴获重炮 14 门、轻炮 29 门、火枪 1000 余挺、炮弹 5000 发、子弹 60 万余发、火药 1000 余箱、粮食 100 余石。① 被日本占领后的基隆城几乎变成了人间地狱,日本侵略者烧杀抢掠,无恶不作。日军的恶行激起了基隆人民的痛恨,有两个基隆百姓潜入囤放弹药的基隆寺中,引爆炸药,炸死日本侵略者军官 1 人、士兵 20 人,炸伤日本兵士 21 人。②

占领基隆城的日本侵略者并没有停止其侵略的步伐,除了留下一部分士兵控制基隆城外,大部分部队继续南下,欲进攻台湾府城。唐景崧得知前线战事紧张状况,即令其十分信任的中军副将黄翼德前往八堵防守,而黄翼德是个为人狡诈且贪生怕死之徒,他"至八堵,闻日军势盛,胆几丧"③,率部乘火车至八堵后不仅没有下车设防,更是立即返回府城,黄翼德甚至向唐景崧汇报假消息,告诉他狮球岭已失守,而且那里大雨,无法扎营。此外,黄翼德还吓唬唐景崧道:"日本人悬赏 60 万,购买唐氏之命。"当俞氏不顾伤重与基隆厅同知方祖荫乘火车急回府城,带着绅民们的公秉请唐景崧移驻八堵,前往前线督战,以体现死守之意时,唐景崧却感叹道:"大事已去,奈何!"④ 并向俞明震说明了他从黄翼德处得到的信息,俞明震当即怒斥了黄翼德的欺罔。虽然在俞明震的说明下,唐景崧了解了实际状况,但唐景崧却不敢诘问黄翼德的欺罔,只能不了了之。

基隆通往府城的路上有金山,向南有天险大顷尖,沿此天险向南,左为狮球岭,右为鸡笼山。狮球岭由胡连胜率兵 6 营驻守,鸡笼山则由张兆连率部 10 营防守,两军相隔不过数里。日军由金山分道进至大顷尖,见无兵把守,大喜,遂长驱进至狮球岭。狮球岭是横断基隆通往台北铁路的峻岭,铁路的隧道由北向南横亘 500 米,岭上有若干座炮台,炮台之间由齐胸高的石墙连接起来。岭上的炮台除配置了两三门山炮外,都是一些并不实用的旧式土炮。狮球岭正面便是陡峭的斜坡,断崖处处皆是,大树错

---

① 《攻台战纪》第 133 页。
② 《台湾之役》,见《中日战争》第 8 册,第 507 页。
③ 《中日战争》第 6 册,第 401 页。
④ 〔清〕俞明震:《台湾八日记》,第 12 页。

杂其间,炮台掩于其中,难以发现,是易守难攻之地。① 当日军进军至狮球岭之时,突然大雨倾盆,浓雾弥漫。正在备战的胡连胜部见骤下大雨,以为敌兵不会前来,部队大懈。而日军却由日本皇室亲王指挥,由其得力助手少将川村率部从山下向上攀登,②穿油衣戴油帽冒雨乘雾爬山而进。等接近胡部阵地时兵士才发现,但为时已晚,只能仓促应敌。后路各营民兵等见形势危急,均隐身以逸待劳,伺机出击。而粤勇以为民兵胆怯,反而朝民兵开枪射击。民兵十分愤怒,顿时哗然,认为粤勇反叛,遂也开枪射击。已方内部火并起来,大乱而溃,日军轻易地占领了狮球岭。③

十二日狮球岭失手后,黄翼德部索饷大哗,致使台北秩序大乱。对于这个贪生怕死、谎报军情,而又纵容部下"索饷""闹市"之徒,丘逢甲"愤而请斩义(翼)德以谢台民,并严罚一二乱兵为首者,以厉其余。景崧不敢从"。唐景崧害怕惹怒黄翼德部而威胁其生命安全,不敢听从丘逢甲的建议。看到如此松弛之军纪和软弱无能的唐景崧,丘逢甲叹息说:"祸患之来,迫于眉睫尚不能整饬军纪,徒畏葸游移,坐令其哗变,天下事尚可为乎?"④ 面对台湾危在旦夕的严峻形势,已无法指望唐景崧能振奋军队、整肃军纪而抵抗日军进攻,他只得回南崁元帅庙,严饬义军备防。当时,台湾的大部分物资皆存贮于台北衙门的府库中,尤其是之前清廷向台湾所拨100万两军饷皆在府库之中。叛变的管带李文奎带领粤勇入府库抢库夺银,时唐景崧亲营卫兵不仅不敢镇压,还参与抢夺库银,顿时城中大乱。李文奎乘乱闯入内衙,见唐景崧,便要求其亲往八堵督战。唐景崧见其来者不善,害怕自己的身家性命受到威胁,便设法安抚,同时将案上令箭掷下,对其道:"军令俱在,好自为之。"乘李文奎俯首捡拾令箭之际,唐景崧急忙从衙署后门逃出。唐知已无法维持大局,遂携带巡抚印信,率护卫亲兵数十人微服奔向沪尾。⑤ 李文奎率粤勇放火焚烧巡抚衙署,一时喊声震天、人相践踏,整个台北各街市糜烂。大火蔓延到火药库

---

① 《攻台战纪》第130页。
② 〔清〕吴德功:《让台记》,见《中日战争》第12册,第68页。
③ 〔清〕洪弃父:《台湾战纪》,见《中日战争》第6册,第334页。
④ 《中日战争》第6册,第401页。
⑤ 《台湾抗战始末记》,见《中日战争》第12册,第7页。

七、反割台战争

后，引起弹药爆炸，炸死 100 余人，加上各处因乱而亡者达数百人。① 台北混乱后，逃难的台北民众蜂拥而出，全部拥上了英船"雅打"号上，这艘 700 吨的轮船上慢慢地挤上了 2000 多人，简直没有立脚的地方。岸上炮台守军认为官员不应该抛弃军队而径自走掉，为防台北官员混入船上逃离，不断开炮射击，不让轮船离港。害怕丢命的唐景崧在逃往沪尾的过程中改变主意，微服改装、隐藏行踪，扮成逃难的百姓登上英船，并于两日后逃回大陆。据当时的英国人记载："有人秘密地告诉我，确信他（指唐景崧）已化装乘十四日开出的英国船'雅打'号走了。"②

唐景崧的出逃让整个台北陷入了无政府状态，一些原来的守兵变成了乱兵，开始抢掠。越来越严重的混乱，对当时英、德在台北的租界构成了威胁。十三日，人心惶惶的英、德人决定接受日军的保护，于是他们派出了奥利、达姆逊等 3 人作为代表向日本人通告他们的想法。奥利等 3 人携带长刀和短枪，在马来人和台湾人的陪同下，正午时分从台北出发。经过台北城中时，见沿途许多商户和民居悬挂了白旗，且有枪声此起彼伏。他们谨慎地走了大约 10 英里，一路上不敢休息，在水返脚（现台北市汐止镇汐止）遇到了日军的盘查。一名日本兵用英语盘问道："你们想到哪里去？"奥利等人将来此的意图一一告知。他们在日本兵带领下路过了好几个营舍后到了设在一所民房中的司令部。③ 奥利等人代表英、德租界当局向日本司令官道："台北守军约 5000 人，现已逃往淡水；另有一部分往新竹撤退。残余的败兵火烧官厅，引爆火药库，到处掳掠，暴乱前所未见。现只有英国水兵 30 人、德国水兵 25 人登陆，保护外国人居留地，但力有不足，故请贵军尽速前进镇压，我等将尽力为贵军筹措 1000 人左右的口粮，务求供应无缺。"④ 十四日，又有流浪于台北的鹿港人汉奸辜显荣从台北来到水返脚日本营地，向日军报告唐景崧出走，城内乱成一团、群龙无首之消息，并提出自己愿做向导引导日军快速进城。⑤

---

① 〔清〕吴德功：《让台记》，见《中日战争》第 12 册，第 68 页。
② 中国近代经济史资料丛刊编辑委员会主编：《中国海关与中日战争》第 235－237 页，中华书局，1983。
③ 《中日战争》第 8 册，第 509 页。
④ 《攻台战纪》第 135 页。
⑤ 《台湾抗战始末记》，见《中日战争》第 12 册，第 9 页。

当晚，日本人派出了 500 名日本兵与 3 个欧洲人和辜显荣一起向台北前进，于半夜后到达台北城东北的练兵场，过程中不时遭到来自城墙上零星的射击抵抗。日本人认为深夜进入台北城中恐对部队不利，遂于练兵场扎营，等待天明后进攻市区。天亮后，日本侵略者从北面城墙攀爬入城，然后打开城门，引大部队入城。少数留守的义勇、土勇顽强抵抗，但装备精良的日本侵略者在欧洲人的引导和帮助下对这些坚守的兵士进攻。由于双方力量相差悬殊，守军终因寡不敌众而被迫全部退出城区，日本侵略者小股部队占领台北城。紧接着，日本第一旅团长川村率领第一联队残部第七、八中队从基隆出发，并于中途合并两个步兵中队及一个骑兵小队于十五日清晨进入台北。随后，川村根据之前得来的有关淡水的情报，派出了第五、六中队和骑兵小队从台北出发，向淡水推进。他们的首要任务是全面侦察淡水的情况，若情况有利，就顺势占领淡水。先遣部队在与淡水的日本海军联系后，先派出了骑兵小队，小队手黄昏时分进占了沪尾街，并在没有受到任何抵抗的情况下占领了该处的炮台。当时，日本常备舰队"浪速""高千穗"两舰为了牵制淡水的兵力，一直都停留在淡水海面，直到日本骑兵小队到来后，海军陆战队才开始陆续登岸，互相配合，攻占淡水。十七日，日本派驻台湾的总督桦山资纪派出步兵大佐福岛安正率领宪兵、翻译官等 60 余人搭乘"八重山"号舰艇从基隆出发，与近卫师团步兵先后抵达淡水，对此处形成了完全控制。二十二日，桦山资纪率部进入台北，在原善后局衙门成立了台湾总督府，向各国驻台领事进行了通报，于二十五日举行始政仪式，自此开启了日本对台湾长达半个世纪的血腥统治。

4. 台湾中部的抗日斗争

唐景崧乔装逃往大陆，群龙无首的台北很快便被日军轻易地攻下，这对整个台湾的抗日情绪产生了一定的消极影响。在台中防卫的义军总统领丘逢甲听闻台北失手后痛哭不止，指出："吾台其去矣！误我台民，一至

七、反割台战争

此极！景崧之肉其足食乎？"① 占领台北后的日本侵略军并没有敢立即率军南进，而是派出侦察部队南下，分别探查新竹、大姑陷等地抗日义军的情况。探得的结果是，从台北至新竹的铁路线南方、大姑陷河两岸一带到处都是抗日的义军。大姑陷是淡水河上游的一个村庄，在台北西南约70里，此处四面系崇山峻岭，碉堡绵延一百数十里，山上树深林密，昔为清政府为镇抚土著而设的一个重要军事据点，由总兵余清胜率领2000人驻防。然此人却是一个贪生怕死之辈，在日军进占台北后，便派人携书信一封与日本人秘密接触，向日本表达了投降之意。余清胜在信中说，本人久历戎伍，天天盼望着告老还乡，现正值贵国接管台湾，未便久留此处，请贵国赏给船只，允许让我将所部勇丁带同内渡，庶军士可以还家，其他义勇就地解散。② 日本人对余清胜抱有谨慎的态度，为了搞清余清胜所驻守的大姑陷一带的具体信息，日军师团参谋派出一个骑兵小队前去侦察。侦察的结果是，大姑陷一带虽有零散的抗日义军不时出现，但余清胜已准备将其驻防移交给日军。五月二十一日清晨7时，余清胜将驻防移交给日本人，并于次日由日本人护卫着率随从13人从大姑陷撤离，当日下午至台北，然后由日本人安排，转乘船只内渡回大陆。

虽然余清胜向日本人投降，但被解散的所部兵勇皆深以为耻，散居各处的兵勇纷纷就近加入抗日军，随时准备抵抗日本侵略者。这些勇敢的兵勇利用各种方式和手段对日本侵略者以沉重的打击，据日本人当时的记载，如果日本的优势军队来了，这些小股抗日军即假装"箪食壶浆出迎"，乔装良民；若是日本的小股部队，则即刻予以奇袭，日本人的粮食运输队、侦察队等遭到全部剿灭不止一次。③ 其中新竹、苗栗一带的绅民团结一心，推举苗栗名绅生员吴汤兴为首领，祭旗誓师抗日。吴汤兴系投笔从戎，先前已带领练勇1营抗日。至此被推举为首领后，他收编了原提督2营、林朝栋所部谢天德等营，联合生员邱国霖、徐骧、吴镇䰞、姜绍祖等所部义勇，立约法数章，誓师要收复台北。④

二十一日，日本侦察骑兵小队至三角涌驻扎，当地百姓假装夹道欢

---

① 〔清〕江瑔：《丘仓海传》，见《岭云海日楼诗钞》附录，第420页。
② 《中日战争》第8册，第512页。
③ 《中日战争》第6册，第457页。
④ 《中日战争》第12册，第72－73页。

迎。当日军放松警惕之际，百姓用计袭击日本骑兵，不仅将所有能喂马吃的草割光，还设计伏击点，出没无常，偷袭日军，最后日本这支骑兵小队所携带的全部口粮尽为当地百姓所得。同日，日军步兵一大队沿大姑陷河左岸向刘潭甫进军，入城后，突然遭到来自街道两侧的射击，日本兵被打死9人，该地直至午后才被日军占领。日军其中一小队继续向大姑陷方向前进，在到达桃仔园时又遭到当地居民的伏击，被打死18人。然虽有义军驻守堡垒抵抗日军，但日本侵略者调来炮兵，向堡垒猛烈轰击，义军被迫放弃阵地，日军遂占领大姑陷。

　　二十二日，由14人组成的日本侦察小队因中途落后，在杨梅坜遭到义军的包围，差点全部被剿灭。逃出后的这股日本侦察小队与到达大湖口（今台湾新竹县湖口乡湖口）的日本侦察中队会合。中队派出一队侦察兵继续向新竹方向侦察，在枋寮庄（今新竹县新埔镇枋寮）东北方高地遭到五六百义军的抵抗，日军寡不敌众，迅速逃回。此时，日本侦察中队从间谍处得到消息，新竹及其附近地区有杨紫云所率义军2000人，以及由前台湾镇总兵吴光亮指挥的5营义军；在彰化附近，有林朝栋所指挥的五六营义军正向新竹一带集中转移。日本侦察中队当日驻扎于大湖口车站，已经领教过义军厉害的日本侵略者不敢放松警惕，向左方、右方、前方都派出了警戒哨。义军不断地向日本人发起进攻，日军死守阵地，双方交战激烈。下午4时左右，突然大雨倾盆，让日军赢得了喘息之机。2个小时后雨停，义军又开始进攻，特别是日军前哨线，遭到义军二三百人围攻。入夜之后，义军不断骚扰日军，彻夜敲锣打鼓，喧嚣不止，让日本侵略者整夜提心吊胆，无法休息。次日黎明，侦察中队首领河村派出传令兵向后方头亭溪（今桃园县杨梅镇社子溪上游头重溪）日军求援，但日军后方退路已被义军截断。为了避免孤军深入，减少被剿灭的风险，日军又派出了两路侦察队，一路是军官侦察队19人，沿通往新竹的山路前进，另外一路向凤山溪侦察。这两路日本侦察队很快便遭到了义军的包围，派往其他地方的日本侦察队也同样遭到了义军的攻击，以致无法前进一步。鉴于此，河村决定侦察中队于次日全部向台北撤退。但当日傍晚6时，义军五六百人以半圆形的战斗队形慢慢包围日本侦察中队，准备将其一举歼灭。这时，日军援军赶来，向义军的左翼发起冲击，义军在日军的夹攻下被

七、反割台战争

迫撤退。①

二十三日，抗日义军首领吴汤兴集合各营统将誓师，从首提督茂林、傅宏禧 2 营，栋军谢天德、傅德升 2 营，姜绍祖 1 营，吴镇光 1 营中各抽调半营人马组成大军，驻扎于杨梅坜一带。大军与日军侦察小队相遇，双方激战 1 小时，日本侦察小队不敌，落荒而逃。义军在追击的过程中突遇运送弹药的日本兵 30 人，义军几乎将其歼灭，只有 2 个日本兵逃回报告。随后，义军各部重新部署，姜绍祖率领敢字营返回北埔，吴汤兴则命其所部分屯于大崩坡（今桃园县杨梅镇崩坡）与大湖口之间，并亲自率若干亲兵往来于苗栗、头份街之间，招募兵丁，征集粮饷、武器。② 二十五日，丘国霖率义军 700 人抵达新竹，于次日带领所部至大湖口与日军侦察中队交战。日军整队进行抵抗，一时枪弹如雨。双方激烈交战，日军侦察队被歼数十人，义军也损失颇大，最后义军猛搏不支，被迫撤退。③

二十七日，日本侵略军大部队正式南侵，以步兵一大队、骑兵一小队，配以新式机关炮队，由日本步兵大佐阪井重季率领从台北出发，向南推进。此时，新竹总兵提督衔吴光亮、新楚军统领副将杨紫云共有士兵 2000 人、练勇数百人，屯防于红毛田西边新社附近，另安平镇、杨梅坜（今台湾桃园县杨梅镇）、大湖口（今台湾新竹县湖口乡）等地皆有抗日义军。三角涌黄晓潭、安平镇胡嘉猷统称阿锦胡，与北埔姜绍祖各率练勇及义军，誓抗日军。④ 次日晚，日军为支援侦察骑兵而派出的第一中队进抵杨梅坜。

二十九日，义军阿锦胡部利用有利地形向日军侦察部队进攻，随后日军支援中队分兵 4 个小队救援，其中 2 个小队从大路上进攻，向南北两个高地各派出了 1 个小队。义军占据了有利地势，鸣铜锣、敲大鼓、吹笙笛，顽强抵抗。但日军的这股支援部队系日本精锐近卫军，不但武器装备精良，而且训练有素，战斗力较强。相比之下，义军武器原始落后，兵勇没有经过多少训练，整体处于劣势，虽一腔热血杀日军，但终究无法抵挡，经过半个小时的激战，义军被迫撤退。有组织、大规模的义军虽然撤

---

① 《中日战争》第 8 册，第 518 - 519 页；《攻台战纪》第 142 - 143 页。
② 《攻台战纪》第 382 页。
③ 《中日战争》第 12 册，第 74 页。
④ 《中日战争》第 12 册，第 10 页。

退了，但杨梅坜的百姓，战时皆是义兵，几乎家家都藏有枪支弹药，时刻准备着拿起武器消灭日军。

侵占杨梅坜后的日军继续向大湖口进军。日本人分兵三路，一路是日本第八中队大部，沿大路前进；第二路是古川小队，从右侧高地上进军；第三路是汤地小队，从左侧高地上进军。当这股日军通过一山谷时，早已在前面高山上埋伏的吴汤兴部义军突然发起了攻击，把日军阻截在山谷中，直至午后。气急败坏的日军立即调整部署，一面调来炮兵，抢占高地，用火炮来攻击义军，另一方面将第二中队的两个小队派往义军驻守高山的森林中，企图包抄偷袭义军。很快，日本的炮兵向义军发起了猛烈的反攻，火炮威力巨大，武器落后的义军不敌，被迫撤退。而正在此时，隐藏于林中的日军突然发起了偷袭，企图乘机消灭义军。义军边撤退边奋起抵抗，安全撤至枋寮庄一带，① 并分出一部分与徐骧率领新募来的 2 营兵勇前往大湖口北面村落驻守。很快，日军也进至大湖口车站，并于此扎营。当时，车站右面湖岸上就是义军驻守的村落。日本人害怕被义军偷袭，遂决定派第三小队先向义军驻守的村落发起进攻。虽然日军数次冲锋，但义军凭借堡垒顽强抵抗，之后日军又派出第一小队和炮兵前来增援，仍无法攻克，义军一直固守据点。吴汤兴、徐骧得知日军进攻义军所驻守村庄，急忙率部前助，抵枋寮庄北方高地，阻击继续前进之日军，后不能支，只能退守枋寮庄，传新竹栋字右营及台北防军营支援。次日清晨，在义军援军未到之前，日军开始向枋寮庄发起进攻，吴、徐所部义军抵抗不住，被迫退到新埔街附近。

三十日早晨，日本阪井侵略军前锋队向新竹进攻，在途中不断遭到义军的袭击和抵抗。义军以优势兵力节节抵抗日军侵略。日军为了加快侵略步伐，随即调来机关炮队，随前锋日军一路入侵。上午 11 时，阪井主力到了新竹县北城下，前锋队、机关炮队和工兵队则绕至城东，机关炮队占领城东金山面，择制高点布置了最新式的机关炮，炮口直对新竹县城。日军步兵在新式机关炮的掩护下对新竹县城东门发起了进攻，日本步兵强行登上了城墙，把紧闭的外城门打开，接着向城郭最牢固的城门攻击。城墙厚度达两间房子，以砖构筑，中夯黄土，不易攀登。工兵开始发挥作用，

---

① 《中日战争》第 8 册，第 521－522 页；第 12 册，第 74 页。

七、反割台战争

在掩护下翻越城墙而过，清除了堵在城门内侧的障碍，打开城门，放日军主力入城。新竹知县王国瑞、游击廖榕胜在城破之时从北门逃出，其他文武官员也一并撤走。城内义兵与日军进行了短暂交战，不敌，总兵吴光密与吴汤兴、吴镇洸、陈澄元率余部向南撤退，新竹县城为之一空，日军占领全城。

日军虽然占领新竹，总兵力却只有2000余人，力量非常有限。为了防御抗日义军的反攻，日本人并没有立即南进，而是调整军事部署，加强对新竹的管理和防御。阪井支队将其指挥部安排在新竹城西门内侧一民宅内；步兵分屯在武营头及后布埔演武场两处；骑兵驻于城南门各民家中；炮兵安排在城北门外苓仔庄；机关炮队驻营于南门义仓。日军虽然暂时维持住了对新竹城内的统治，却无法抵挡住城外义军的反攻活动。城外即有新楚军驻扎在头份，傅德生、郑以金率部驻扎在新竹南门外笔尖山；而且新竹附近的居民多为福建、广东的移民，皆是爱国热血之士，县西南十余里为苗栗县，系义军首领吴汤兴的家乡，全村皆是广东人，男子人人皆为义兵，在吴汤兴的率领下抗日保家。这些活跃在新竹周边的义军相约六月初一日对新竹的日本人发起攻击，而其中义军一部分从日军占领新竹的当日深夜就开始行动，潜行至客仔山北边，偷袭了位于此处的一日本岗哨。当时，由于义军的打击，日本南下侵略部队与日本侵略军大本营之间缺乏畅通的联络渠道，驻台北的日本亲王北白川宫能久派出了步兵三中队、骑兵一中队、工兵一中队组成联络部队，全力打通与南下侵略部队之间的联络，其中骑兵一小队在新竹附近被义军消灭。

六月初二日，义军数百人在内山开始集结，准备对侵略者发起攻击以夺回新竹县城。当时署理苗栗知县的李烇召集当地士绅，与义军首领吴汤兴、徐骧、举人谢维岳等商议守攻事宜。徐骧、姜绍祖、傅德生等皆率义军对日军展开进攻。义军共有五六百人，先是攻打日本哨站，日本兵立即发信号求援，很快，30人的援军开来，也陷入了义军的包围之中。日军头领见状，不仅派出第四中队抵抗义军，还部署机关炮队占领阵地，用排炮进攻义军。在日军猛烈的炮火下，义军的进攻被大大压制了，无法发挥人数优势。日军随即又调来了山炮，一连五六发，给藏身山地中的义军造成了重创。日本步兵在炮火的掩护下，开始向山上进军。义军见状，全部从山上下来，占据村落民房，与日本侵略者进行巷战。随着日军增援的人数越来越多，义军逐渐不敌，最后被迫撤退。与此同时，新竹南门外高山上，一部分义军也在进攻日军，日本侵略者用机关炮和山炮对义军进行了残酷的进攻，义军最后被迫撤退。为了最大限度地消灭义军，日军还派出了第一中队从东面开来，追击义军。最后，义军诸营放弃阵地，向尖笔山方向撤退。其中，傅德生率部曾两次尝试向十八尖山一线进行小规模进攻，但还是不敌日军步兵、炮兵，最后退向水仙岭一带。

日军占领新竹后，义军除大规模、集中性的行动外，"游击战""袭扰战"也成了打击日军的常用手段。在新竹以北、大湖口以东一带，不计其数的义兵破坏铁路、割断电线，对小股日军进行突袭，若日军势众，义军便退进山林间，一时间让日本侵略者疲于奔命，十分狼狈。六月初一日，北白川宫能久亲率师团主力，全力攻击大湖口庄等村落义军，吴汤兴、吴光亮等率义军迎战，最后不敌，义军阵亡200余人，伤180人。驻扎新竹城的栋字营傅德生、郑以金等部被迫撤回，吴汤兴、徐骧等部也撤回苗栗。初三日，由台北向新竹进发的日本粮食运输队在日本第一联队第六中队的护送下，于上午9时行抵北部头亭溪（今桃源县杨梅镇社子溪上游头重溪），突然遭到从前进方向正面树林中和左侧竹林中的射击。义兵约50人，于此处设了一口袋阵。义军利用树林、竹林和道旁的民房对日军展开了猛烈的进攻，日军拼命抵抗，并加快行军速度，希望尽快脱离险境。但出乎日本侵略者意料的是，他们刚脱离这次险境，便又陷入了下一个埋伏。当这支运粮队逃离义军第一次伏击2公里远时，早已设伏于此的七八十名义军顿时火枪齐发。惊魂未定的日军急忙抵抗，日军第一小队抵抗左侧义军，第三小队抵抗右侧义军，第二小队则是正面抵抗，把日本运粮队伍护在中间。义军作战十分勇敢，据当时日本人的记载，这些义兵视死如归。日军拼死保护所运送的粮食，义军苦于武器落后，且兵士都没有经过系统训练，对日军的杀伤力较低，最后日军只以伤亡10人的代价即脱离义军的伏击。

初五日，日本侵略者为了扫清新竹周围的义军，分三路攻剿义军：一路出新竹大陆；一路出安平镇新铺；一路攻三角涌。向安平镇新埔进军的日军遇到胡嘉猷率新埔义军扼守竹围，当时义军阵地设置回环重叠，利用地形对日军进行打击，最后日本侵略者伤亡百余人，力疲而回。而另一路进军三角涌的日军遭到了更大的抗击。义军领袖黄晓潭、苏力、蔡国梁、黄国添、张龙安等率领三角涌义民全力迎战日军。为了阻止日军骑兵，义民们在地上挖地窟以陷马蹄，然后沿山埋伏。义军利用日军对当地地形的

七、反割台战争

生疏,用疑兵引诱日军入义军伏击圈,日军顿时四散溃逃,死伤百余人。台北日军大本营得知日军在三角涌大败,立即电令大姑陷日军迅速驰援三角涌。在降将余清胜的带领下,大姑陷日军从小路绕至三角涌义军背后山上,居高临下俯攻义军,义军不敌败退。彰化人李来成,经常入山贩卖,对新竹周围山内路径十分熟悉,向台湾知府黎景嵩毛遂自荐,愿为向导,带领义军从山后进攻日军。黎景嵩令生员林安澜、赖澄山,粮科书办陈周与向导李来成携知府手令及由府新颁银票万余至三角涌,与黄晓潭、苏力等义军从后山攻击日军。小路崎岖难行,备尝艰苦,最后效果甚微。

安平镇系义军胡嘉猷部的活动据点,义军在这一带的活动极大地延缓了日军的南进,日本侵略者一直欲除之而后快。初九日,第一次进攻安平镇失败的日军决定再一次向义军发起进攻。日军集合步兵第一大队、炮兵中队、工兵中队三兵种,于当日清晨6时开始向义军进攻。100余名义军在胡嘉猷的率领下,在掩映于竹林中的铜锣圈庄里与日军进行巷战。义兵筑起的坚固民房以为阵地,民房周围有土垒、堡垒和竹林围绕,土垒上有栅栏和围墙,围墙外有壕沟,再外四周全是水田,通过民房外墙上的射击孔与日军接战,可以说是易守难攻。战争从早上6点一直持续到下午3点,义军越战越勇,打击了日军的嚣张气焰。日军步兵与工兵在炮兵的掩护下联合冲锋,夺取了义军的第一条防线竹林,但直到日军炮兵把炮弹打光也再没有前进一步。日军最后派出工兵先后几拨用炸药对义军阵地的外墙进行定点爆破,但在义军猛烈的打击下没有得逞。义军依托有利地形对日军的进攻给予了有力的还击,日军不仅没有攻下义军的阵地,还损失了非常多的士兵。晚上7点,日军侵略者在无法实现其阴谋的情况下带着伤员和士兵尸体撤回中坜。日军对安平镇的第二次进攻宣告失败。5天后,日军集合部队从中坜出发,第三次进攻安平镇之义军。而此时安平镇义军已撤到其他地方,日军到了铜锣圈庄时,庄内已空无一人。虽然日军一直美化自己的这次行动最后是凯旋,但从实际情况来看,日军也是失败的。

从安平镇撤走的义军在胡嘉猷的率领下转移至台北西南约10里的一个叫龙潭坡的小村庄,200多义军以此地为根据地四处出击,不断打击日军。正当义军全力抵抗日军之际,抗日力量内部开始出现矛盾。苗栗知县李烇与义军首领吴汤兴因军饷之事而互相攻讦,台湾知府黎景嵩不能决,俱禀告台南帮办刘永福。刘永福遂派其幕僚吴彭年率七星旗军700余人前来调解。

十八日拂晓，义军在领袖姜绍祖的带领下率先向新竹的日军发起炮击，两发炮弹在新竹日军机关旁爆炸，日军立即加强警戒，4个城门严禁出入。义军分别从虎头山和鸡卵面山方向向新竹反攻，其中虎头山方向的义军向西门进攻，鸡卵面山方向的义军向南门进攻。日军凭城顽抗，义军则猛烈进攻，激战从上午8时一直持续到11点。午后，义军调整攻击计划，开始突袭新竹车站。被义军包围的驻守车站之日军一面拼命抵抗，一面派人冲出重围寻求援兵。很快，日军增援部队赶来，对义军形成了三面反包围，义军被迫退至车站以东500米远的民房中进行抵抗。日军迅速包围民房，并欲用大炮摧毁此处民房；义军用计诱使日军靠近民房，使其大炮无法使用，然后再进行近距离射击，果然毙敌甚多。日本侵略者发现上当受骗，恼羞成怒，立即用火攻之法火烧剩下的民房。义军被迫与日军短兵相接，双方互有伤亡。在敌人优势兵力的情况下，义军领袖姜绍祖率余部撤退。第二次反攻新竹失利。

　　二十日，日本侵略军大本营委派少将山根组成近卫混成支队，率领步兵第一大队、炮兵第四中队、一个骑兵小队、一个工兵中队和半队卫生队从台北出发，向龙潭坡一带进击。同时，坊城支队向大姑陷方向前进，与混成支队主力在龙潭坡会合；大尉今田率第七中队在上述两队之间穿插前进。二十一日，日本混成支队抵达中坜，然后进行了军事部署。在没有等到其他支队前来会合的情况下，日军头领山根以藤冈第三中队为前卫，第四中队为右侧警戒，第一、二中队为随后主力。次日早晨7点，日军前卫藤冈第三中队进至龙潭坡东端；松崎小队进至龙潭坡南端。义军隐藏在竹丛里的民房里对日军进行阻击，民房中的防御战非常有效，日军难以进入村中。日军遂命令暂时隐蔽，调出6门火炮向义军阵地炮击。但是，义军所驻守阵地竹丛茂密，日军无法准确判断弹着是否正确，于是命令炮兵在阵地西端进行炮击，发炮50余发，给义军造成了极大的伤亡。此战义军虽全力阻击，但奈何武器落后，人员战斗力有限，伤亡颇大，义军首领胡嘉猷阵亡，义军残部被迫撤退。战斗从上午8时开始，一直持续到下午4时结束，义军伤亡和被俘者约100余人，日军伤亡10余人。

　　一直未能按时与山根支队会合的坊城支队于二十一日向大姑陷进军途中，当坊城支队后卫第七中队抵达距离三角涌一里半的地方时，其后方突然响起了一声空炮。以这一声炮声为信号，埋伏在日军所过山谷的四面山腰、山顶上的2000余名义兵一起向日本侵略者发起了猛烈的进

七、反割台战争

攻。一时枪弹如雨、山谷震动，如万雷齐发。义军从上向下俯射，日军陷入了钵形的谷底中，瞬间便有10余个日军被击毙。日军第七中队长令士兵固守大道两侧稍高一点的山脚，另分出一小队据守右侧高地。与此同时，有义军300余人正向日军追击而来。其中，坊城大队的前卫第七中队被义军包围，不但遭到山鞍部堡垒中义军的攻击，而且侧面、背后都遭义军的进攻。入夜后，义军的进攻稍稍减弱，日军开始抓紧前进，脱离包围。但在黑夜中逃离，山路崎岖，加上还携带25名伤员，只能五步一息、十步一停。即便如此，因所携带的粮食已消耗殆尽，日军腹饥体疲，想快速逃离的计划难以实现。据当时日本人的记载，短短1町（约110米）的路程，就费了1小时，一直到凌晨1点才勉强到达山脉鞍部的山峰宿营。

天亮后，义军开始对逃离中的日军进行追击，并开始形成包围，而且义军的人数又增加了很多。义军急速追击，与日军交叉作战。日军则是边防御抵抗，边向大姑陷逃离。让日军意想不到的是，大姑陷一带也有义军的据守，而且还部署了坚固的村落防御工事。很快，日军的后方被追击而来的义军占领，日本侵略者队伍完全陷入义军的包围中。下午3点，300余名义兵从大姑陷阵地出动攻打日军。日军四周高地已完全被义军占领，随即便从四面开始俯射。下午4点，日军开始向大姑陷北方迂回，企图与早已约定好会合的山根支队取得联系。日军以两个中队抵抗山鞍部义军，另派一个中队为后卫，第七中队负责运送日本伤员逃离，乘黑夜，顺着日军所在洼地的水流退却。

午夜，日本侵略者抵达了大姑陷河的前方。沿河岸有民房10余家，早已掩藏在民房中义军突然一齐向日军齐射。黑夜中不熟悉地形的日军十分狼狈，被义军打得抱头鼠窜，毫无目的地退到了茶园中扎营。日军发现不容易从正面逃脱，遂改变计划，决定凌晨2点回撤。二十三日，东方刚泛鱼肚白时，这支小队与坊城支队主力在一个马蹄形的山谷中会合，并在三面谷边高地上设置了警戒哨，谷口则筑起了工事掩堡，由日军第七中队守备。然而，整个坊城支队已陷入义军的重重包围中，粮食缺乏、弹药将尽，若没有外来救援，必将全军覆没，日军十分清楚他们的处境。在大部队突围已不可能的情况下，为了尽快寻求救援，日军决定从各中队中选出上等兵一人，穿上当地百姓服装，乔装逃出重围，向山根支队求援。两个日本兵剃掉胡须，脱去军装，穿上黑色布衣、草鞋，乔装成中国人的模样。其中一人为了不被发现，完全假装成当地人的样子，还在面部和全身上下涂上油。这两个日本兵在一个当地汉奸的带领下于二十四日半夜逃出重围，逃至大姑陷河岸准备渡河时，被义军发现并予以追击，沿河岸顺流而下狂奔 2 里才到河对岸，一路上潜于树林中，涉水田而行，仍被义军发现，结果一人被捉住，一人逃脱。逃走的日本兵于二十四日至龙潭坡，向山根禀明了坊城支队的危境，请其速发援兵营救。山根决定立即率领援兵向大姑陷进发。大姑陷市街沿大姑陷河而筑，民户五六百家，大姑陷河宽一两百米，临河处断崖绝壁达数丈。日军头领山根决定全军突击，想一举侵占义军所据守的大姑陷街市。义军据房而战，日军用火炮大肆摧毁义军所据守的民房，然后在火炮的掩护下又火攻义军。义军顽强抵抗，战争一直持续到晚上 8 点。在日军优势兵力的进攻下，大姑陷的义军损失颇大，义军领袖江国辉受伤被俘，义兵阵亡达 150 人，其余义兵被迫退出大姑陷，向北向东撤退。被义军重重包围还在拼死顽抗的日本坊城支队听到大姑陷方向的枪炮声，派出一个小队于黑夜突围，与山根救援部队取得联系，在天刚刚亮时抵达已被山根救援队攻占的大姑陷。二十五日，在山根部队的救援下，坊城支队突破义军包围，与山根大队会合。

　　七月初三日凌晨，义军趁天未亮之际第三次反攻新竹，被日军发现后，派出第三中队出城抵抗。1000 余名义军从三面迅速包围了这支出城日军，日军拼命抵抗，先后四次向义军发起了冲锋，试图打开缺口，突出包围。交战一直持续到天亮，在长达 3000 余米的前沿阵地上，义军猛烈进攻，抵挡住了日军的疯狂冲锋。日军的不利处境很快传到了新竹城内，城内的阪井立即率部队出西门增援，并用山炮猛烈攻击义军阵地。被围之日军得知其增援部队到来，也拼死向义军进攻。在里外日军的夹攻下，义军迅速失去优势，最后寡不敌众，被迫撤退，第三次反攻新竹也宣告失败。台中一带的义军抗日运动屡屡失利，作为全台义军总统领的丘逢甲十分焦急，虽千方百计试图扭转形势，但大厦将倾，独木难支。在这种情况下，有一批人"以台北已亡，甘为臣妾，不独不协助驱除异族，反起为内应"；加上日本人知道丘逢甲是台湾自主的主要促成者，所部义军又是抗战最有力的，所以最是痛恨他，发出了重价收买其命的告示。在这种情况下，丘氏明白"事不可为，欲率部据山死守，与台地共存亡"。部将谢道隆谏道："台虽亡，能强祖国则可复土雪耻，不如内渡也。"在内外交困，台事无力回天的情况下，丘氏接受其部将内渡之意见，"即布告各地，自

七、反割台战争

由抗战,不限勒部",于初四日①痛苦辞乡,奉父母内渡。丘氏的内渡让处境本来就很艰难的义军更加雪上加霜,义军的抗日活动受到了很大的影响。②

自六月中旬至七月底,日本侵略者对台北至新竹一带开展了两次残酷的大扫荡,对这一带的抗日武装造成了重创。新竹一带的新楚军集结在尖笔山一带,兵力约 500 人,据守险要,在连绵的山上筑起数十个堡垒,携带仅有的 2 门山炮和多杆重枪构成长约 1 公里的正面防线。尖笔山在新竹城外 3 里远处,其间山谷交错,忽高忽低,丘陵山峰相连。尖笔山虽称不上多么险峻,但山体渐成斜坡,山麓高低不平,宜守不宜攻。为了彻底剿灭新竹一带的抗日武装力量,日本侵略军台北大本营决定调集兵力,对尖笔山一带的义军进行彻底清剿。七月上旬,日本精锐近卫师团一部陆续在新竹集结,同时也派出了前哨部队部署在城西 2000 多米的枕头山上,与义军遥遥相望、相互对峙,时刻侦察义军的一举一动。7 日深夜,日本近卫师团一部分三路向尖笔山义军进攻:右翼由山根率领,进攻义军右侧,配合左翼;左翼由内藤率领,进攻鸡卵面山对面的义军,欲将义军向西南方压制;预备队由川村率领,于次日凌晨 5 点之前集结于枕头山与鸡卵面山之间后面的洼地中,准备随时策应。另外,为了配合这次行动,日军还派出了"吉野""秋津洲"两艘军舰,从淡水开至香山、中港海面,炮击义军阵地以牵制义军兵力,试图与陆上日军对义军形成夹击之势。当时,除了驻守在尖笔山阵地的义军外,还有杨紫云所率新楚军驻守于尖笔山下不远之头份。一切准备就绪后,日军于二十八日上午 9 点半对尖笔山山腰上大埔进行炮击,炮声震天,黑烟笼罩着整个山头。二十九日,日军在收买了当地汉奸和土匪后,由其带领从小路抄道绕至头份后路,将杨紫云部及徐骧等义军一分为二,使其不能首尾相顾,无法相互支援。同时日军一支从香山、盐水港攻入,日军内藤支队则从陡坡攀缘而上,企图偷袭尖笔山义军后路。徐骧、傅德升等义军据守力战,副将李维义率部拒战,直至

---

① 丘逢甲内渡之时间,学术界有多种说法,一直存在争论,暨南大学的张晓辉教授等人通过详细考证,认为丘氏内渡时间当为 7 月 26 日,本文同意这一看法。详细考证参见张晓辉、付祥喜《丘逢甲离台内渡新考》,载《韶关学院学报》(社会科学版) 2002 年第 1 期。

② 《民国丘仓海先生逢甲年谱》第 99 页,台湾商务印书馆,1981。

大营被破。日军有着先进的武器装备，他们用开花大炮攻击义军，一时弹如雨下、铳烟散布，对面不见人。杨紫云率新楚军坚持作战，不畏炮火。李维义等诸义军首领见日军势强，阵地即将不保，便率部撤退，未能给予杨紫云部以有效支援。势单力孤的杨紫云部遭到日军的前后夹击，在大营被攻破的情况下仍奋不顾身、奋勇杀敌，直至身中数弹阵亡，阵地遂失。黑旗军统领吴彭年仓促之间救援不及，被迫收集散兵退守大甲溪。尖笔山之战义军失利，阵地全部丢失。

尖笔山之战失利后，中部抗日力量大多集结于苗栗一带，扼守台湾中部门户，抵抗日军的继续南进。而日军却欲乘胜一举南下台中，进而直捣台南。日本近卫师团在派出一支侦察中队对苗栗一带的情况进行详细侦察后决定对苗栗发起总攻。日本近卫师团司令部动用全部力量准备，一举拿下苗栗，分三路攻击义军：一路由日军少将山根信成率左翼支队，向乱龟山前进；第二路则由少将川村景明率领前卫部队，向后垅一带进攻；由日本亲王率领的第三路近卫主力紧随第二路日军，也向后垅进军。川村前卫部队于七月初三日清晨进至后垅南端，此时后垅通往苗栗的主道上义军在西南高地修起堡垒和防御工事，在道路左侧也部署了几处防御阵地。义军的阵地系扼守进入苗栗的咽喉要道，东面鸟瞰苗栗北面一带村落，南面则由山脉延伸至苗栗县城，西、北两面俯视后垅和新港，位置十分重要。义军在此处驻守约500余人，防备甚严。日军先是派出炮兵偷偷地向义军阵地靠近，并先后用4门山炮向阵地炮击。义军不为所动，用抬枪和步枪顽强抵抗，让日军无法再前进一步。日军用诡计，派出一支小队在义军正面交替射击，以吸引义军火力和注意力；然后派出一支中队和一支小队从右侧山麓做大迂回，突击义军左翼；派出一支中队预备队突袭义军右翼。日军的狡猾部署让义军措手不及，在日军三面包围的进攻下，下午4点左右义军被迫撤出阵地，日军前卫部队占领了苗栗背后这一防御阵地。初四日，日军攻占苗栗，署理苗栗知县李烇携带家眷逃回福州。

十三日，日军又以主力进攻大甲溪，双方激战，相持不下。日军袭用故智，收买汉奸土匪，从后路突袭吴、徐等新楚军大营。当时负责新楚军后路的首领系从尖笔山败逃而回的李维义，此人见日军力量稍强便又一次率部退却，前营也因之而败。黑旗军管带袁锦清为了掩护主力安全撤退，死守大甲溪，并率部50余人反攻至日军阵中，最后全部牺牲。吴汤兴、徐骧等率义军力战突围退往台中，吴彭年退守彰化。在两军交战之际，刘

七、反割台战争

永福闻讯后急调派安平知县忠满驰援，为忠满所拒。后又改派郑文海为安平知县，率4营驰援，郑氏也逗留不前，贻误战机，大甲溪终陷敌手。

尖笔山及苗栗附近的战斗失利后，吴彭年、吴汤兴、李维义、徐骧等收编散兵，退守彰化，与当时守护该处的屯兵1营、彰化练勇1营及新招募的新楚军据守大肚溪左岸。同时，为了有力地阻止日军继续南侵，在彰化北面茄苳脚庄附近设屯兵1营、旧式山炮2门，构筑防御阵地，渡口设警戒；在八卦山上的旧堡垒配置黑旗军1营、新楚军和义兵；在彰化城内驻守的吴德功所率彰化练勇1营，以及一部分新楚军由吴彭年全盘指挥。十六日，吴彭年在彰化召集各部将领商讨防守之策，并进行军事部署。具体部署为：以王德标率七星军300人守中寮，刘得胜率先锋营守中庄，孔宪盈守茄苳脚，李士炳、沈福山、吴汤兴、徐骧等率义军守八卦山，李维义所率镇海中军副营300人、新楚军2营400人及部分义军作为预备队，驻守彰化城内。时部分日军先攻八卦山，守军居高扼守，日军仰攻，山上矢石如雨下，日军山炮只能击至半山腰，并且不少日本兵因大石被击中后坠落而伤毙，伤亡甚重。十八日清晨，日军另派出一中队渡大肚溪后攻击黑旗军，吴彭年闻讯率部驰援，使八卦山阵地失去了防护，日军乘机在汉奸的带领下从小道攻击八卦山，吴汤兴、徐骧率部激战抵抗，后力竭弹尽，吴汤兴战死，其妻闻讯自缢以殉。徐骧率20余人从激战中突围，退至台南。在大肚溪增援的吴彭年见八卦山阵地也在激战，率部急回救援。日军居高临下，猛放排炮，七星军伤亡甚重，左右部属力劝其后撤，吴彭年坚持不退，身中数弹，壮烈牺牲。① 攻占八卦山后的日军即在山上架炮轰城，从八卦山退回彰化城内的李士炳、沈福山率部与攻城的日军步兵在城东门外血战，直至战死，义兵500余人阵亡。台湾知府黎景嵩和彰化知县罗树勋见城池不保，乔装逃走，彰化落入敌手。次日，日军乘胜又攻占了云林，至此，台湾中部全部落入日军之手。

---

① 《割台三记》第61–62页。

5. 台湾南部抗日之战

起初，唐景崧将台湾南部的防务交给刘永福全权负责，而自唐景崧内渡后，刘永福不仅仅要负责防御台湾南部，其他地区的抗日事宜也归其处理，实际上他已成了整个台湾地区抗日的一面旗帜和总负责人。刘永福（1837—1917），字渊亭，广东钦州（今属广西防城）人，后投身太平天国运动。太平天国失败后，他在广西、云南一带组织黑旗军，继续抗清。中法战争期间，刘永福率领黑旗军痛歼法国侵略军，战功卓著，震惊中外。后刘永福率黑旗军接受清政府招安，率部回国，任广东南粤总兵。光绪二十年（1894）甲午战争爆发，清政府调其赴台湾协防，任台湾军务帮办，镇守台南。

此时作为反割台、反占领斗争中流砥柱的刘永福发出了"与台湾共存亡"的誓言，并向全台民众发出了一份告示，激励全台民众与他一起守护台湾、抵抗日军，极大地激发了台湾军民的抗日激情。告示表现出刘永福抗日保台的决心和期望，字字如杜鹃泣血。告示内容为：

> 为开诚布公、激励军民，共守危疆事。照得倭寇要盟，全台竟割。此诚亘古变异，为人所不忍闻、所不忍见；更何怪我台民发指眦裂，誓与土地共存亡，抗不奉诏而为自主之"国"！本帮办则以越南为鉴，迄今思之，无日不抚膺痛哭，追悔无穷。不料防守台民未尝建树，离奇百变，意见两端；何以天无厌乱之心，而使民遭非常之劫！自问年将六十，万死不辞；独不思苍生无罪，行将夏变为夷！嗟乎！积忿同深，自可挽回造化；厚德载

图 7.2 刘永福像

七、反割台战争

福,谅能默转气机。愿合众志成城,制梃胜敌;在我坚心似石,弃职以为。所有旗后、凤、恒地方,业经布置;倭如有志,任往试之。刻顺舆情,移住南郡。查平安海口,天险生成;此外要隘,多不难补其罅漏。惟军民共守,气味最贵相投;淮、楚同仇,援助岂容稍异!本帮办亦犹人也,无尺寸长,有忠义气;任劳任怨,无诈无虞。短愿人攻,虽将弁不妨面告;事如未洽,即绅民急宜指陈。切莫以颇有虚声,便为足恃;更莫因稍尊官制,遇事推崇。从此有济时艰,庶可稍舒众望。若因力微畏怯,语不由衷,在上天断不佑予;若因饷绌各筹,颇为挠阻,本帮办亦难恕尔!总之,如何战事,一担肩膺;凡有军需,绅民力任。誓师慷慨,定能上感天神;惨淡经营,何难徐销倭焰!合应剀切晓谕。为此,示仰军民人等:须知同心戮力,自可转危为安;达变通权,无用专拘小节。不以斯言为河汉,仰各凛遵而毋违!①

在刘的主持下,台湾地区的反割台、反占领斗争此起彼伏,不断打击和阻止日军对台湾的侵占。日军侵占台湾中部后,遭遇到的抵抗越来越多,规模也越来越大,台湾军民与日军进行殊死血战,甚至一度收复被日军侵占的几个县城。在这种情况下,日军一方面继续增兵南侵,另一方面试图采用"釜底抽薪"之计,劝降刘永福,以期兵不血刃占领台南,从而统治全台。

光绪二十一年(1895)七月初三日,日本台湾总督桦山资纪为了达到其阴谋,向刘永福发出了劝降书。桦山资纪在劝降书中极尽美化日本卑鄙的侵略活动,将其强割台湾的强盗行为包装成一件极其自然之事,然后对刘永福软硬兼施、威逼利诱。桦山资纪在劝降书中说道:"近闻足下扼守台南,漫弄干戈,欲回全局。独以无援孤军,扼守边陬城池,大势之不可为,不待智者而可知。足下名高才雄,能明事理,精通万国公法;然而背戾大清国皇帝圣旨,徒学愚顽所为,本总督窃为足下惜之。足下若能体大清国皇帝圣旨之所在,速戢干戈,使民庶得以安堵,则本总督将特奏大日本皇帝,以礼送还清国,如部下诸卒,亦当容恕其罪,遣还原籍。已在基

---

① 《中日战辑选录》第70-71页。

隆、台北、宜兰及沪尾诸地收容之降附败残清兵，或依官船，或付船费，送还原籍者，近八千人。本总督向闻足下姓名，故豫布腹心，告明顺逆之理，取舍惟足下自择，足下请审之。"① 桦山资纪传送劝降书之时，正是台湾中部的抵抗运动如火如荼展开之际，日军想一劳永逸地解决台湾民众的抵抗，在刘永福看来无异于痴人说梦。刘永福断然拒绝了日本台湾总督的劝降，并回信驳斥了其在信中的种种谬论。刘永福首先指出了日本的侵略行径："至于贵国，同隶亚洲之土，更为唇齿之邦，讲信修睦，久载盟府，宜乎休戚与共，永远勿渝，庶不为他国所窃笑也。不意贵国背盟负义，弃好寻仇，无端而夺我藩封，无端而侵我边境。"继而告知，甲午失利并不是因为我国兵力不行，而是因为"适以当轴者衰庸误国，禁止各营接战，免伤和局，致令牙山、平壤、威海、旅顺等处兵机有失。非战之罪也，当轴者误之耳。不然，贵国即率倾国之师，亦未必能入中国境地也"。针对日军"开府台北，扶绥民庶"这一大言不惭的说辞，刘永福则完完全全撕开了日军的遮羞布，指出这些侵略强盗占据台北后"纵容兵卒杀戮焚虏，无所不至"，像这些屠杀百姓"上干天怒"的嗜血之徒岂能让其霸占我华夏之地？刘永福非常坚决地表明了他的决心："余奉命驻防台湾，义当与台湾共存亡。一旦委而弃之，将何以对先皇帝于地下？无以对我先皇帝，即无以对我当今皇帝也。将在外，君命有所不受。余岂懵然学古人为哉？况台南百姓遮道攀辕，涕泣请命。余既不敢忘效死勿去之心，又何忍视黎庶沉沦之苦！爰整甲兵，保此人民。成败利钝，在所不计。"刘永福指出，虽然"台南一隅，虽属偏小"，而现在仍有数十营军队，都是临阵敢死之士，另外还有数万义军，"粮饷既足，军械胥精，内不虞竭，外不待援""饮血枕戈，誓死前敌"。进而刘永福在回信中劝说桦山资纪道，在这种情况下，日本人应该好好想想出路，否则"余当亲督将士，克日进征，恢复台北，以还之我朝"，到那时，想安全撤离都难了，与其后来后悔，还不如"亟早改图，将台北地方全行退出"。②

桦山资纪的劝降信并没有达到预想的效果。日军的一厢情愿并没有实现，于是撕下伪装，大幅度增加南侵的日军力量。

---

① 《中日战争》第 6 册，第 486–487 页。
② 〔清〕吴质卿：《台湾战争记》，载《近代史资料》1962 年第 3 号，第 99–101 页。

七、反割台战争

日军攻占云林、大莆林后,又另派出一支日军攻占埔里社,向嘉义城推进。针对日军咄咄逼人的南侵之势,驻守台南的刘永福开始进行迎敌准备,精心部署。其中之一就是花大力气发动民众、恢复团练、招募壮丁、筹集军饷等,尤其是对一些地方武装力量的争取和引导,使一些有可能被日军收买的地方武装力量,如黄荣邦、林义成、简成功等,最后都走上了抗日保家道路,增强了抗日力量。七月十日,刘永福命副将杨泗洪率镇海中营及吉林炮队会同地方武装林义成等约1000人,进攻大莆林。双方一直战至午后4时,日军不敌,向北后撤。副将杨泗洪乘胜追击,日军多用大炮掩护其撤退,杨氏中炮而亡,其部属管带朱乃昌冒死将杨泗洪遗体抢回后率部又向日军冲杀。当时日军炮火虽猛烈,但在黑旗军优势兵力的攻击下,加上义军在日军两侧甘蔗林中伏击,日军的抵抗很快被压制下去,不得不迅速撤退。朱乃昌与迅速赶来增援的地方武装黄荣邦、林义成等部会合,迅速攻入大莆林,在与日军交战中牺牲。日军在大莆林的失利让日本近卫师团司令部非常惊慌,急调动海上军舰至台南各海口,炮击和扰乱台南一带阵地,达到牵制刘永福部力量向北增援的目的。鉴于日军的不断炮击和海上骚扰,为了防止日军从台南各港口偷袭,刘永福亲自坐镇台南,并在恒春、凤山、布袋嘴等处进行了严密布防。十二日,地方武装首领简成功被任命为义军统帅,与嘉义县守备王德标、知县孙育万会师,收复云林。日军从云林败退中途遭义军简精华部突袭,被迫分为两部,一部分退回北斗;另一部分逃入山内,结果被熟悉地形的义军成功追击,歼灭日军600余人。次日,义军乘胜一鼓作气收复苗栗,歼敌200余人。连续打败日军,收复苗栗等地的消息迅速传遍整个台湾,给日益艰难的抗日活动打了一剂强心剂,极大地鼓舞了台湾人民抗日保台的斗志。已经被日军攻占的台北、台中一带的百姓不甘被奴役,在义军打败日军的鼓舞下纷纷暗中联结,准备举事打击日军。

然而,自台北失守、唐景崧内渡后,整个台湾地区的抗日形势日趋艰难。大批官员和士兵先后内渡,尤其是几乎所有的富商皆内渡避难,保台军事力量严重被削弱,最严重的是财源枯竭。台湾地区所有的抗日武装力量都是在粮饷严重缺乏的情况下保卫家乡的。镇守台南的刘永福自台北失陷后便多次派人回大陆,游走于封疆大吏之间筹集军饷,但效果甚微。在刘永福陷入困境之际,从大陆来台投身于反割台壮举中的湖南人易顺鼎于六月十一日便被刘永福委派回大陆募集军饷器械,一直至七月中旬仍没有任何音信。而此时正当台湾军民打败日军取得难得的胜利之际，为了能乘机把胜利的战果迅速扩大，甚至收复台中、台北，已无军饷可用的刘永福不得不再派出幕僚吴桐林回内地筹款。七月二十四日，义军简精华、黄荣邦等部与日军的几次交战皆取得了胜利，几次向刘永福请求发给军饷。而正在此时抵达台南的易顺鼎并没有给刘永福带来福音，原来对保台之事甚为关心的张之洞此时也不再资助台湾了，并指出"现在和约既定，而台民不服，据为岛国，自己无从过问"①。对保台之事甚为同情的朝廷大员刘坤一、谭钟麟也表示朝廷旨意不准接济台湾军饷、器械，安敢不遵。② 易顺鼎几乎是空手而回。当时，台南各处防军大约有60营，每月需要军饷十一二万两，而所有的海关、盐局、厘局各项收入之和每月不超过四五万两，③ 入不敷出，每月的兵饷严重缺乏，其所辖下的60个防营都无钱发饷，何来款项发给义军。但若不发饷给义军，恐引起义军哗变，于当时的有利形势有碍。别无他法的刘永福还是从台南搜尽所有，共凑齐现银1500两，于八月初一日发给简精华等义军做军饷。

七月二十七日，日军的连续失利使日本的南进计划受挫，这让日本台北大本营十分惊恐，于是，立即在台北专门成立"南进军司令部"，增加南进兵力，任命台湾副总督高岛为司令官，并制定了详细的南侵作战方案："向台南开始行动的南进军总计四万，其中一部拟由陆路直扑台南的正面，大部队则出海路在台南的侧背面登陆"，日本亲王北白川宫能久率近卫师团主力15000人，从彰化经嘉义直攻台南；"第二师团全部，共主力军约二万五千人，分别从基隆和大连湾乘船……再分两路"，即山口混成旅团和伏见混成旅团。山口混成旅团约12000人，拟由海路在南部枋寮港登陆，从台南的后背面进攻；伏见混成旅团约13000人，拟在布袋嘴港登陆，沿海边的路线逼扑台南的前侧面。然后由海军配合，炮击两处日军登陆点，掩护日军登陆。④

八月十日，根据日本南进军司令部计划部署，当时驻扎在彰化城的北

---

① 〔清〕易顺鼎：《魂南记》第11页，见《台湾文献丛刊》第212种，台湾大通书局。
② 〔清〕易顺鼎：《魂南记》第14页。
③ 〔清〕易顺鼎：《魂南记》第15-16页。
④ 《中日战争》第6册，第493-494页。

七、反割台战争

白川宫能久决定先率部向台南的嘉义县进攻,并做出详细部署:以川村景明为前卫司令,率步兵第一联队及骑兵大队,从北斗出发,经他里雾、大莆林、打猫堡至嘉义;阪井重季为右翼支队司令,率步兵第二联队本部和第一大队、骑兵一小队及炮兵一小队,经土库、新街,从西路进攻嘉义;以内藤正明为左翼支队司令,率步兵第四联队、骑兵第一中队及炮兵第二大队,经云林、火烧庄,从东路包围嘉义县;北白川宫能久本人则率主力,紧跟前卫部队向前推进。当日军准备南侵之际,驻扎云林之黑旗军暗渡浊水河,偷袭北斗之日军,终以兵力较弱,无大战果。① 八月中旬,北白川宫能久率近卫师团攻击萧三发所部大营,萧率部众拼死力战,身负重伤,形势危急,幸得徐骧等率义军及时增援,全力奋战,得以击退日军。双方相持数日,义军弹尽粮绝,伤亡较大,被迫撤退至他里雾。最后,徐骧率所部数十人与追击之日军展开白刃战,部众伤亡惨重,全线撤退,苗栗、云林再次陷入日军之手。

之后,日军连续攻占斗六镇、大莆林,直逼嘉义城。嘉义县城在台南府城北130余里,负山面海,为府城台南之屏障,地理位置十分重要。当时守城将领王德标自计兵力不足,且日军来势汹汹,难以与敌人硬拼,遂与义军首领徐骧、林义成等商议,以智取而不用强攻。于是,他们在城外义军营地中埋下许多炸药地雷,每一个炸药地雷之间皆用火线链接并进行巧妙伪装,使日军难以发觉。然后,王德标率部全部撤入城内,徐骧、林义成率义军埋伏在营地两侧,等待日军的到来。八月十八日,日军进兵至嘉义城郊,林义成率义军主动出击日军,攻了一会后佯装向城内败退。日军以为义军已败,遂占据了义军所留下来的营垒,当晚便宿营于此。半夜,守将王德标派出一支敢死队,潜行至敌军营地,将地雷炸药点燃,突然间一声巨响,营地的所有地雷炸药瞬间爆炸,睡梦中的日本士兵多被炸死。这次夜袭,共炸死炸伤日军700余人,义军大胜。次日,遭受重创的日军集中兵力,调集大炮进攻嘉义城,进行疯狂报复。日军前卫部队进攻嘉义北门,右翼支队进攻西门,左翼支队进攻东门。凌晨5点,日军各部开始进攻,对嘉义形成了三面包围。接近中午时分,日军在开花大炮的掩护下猛烈攻城,一时炮弹如雨点般向城内倾泻。黑旗军和义军据城抵抗,

---

① 《割台三记》第66页。

自城墙上用较为落后的武器进行非常猛烈的射击，让日军的进攻也付出了一定的代价。不久，东西门两座城楼被炸毁，日军乘机架梯攻城。守军仍不断拼死抵抗，守将柏正材、同知冯练芳等均战死，王德标、徐骧等率残部退守曾文溪，知县孙育万和一部分余部逃回台南。自此台南重镇嘉义失陷，台南屏障被毁。

另外，日本从海上南下的部队也纷纷就绪。二十一日，日本南进军混成第四旅团分乘19艘运兵船在布袋嘴登陆，次日黎明第三旅团分乘运兵船20余艘在枋寮登陆。日军对台南形成了三面包围，形势对台南的防守更加不利。面对这一危急情况，曾经誓与台湾共存亡并断然拒绝劝降的刘永福也开始动摇，通过英国领事秘密与日本人接触，企图向日军求和。但此时日本侵略者已胜券在握，不用再担心黑旗军对日军的威胁，断然拒绝了刘永福的求和要求。

日军在围攻台南府时，遭到了沿途义军的顽强抵抗。由刘永福之子刘成良率领黑旗军旧部及粤勇5000人防守的打狗港系台南重要海口，二十四日，日本海军出动"吉野""浪速"等6艘军舰护送着装载日本兵2000人的近20艘运兵船，以单纵队阵型于早上6点40分抵达沙落尖头炮台前面的海面上，日本"吉野"号率先向炮台开了第一炮，开始进攻打狗港。等日本军舰靠岸，准备让陆战队登岸之际，刘成良率所部进行了反击，大坪山炮台和打狗港低位炮台一起向日舰进攻。日本战舰掩护着运兵船向岸边靠近，并利用所收买的汉奸，引导其从沙落尖头登岸，攻陷港口炮台。刘成良被迫退守台南。日军登陆后，一骑兵队向台南进攻途中，行至二层溪时，遭到当地绿林郑清所领义军伏击。①

二十九日，日军第四旅团在布袋嘴登陆。该地区义军4000人，其中有从镇海中军调来的500炮兵，在李翊安的率领下于王爷头与前来围剿的日军联队展开激战。义军以村落民户为据点，以民房、竹围和大堤做掩护，击退了敌人的连番冲锋。后日军渡过急水溪，从炮兵阵地背后进行偷袭，义军炮队的大炮虽然简陋落后，但炮队士兵在日军已突破阵线的情况仍坚守阵地，最后英勇战死。日本炮兵占领阵地后用大炮掩护步兵突破义军防线，义军与其进行白刃战，歼敌70余人。同时，日军又派一大队绕

---

① 《台湾抗战日方资料》，《中日战争》第6册，第504－505页。

七、反割台战争

至王爷头义兵阵地背面，南北两面夹击义军，义军在腹背受敌的情况下不敌，被迫撤退。下午5点，日军占领王爷头阵地。日军在进至曾文溪（此地南距台南府城20里）时，有嘉义生员林昆岗召集曾文溪一带的农户百姓，领导他们保卫家园、抵抗外侮，一时百姓应者甚多。他们用从台南获取的旧枪数十杆与敌人周旋，一开始在铁线桥一带抵抗日军，日军败退；然后在沟仔头又战日军，毙日军中尉一人，沿途村民群起响应。但在日军大举进攻之下，林昆岗及其子在抵抗中中弹阵亡，曾文溪失陷。

而在前一天，日本南进军司令部登陆，率主力进攻台南安平炮台。时刘永福亲率黑旗军和义军防守炮台，见日军大举进攻，命炮台所有大炮全部开火，毙敌数十人。坚固的防御一度让日军无法再前进一步，双方开始对峙。由于内地的援助已经断绝，台湾的抗日部队已久无接济，各地守军军饷器械弹药全部告罄，最后溃散而终。日军对台南已形成包围，进攻愈加频繁，刘永福见大势已去，遂决定率其子及部分部属内渡。

三十日晚，刘永福托词至安平港巡察并重新加强防御，率其子刘成良及部分随从至安平，乔装改扮后躲过日本人的搜查，登上英国商船"多利士"号，于九月初一日下午至厦门登岸。台南城中官兵见刘永福两三日未能回城听事，顿时谣言四起，加上兵勇官弁纷纷逃离，城中人心惶惶，开始混乱起来，甚至发生抢劫。陈修五、吴道源等通过英、德商人和牧师引日军入城。当日，日军大部队进入安平城。初三日清晨，日本混成第四旅团前哨部队已进至距台南1里左右的船仔头；右翼部队打败王爷头等地的黑旗军和义军后乘胜沿海岸线进军，也即将到达台南；近卫师团主力也已到达台南以北20余里的地方，其前哨部队已逼近台南城北1公里的地方；第二师团与其他一部分日军已经进至台南城下。至此，台南城已被围成铁桶。初四日，日军主力攻台南府城，遗留下来的黑旗军和义军自行组织抵抗，但很快便溃败而散，日军攻占台南。初七日，总督桦山资纪携带随员抵达台南。抵抗日军的最后的堡垒被攻破后，台湾人民英勇抵抗日军的战事宣告结束。

台湾地区反割台、反侵略的抗日运动并没有停止，台湾人民开始用自己的办法和手段不断打击、反抗日军，前后持续了长达8年时间，在中国的反殖民反侵略史上写下了浓墨重彩的一笔。

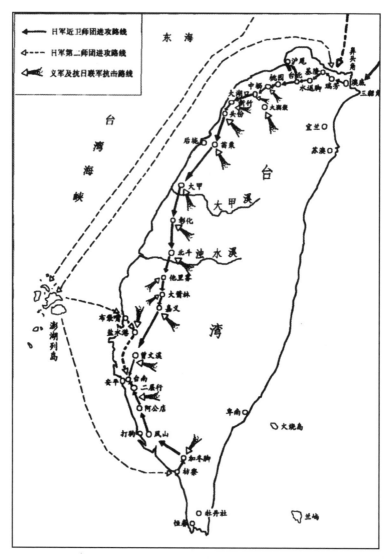

图 7.3 台湾反割台武装斗争形势（《甲午战争史》，人民出版社，1990）

6. 沦陷后台湾人民继续抗日

台湾人民对日军的侵略行为十分痛恨，自从日军踏上宝岛台湾的第一天起，就纷纷自发地起来反抗。他们中有些参加了较大的地方武装组织，抵抗日军；有些加入了团练；而大部分人则是在自己的家乡一带，以简陋的武器组织起来抵抗日军。这些民间抗争规模虽然不大，但台湾人民不畏强暴，英勇抵抗外敌侵略的决心和勇气，体现了台湾人民强烈的爱国主义情怀，在一定程度上打击了日军对台湾的殖民统治。

自唐景崧内渡、日军占领台南后，台湾地区的抗日斗争一度陷入不知所措的状态。但很快，在反割台、反侵略这一共同目标的统领下，台湾军民团结一致，因地、因事、因人而选择适当的反抗手段。百姓层出不穷的自发反抗有意无意地配合了抵抗斗争。从台北沦陷后当地民人吴得福奋起反抗开始，其后长达8年的反日斗争中涌现出无数的仁人志士，为了抵抗侵略、维护祖国统一，他们抛头颅、洒热血，前仆后继，谱写出一曲曲可歌可泣的壮丽史诗。

吴得福，台北淡水县大安庄（今台北市区内）人，家中原为道士，也兼治行医。光绪二十一年（1895）五月日军侵占台北后，各地义军蜂起，各地百姓也纷纷自发加入反抗的行列中。时吴得福也加入了反抗日军的斗争中，成为义军的一名哨长。他在抵抗日军攻打基隆的战役中不幸被俘，后用计得脱，返回家中，秘密出没于三角涌一带从事抗日活动。吴得福虽是虎口逃生，但抗日壮志丝毫不减。他在三角涌从事秘密活动，联络了一批志同道合之人，其中如王禄、王保、周扁等人，共同谋划抗日策略，并分别招募抗日百姓。吴得福往来于台北与三角涌之间，打听日军情报消息，同时也带领抗日志士不断地骚扰日军。当时，虽然日军占领的台北城，但始终是动荡不安，传闻四起，人心惶惶。据记载，台北城周边远近常闻炮声；又有传闻有义军间谍30人潜入艋舺，大屯山下夜间有篝火义民聚集，基隆附近有船只给义兵运送枪支弹药，台北城门前的日本哨兵白天被义民刺伤,等等。一时台北城内外成为戒备森严之地,富户纷纷内渡外逃,日本人说,这都是吴得福等人煽动人民骚扰的结果。① 日军在加强戒备的同时,也加大了对百姓抵抗活动的残酷镇压,并大量收买汉奸,破坏百姓的抗日活动。六月下旬,20 余人在吴得福家集会,吴义愤填膺地说道:"倭军猖狂,人民苦于涂炭,如不将其扫荡,有何面目见我祖宗?"与众人歃血为盟,誓死抗日。当时,日本人为了稳定其殖民统治、消除异己分子,加强了对占领区的监察和镇压,在占领区设立"保良局",并在各村设支部,收买汉奸刺探消息,专门负责取缔抗日组织,搜捕抗日人士。吴得福等人的秘密活动引起了日本"保良局"和汉奸的注意,日本人为了探察真实情况,专门派出一汉奸进行秘密侦探。此汉奸为了能打入吴得福内部,设法与他们接触,每日与他们进行交往,时间一长,赢得了吴得福等人的信任。此汉奸假装同情义军,表示要加入抗日队伍杀敌,在不知情的情况下,吴得福等人很放心地接纳了他,并毫不保留地告知其全部的计划。此汉奸得知吴氏等募兵已足,只等起事的时机,迅速将所得消息向日本人做了汇报,并得到指示将吴等人诱至台北后一网打尽。汉奸遂鼓动吴氏等人道:"公等举事,不可不善谋,起兵不可无缓急之序。现在台北城到处是日本兵,无可乘之隙,以三千兵不仅徒劳无益,而且事败反使公等身后受累。身后受累尚可容忍,但在天下大义方面没有遗恨吗?莫如先杀倭酋,待府中骚乱,里应外合而举事。"② 结果,汉奸的三寸不烂之舌让吴氏等人全部落入日军的圈套。七月十一日,吴得福等 9 名首领来到大稻埕汉奸一亲戚家中密商,并得到了很好的款待。下午 1 点左右,门外一阵骚乱,日本宪兵 15 人堵住正门,15 名把住后门,20 名早已扮成杂役埋伏于院中,另有武装宪兵 10 人相机而动。日军突然冲进屋内,吴得福毫不慌乱,镇静地挪开椅子,持手边的棍棒与日本宪兵打了起来。吴得福力气很大,三四个日本兵才勉强将其按住,最后一行 9 人被日军逮住。入狱后,吴氏拒绝了各种诱降,痛骂日军,后撞石而死。其妻闻讯后也自杀殉夫,其余 8 人也于七月二十日被日军杀害。在汉奸的带领下,日军全城搜捕并杀害了参加抗日斗争的四五十名义民。③

---

① 《中日战争》第 8 册,第 560 页。
② 《中日战争》第 8 册,第 561—563 页。
③ 《中日战争》第 12 册,第 19—20 页。

七、反割台战争

当时民众的抗日热情高涨，虽然日本号称占领了台湾全岛，但抗日浪潮遍及全岛。台湾北部的抗日民众自得知吴得福被诱杀后，加强了对日军及汉奸的防范，组织的严密性进一步增强。除了吴得福抗日势力外，还有台北的陈秋菊、詹振，率领义兵数千人；金包里的许绍文、北投的杨势，各率义兵千余人；宜兰的林李成、林大北，各率千余名义兵；杨梅的胡阿锦、三角涌的苏阿力、大姑陷的简玉和等，各率义兵数百至数千不等。他们各据一方，反抗日军，共推胡阿锦为总首领，并定于十一月十六日在大屯山举事，分别进攻日军。十一月十三日，顶双溪一带抗日义军的行动被日本密探侦知，日军先发制人，立即派军队秘密前往攻击。当时，林李成等共率有义军千余人，突然遭到日军的突袭，仓皇应战，不敌而退。日军的进攻彻底打乱了义军的整盘起事计划。宜兰一带的林李成等得知日军进攻顶双溪的消息后，决定立即行动。宜兰一带的义军人数较多，枪支弹药也颇为充裕，在林大北、林维新等人的率领下秘密向宜兰城进军，并于十六日夜间包围了宜兰城。日军退至城内死守，为了做长期作战的准备，日军把城内百姓的物资全部掳掠一空。义军围城一周，仍未能破城，军心逐渐松懈，后勤也日渐吃紧。日军得知义军的实况，于二十四日出城反攻，义军不敌，遂解围而退。十六日当天，金包里的抗日义军向日军发起了进攻。部分义兵在首领许绍文的率领下乔装改扮，携带武器，利用妈祖祭奠之机潜至日本宪兵屯所，全歼屯所中的日本宪兵。光绪二十二年（1896）元旦，许绍文等统率全部义军秘密逼近基隆，试图一举收复基隆城。然而早已得到消息的日军埋伏于中途，义军一至，即从左右两边进行夹击，义军伤亡惨重，余部退回山中，以待时机。淡水一带的简大狮、林甫、蔡池、洪成枝等率义军于十二月十七日向淡水城进攻，日军在途中处处设伏阻击，双方激烈交战。义军首领林甫在交战中奋不顾身、奋勇杀敌，不幸被俘，被杀于阵中。蔡池等人则悄悄脱离义军，携带家眷内渡厦门。洪成枝则向日本人投降，做了日本人的帮凶，成了名副其实的汉奸。准备攻打台北城的陈秋菊、詹振等率领义军在台北周边埋伏，等待大屯山上的起事信号，然后会同各路义军包围台北，一举收复府城。然而，台北城的日军防守十分严密，兵数众多、武器先进，加上其他各路义军的军事行动已失利，无法会合围攻台北，陈秋菊等人最后不得不率部撤退。此计划失败后，总首领胡阿锦一蹶不振，不久便内渡返回故乡了。

收复台北城的反攻行动失利后，台湾北部的抗日武装力量并没有因为胡阿锦的内渡而削弱，而是继续高举抗日大旗，并逐渐形成了新的领导核心。从北到南，形成了以北部简大狮、中部柯铁虎和南部林少猫为主的多支抗日义军，不断反抗日本的殖民统治。光绪二十二年（1896）五月初四日，台湾中部义军首领简义与柯铁虎等人在铁国山举行群雄大会，祭告天地，称天运元年，飞檄南北，各地纷纷响应，声势浩大。日军对台湾军民的反抗暴怒，开始对台湾人民进行惨无人道的屠杀。日军先是对云林县周边各地进行大屠杀，连续5天，被屠戮村庄有50余个，遭劫户数有4900余户，据传被杀人数不下3万，其中受害最重的有：斗六街396户、石龟溪庄339户；其他各街道村庄，或百余户，或数十户，不论男女老幼，皆被丧心病狂的日军所屠杀。日军惨无人道的禽兽行为激怒了台湾人民，也促使一些原本反对抗日义军行为的绅商改变了立场，转向抗日，抗日义军对日军的反抗热情更加高涨。初五日，义军将领率义兵约700人围攻南投街，切断日军的对外通信。日军第一次派出士兵偷越义军包围阵地寻求救援，被义军击杀。第二次派人乘半夜登山迂回，突破义军防线至台中求救。台中日军无法派出更多的部队，只调派出步兵两小队和山炮两门，经山路而行。小队于二十三日达南投街外，并于高地上用山炮猛烈轰击义军阵地，义军抵挡不住，遂撤围而退。正当义军围困南投日军之时，义军首领简义率义军600余人，用"闪电战"之法下山进攻云林县，时日守军面对突如其来的围攻仓皇失措，准备凭城死守。但义军至7月1日时已增至2000余人，云林县被围成了铁桶一般，日军见状，决定弃城，拼死突围至大莆林。义军光复云林县城，为义军抗日史上最精彩的战事之一，极大地鼓舞了各地民众的抗日热情。三十日，台湾南部抗日首领黄国镇等率抗日义军数百人大举围攻嘉义城。日军从南、西二门出兵迎战，为义军所败，退入城中，固守城池不敢再出。

　　日军的血腥屠杀并没有浇灭台湾人民的抗日热情，反而更加激起了反抗浪潮，抗日力量更加壮大。鉴于此，日军改变其一味用武力镇压的方式，转采用武力与招抚相结合之策略，诱降、骗杀反日武装民众。针对云林一带的抗日武装，日本台湾总督派人至云林一带大肆招抚、赈济等，还设立了"临时保良救恤所"从旁协助，由台湾汉奸辜显荣、陈绍年二人充当招抚先锋，对云林一带的抗日武装进行瓦解。铁国山抗日武装首领简义便是在汉奸辜显荣等人的鼓动下接受了日本人的招降，于八月二十九日独自一人离开抗日队伍，下山归顺日本。简义投降后，铁国山抗日武装形成

七、反割台战争

了以柯铁虎为首领的新的抗日武装力量,力量声势较之前更加浩大。

在铁国山义军的影响和激励下,台湾南部百姓也掀起了一股抗日高潮。以林少猫为代表的一批抗日首领招募义军、发动百姓,竖起反抗日军的大旗,坚决歼灭来犯之敌。林少猫原名林义成,系刘永福属下管带。刘永福内渡后,林少猫留台组织力量抵抗日军,曾内渡大陆购买枪支弹药,返台后率领义军发动了许多次针对日军的袭击,成为台湾南部最有影响力的抗日首领。十月初八日,林少猫所部击毙大目降宪兵屯所长,打败来援之敌,声名大震。继而与台中义军联络,欲发动一次大规模的反攻,后因难以联络,无法实现。

日本台湾总督严命日本军、宪、警详细调查铁国山的情况,准备大规模出兵镇压义军。十一月初八日,日军军、宪、警数千人向铁国山进攻。次日,义军在后头仔山包围日军侦察队,灭其过半。十一日,日军为了掩护各路进军,在山下高地上部署大炮并将日军主力布置在铁国山南麓的樟湖庄,另派出一队进至梅仔坑。义军虽每日都在途中设伏,击毙日军不少,但日军决定无论用多大的代价都在所不惜,一定要攻下铁国山。因此,不论被击毙多少,日军总是有后继者入山,并有大批从台中的援兵陆续赶来。日军部署完成后,于二十一日开始向铁国山发起总攻。在强大的炮火掩护下,日军步兵陆续突破义军的第一、二防线,直至最后的阵地顶界线。日军援兵源源不断地向义军阵地赶来,还有各种大炮一齐向义军的阵地轰击,柯铁虎等人已知铁国山无法固守,否则将会全军覆没,遂化整为零,分散退至深山之中,以待时机,东山再起。至此,铁国山抗日根据地被日军占领。

十二月初一日,日军偷袭大坪顶,但让日军失望的是,义军及百姓已事前得到消息,迅速进行了转移,并且还预先设了埋伏。当日军搜索毫无所获准备返回时,遭到了义军的突然袭击,日军顿时手忙脚乱,慌成一团,最后伤亡160余人,非常狼狈地撤回斗六街。1周后,日军派出了5000人的部队,分四路进攻大坪顶一带,准备对此地进行长期围困,同时对周边的村庄实施了烧光杀光的罪恶行径。中部义军首领柯铁虎率领义军进行游击战,大量消灭了日军的有生力量,使日军疲于奔命。日军在毫无战果且又损失大量兵力的情况下,再次撤回斗六街。但日军仍不死心,在剩余兵力的基础上增加援兵,与义军形成对峙之势。义军则一边与日军对峙,一边进行生产、训练。双方对峙长达1年,至次年十一月初十日夜，义军乘日军松懈之时，用火攻击败日军，击毙击伤敌人过半，又一次粉碎了日军对台中的清剿计划。

光绪二十四年（1898），新任台湾总督儿玉源太郎开始调整政策，名为"招抚"，实则欺骗、诱降台湾人民。为此，日军再度招揽了大批的汉奸和土匪，令其深入各地劝降义军，平息百姓的抗日情绪。在同年五、六、七3个月中，台湾北部的义军在日军及汉奸的欺骗和劝诱下，纷纷放下了武器。宜兰的林火旺等部700余人，简大狮部500余人，坪林尾陈秋菊等所部，水返脚卢阿爷部900余人，在归顺后全部被解除了武装。对中部的义军，日军通过收买义军内部动摇分子，从内部瓦解义军，再配合外部的劝降政策，让义军中的一些不坚定分子纷纷放下武器归顺。首领柯铁虎则始终坚持抗日，带领剩下坚决抗日的义军退入深山中开展游击战。后由于叛徒和汉奸从内部破坏，云林地区被日军占领，义军另一名首领刘德杓被汉奸伙同日军诱捕。日军为了招抚台湾南部林少猫等义军首领，颇费了一番心思。先是派出5位林少猫的旧相识陆续入山劝降，被拒绝后，日军以林之子及妻妾为要挟，配合以各种优厚条件，林少猫最后表示归顺。自林少猫投降后，各地尚在观望形势的抗日首领纷纷效仿，向日军投顺，被解除武装。但林氏并没有真正地归顺，暗地里仍进行抗日活动，甚至公开对日本的殖民统治进行批评。这让日军当局非常恼怒，必欲除之而后快。然迫于当时很多义军刚刚被招抚，且各地的抗日武装还有一定的力量，林少猫在义军中又有较高的威望，因此，日军对林少猫没有立即采取行动，直到1902年台湾的义军力量所剩寥寥无几之时，才撕开其伪装的面具。

在基本解除各地抗日力量武装的基础上，日军开始对已归顺的义民进行屠杀，达到其永绝后患的险恶用心。光绪二十八年（1902），台湾中部一大批抗日首领被劝降，然而他们并没有看清日军的阴谋，结果陷入了日军的圈套。四月十八日，日军同时在林圮埔、斗六、他里雾等地举行归顺仪式，然而只是一个幌子，日军早已决定对义军下毒手，在会场周围埋伏了机关枪队。当日，各地义军进入当地会场，举行典礼时，日本代表做了简单发言后便匆匆退出场外，最后由日军武装警察部宣告：归顺者包藏祸心，私带武器入场，反抗政府，奉命格杀勿论。说完，机关枪队冲入会场，不分青红皂白对会场义军进行扫射。每个会场的数百名义军皆在毫无防范的情况下遭到屠杀。

七、反割台战争

由于日军的招抚、诱降、屠杀、封锁，加上严密控制，台湾地区的抗日力量受到了极大的削弱，坚持抗日的义军处境越来越严峻。即便如此，仍有一些志士坚决拒绝与日军合作，以杀身成仁的精神坚持抗日，即使希望越来越渺茫，也要为后来者留下一点抗击外来侵略、捍卫祖国统一的革命火种。义军首领黄国镇、阮振就是其中的代表。他们面对抗日形势越来越不利的情况，仍以有限的力量点起抗日斗争的"星星之火"。这对台湾日军当局来说如骨鲠在喉，必欲全部剿灭而后快。

光绪二十八年（1902）二月，三大抗日首领黄国镇、林添丁、阮振再率余部起事抗日。日军以嘉义守备队为主力，配合嘉义、盐水港管下两厅之宪兵警察共计1500人组成大搜查队，自二月二十三日至三月二十三日，在抗日义军经常出入之三层崎、冻仔脚、后大埔、前大埔等地进行拉网式的日夜搜查。除抗日义军之外，不计其数的无辜民众被杀害。在日军搜捕中，黄国镇、阮振及部下几人被围，交战中全部牺牲。因部下被日军收买，林添丁从一开始的一举一动就被日军所掌握，某一夜日军包围林添丁驻地，林被叛徒所杀，日军将义军全部屠杀。四月二十一日，日本台湾总督秘密命令台南、凤山、阿猴各厅及第十五宪兵队、混成第三旅团准备进攻林少猫部。林得到消息后，便召集仅剩的部下，以后壁林为据点进行防御。日军出动军、宪、警近千人的大部队，林少猫难以抵挡，吴万兴、林天福等著名义军领导者在与日军交战中阵亡，后林少猫率寥寥无几的部下扮成劳工突围时遭遇日军伏击部队，激战中阵亡。日军占领后壁林义军据点后，便开始了惨无人道的大屠杀，无论男女老少无一人幸免。据日本人统计，林氏族人被屠杀男性107人、女性31人、儿童15人；被捕后被杀害的男性31人、女性22人、儿童25人。

从此以后，台湾地区的抗日斗争转入低潮。从光绪二十年（1894）到二十八年（1902）间，日军以残暴的军事手段建立起殖民统治，台湾人民为了反抗侵略、保卫自己的家园、维护祖国的统一，做出了巨大的牺牲。据日本人的不完全统计，被逮捕的抗日人士达1万余人，被处死者近3500人。即便代价巨大，但英勇不屈的台湾人民并没有被日军的血腥屠杀和残酷统治所吓倒，反侵略斗争也并未停止。光绪二十八年之后台湾仍有一些抗日起义，其中较著名的有1907年的北埔起义、1912年的林杞埔起义、1913年的苗栗起义、1914年的六甲起义、1915年的西来庵事件、1930年的雾社起义等。但在日本殖民当局的高压统治下，大规模武装斗争难以展开，于是台湾人民以一种新的斗争形式即非暴力的活动抗争，并汇聚成为轰轰烈烈的民族运动。日本占领时期，为了反抗侵略，共有65万台湾同胞献出了宝贵的生命，在中华民族抵抗外来侵略的历史上留下了不可磨灭的一笔。

  日本对台湾50年殖民统治的历史反复证明，尽管日本殖民统治是残酷的，"皇民化"的用心是狠毒的，但台湾人民的反侵略精神未曾泯灭，台湾人民的中国心未曾改变，台湾的中华文化一直绵延传续。① 今天，回顾这一段历史，我们有理由相信：任何损害违背中华民族根本利益的做法和行为注定是要失败的，也必将被钉在历史的耻辱柱上。当前，中国人民正在全力实现中华民族伟大复兴的中国梦，需要所有中华儿女勠力同心，砥砺前行，共同开创中华民族的美好明天。

---

  ① 张海鹏、杜继东：《抗日保台　心向祖国——评日本殖民统治时期台湾人民的抗日斗争》，载《光明日报》2005年10月24日。

参考文献

[1] 阿英. 甲午中日战争文学集 [M]. 北京：中华书局, 1958.
[2] 安然. 台湾民众抗日史 [M]. 台北：台海出版社, 2003.
[3] 白寿彝. 中国通史 [M]. 上海：上海人民出版社, 1999.
[4] 邦特库. 东印度航海记 [M]. 姚楠, 译. 北京：中华书局, 1982.
[5] 伯琴. 法军侵台档 [M]. 台北：文海出版社, 1980.
[6] 陈康祺. 郎潜纪闻三笔 [M]. 北京：中华书局, 1997.
[7] 陈孔立. 简明台湾史 [M]. 北京：九洲图书出版社, 1998.
[8] 陈寿祺. 福建通志台湾府 [M]. 台北：成文出版社, 1983.
[9] 陈寿. 三国志 [M]. 北京：中华书局, 1973.
[10] 陈支平. 台湾文献汇刊 [M]. 北京：九州出版社, 2004.
[11] 陈子龙. 明经世文编 [M]. 北京：中华书局, 1962.
[12] 程绍刚. 荷兰人在福尔摩莎 [M]. 台北：台湾联经出版社, 2000.
[13] 顾廷龙, 戴逸. 李鸿章全集 [M]. 合肥：安徽教育出版社, 2008.
[14] 广西社会科学编辑部. 中法战争史专集 [M]. 南宁：广西人民出版社, 1986.
[15] 郭廷以, 王聿均. 中法越南交涉档 [M]. 台北：文海出版社, 1983.
[16] 海关总署研究室. 帝国主义与中国海关 [M]. 北京：科学出版社, 1957.
[17] 贺长龄. 清经世文编 [M]. 北京：中华书局, 1992.
[18] 黄继澍. 潮州史志资料选编：海外潮人 [M]. 潮州市地方志办公室、潮州市外事侨务局, 2004.
[19] 黄振南. 关于淡水之役的几个问题 [J]. 军事历史研究, 1996 (4).
[20] 黄振南. 首次中法基隆之役考 [J]. 大同高专学报, 1997 (2).
[21] 计六奇. 明季北略 [M]. 北京：中华书局, 2012.

[22] 季南. 英国对华外交(1880—1885)[M]. 许步曾, 译. 北京: 商务印书馆, 1984.

[23] 季南. 英国对华外交(1880—1885)[M]. 许步曾译. 北京: 商务印书馆, 1984.

[24] 姜鸣. 龙旗飘扬的舰队: 中国近代海军兴衰史[M]. 北京: 生活·读书·新知三联书店, 2002.

[25] 金城. 浣霞摸心记略[M]. 北京: 国家图书馆藏, 清刻本.

[26] 瞿九思. 万历武功录[M]. 北京: 中华书局, 1962.

[27] 卡诺. 法军侵台始末[M]. 黎烈文, 译. 台北: 台湾银行经济研究室 1960.

[28] 康熙初年荷兰舰队来华贸易史料[J]. 历史档案, 2001(3).

[29] 康熙初年荷兰舰队来华贸易史料[J]. 历史档案, 2001(3).

[30] 孔昭明. 台湾文献史料丛刊[M]. 台北: 大通书局, 1984—1987.

[31] 赖永祥. 清荷征郑始末[J]. 台湾风物, 1954(2).

[32] 李光地. 榕村语录续集[M]. 北京: 北京出版社, 1998.

[33] 李鸿章, 吴汝纶. 李文忠公奏稿[M]. 上海: 上海古籍出版社, 1995.

[34] 李瑶绎. 史摭遗[M]. 台北: 明文书局, 1991.

[35] 连横. 台湾通史[M]. 北京: 商务印书馆, 2010.

[36] 林大春. 井丹林先生文集[M]. 北京: 国家图书馆藏, 1935.

[37] 陆奥宗光. 蹇蹇录[M]. 伊舍石, 译. 北京: 商务印书馆, 1963.

[38] 马士. 中华帝国对外关系史[M]. 张汇文, 等, 译. 上海: 上海书店, 2006.

[39] 梅. 梅氏日记[M]. 江树生, 译注. 台北: 台湾汉声杂志社, 2003.

[40] 明实录[M]. 北京: 中华书局, 2016.

[41] 欧阳泰. 1661, 决战热兰遮: 中国对西方的第一次胜利[M]. 陈信宏, 译. 北京: 九州出版社, 2014.

[42] 戚嘉林. 台湾史[M]. 台北: 自立晚报社, 1986.

[43] 戚其章. 丘逢甲乙未保台事迹考[J]. 学术研究, 1984(4).

[44] 戚其章. 中日战争[M]. 北京: 中华书局, 1996.

[45] 清实录[M]. 北京: 中华书局, 1985.

[46] 丘晨波. 丘逢甲文集[M]. 广州: 花城出版社, 1994.

参考文献

[47] 丘逢甲. 海日楼诗钞 [M]. 合肥：安徽人民出版社，1984.
[48] 全祖望. 鲒埼亭集选辑 [M]. 台北：台湾省文献委员会，1960.
[49] 荣孟源. 中国近代史资料选辑 [M]. 北京：生活·读书·新知三联书店，1954.
[50] 上海书店《申报》影印组. 申报 [M]. 上海：上海书店，1983.
[51] 邵廷采. 东南纪事 [M]. 上海：上海书店，1982.
[52] 沈莹. 临海水土志 [M]. 北京：中央民族大学出版社，1998.
[53] 沈云龙. 近代中国史料丛刊 [M]. 台北：文海出版社，1966—1973.
[54] 沈云龙. 近代中国史料丛刊 [M]. 台北：文海出版社，1981.
[55] 沈云龙. 清光绪朝中法交涉史料 [M]. 台北：文海出版社，1967.
[56] 述报 [M]. 台北：台湾学生书局，1965.
[57] 宋光宇. 台湾史 [M]. 北京：人民出版社，2007.
[58] 台案汇录己集 [M]. 台北：文海出版社，1989.
[59] 台湾经济研究室. 巴达维亚城日记 [M]. 台北：台湾省文献委员会，1989.
[60] 台湾银行经济研究室. 台湾文献丛刊 [M]. 台北：大通书局，1987.
[61] 台湾银行经济研究室. 台湾文献史料丛刊 [M]. 台北：大通书局，1987.
[62] 台湾"中央研究院"历史语言研究所编. 明清史料戊编 [M]. 北京：中华书局，1987.
[63] 台湾朱一贵抗清史料（上）[J]. 历史档案，1988（2）.
[64] 汤锦台. 大航海时代的台湾 [M]. 台北：如果出版社，2011.
[65] 唐景崧. 请缨日记 [M]. 台北：台湾文海出版社，1967.
[66] 藤村道生. 日清战争 [M]. 上海：译文出版社，1981.
[67] 田珏. 台湾史纲要 [M]. 福州：福建人民出版社，2000.
[68] 拖德. 北台封锁记 [M]. 陈政三，译. 台北：原民文化事业有限公司，2004.
[69] 王炳耀. 中日战辑选录 [M]. 台北：台湾银行经济研究室台湾文献馆，1969.
[70] 王良志. 林爽文起义 [J]. 历史教学，1962年（11）.

[71] 王临亨. 粤剑编 [M]. 北京：中华书局，1987.
[72] 王汝丰. 乙未割台与反割台斗争的历史回顾 [J]. 台湾研究，1995 (3).
[73] 王锡祺. 小方壶斋舆地丛钞 [M]. 北京：北京出版社，1998.
[74] 王彦威. 清季外交史料 [M]. 长沙：湖南师范大学出版社，2015.
[75] 王瑛曾. 重修凤山县志 [M]. 台北：大通书局，1984.
[76] 韦庆远. 论 1884—1885 年反法侵略的台湾保卫战 [J]. 台湾研究集刊，1984 (1).
[77] 魏源. 圣武记 [M]. 北京：中华书局，1984.
[78] 魏征. 隋书 [M]. 北京：中华书局，1973.
[79] 吴幅员. 法军侵台档补编 [M]. 台北：文海出版社，1980.
[80] 吴玫. 杨昌浚与台湾建省 [J]. 台湾研究集刊，1989 (2).
[81] 夏琳. 闽海纪要 [M]. 福州：福建人民出版社，2008.
[82] 厦门大学台湾研究所，中国第一历史档案馆. 康熙统一台湾档案史料选辑 [M]. 福州：福建人民出版社，1983.
[83] 厦门大学郑成功历史调查研究组. 郑成功收复台湾史料选编 [M]. 福州：福建人民出版社，1982.
[84] 徐珂. 清稗类钞 [M]. 北京：中华书局，1984.
[85] 徐鼒. 小腆纪年附考 [M]. 北京：中华书局，1984.
[86] 许佩贤，译. 攻台战纪 [M]. 台北：远东出版公司，1995.
[87] 杨家骆. 中日战争文献汇编 [M]. 台北：鼎文书局，1973.
[88] 姚锡光. 东方兵事纪略 [M]. 北京：中华书局，2010.
[89] 佚名. 闽海纪略 [M]. 续修四库全书本. 上海：上海古籍出版社，2002.
[90]《英国议会文件》有关法军封锁台湾的信件选译 [J]. 福建文博，1985 (1).
[91] 俞正燮. 癸巳存稿 [M]. 北京：商务印书馆，1957.
[92] 苑书义，等. 张之洞全集 [M]. 石家庄：河北人民出版社，1998.
[93] 张海鹏，杜继东. 抗日保台　心向祖国：评日本殖民统治时期台湾人民的抗日斗争 [N]. 光明日报，2005-10-24.
[94] 张廷玉. 明史 [M]. 北京：中华书局，1974.
[95] 张晓辉，付祥喜. 丘逢甲离台内渡新考 [J]. 韶关学院学报（哲社

版），2002（1）．

[96] 赵尔巽等．清史稿［M］．上海：上海古籍出版社，1986．

[97] 郑喜夫．民国丘仓海先生逢甲年谱［M］．台北：台湾商务印书馆，1981．

[98] 中东战纪本末［M］．厦门：厦门大学出版社，北京：九州出版社，2005．

[99] 中国第一历史档案馆．康熙起居注［M］．北京：中华书局，1984．

[100] 中国第一历史档案馆．乾隆朝上谕档［M］．北京：档案出版社，1991．

[101] 中国近代经济史资料丛刊编辑委员会．中国海关与中日战争［M］．北京：中华书局，1983．

[102] 《中国近代战争史》编纂委员会．中国历代战争史［M］．台北：台湾军事译文出版社，1983．

[103] 中国人民大学清史研究所，中国第一历史档案馆．天地会［M］．北京：中国人民大学出版社，1980．

[104] 中国社会科学院近代史研究所．近代史资料［M］．北京：中国社会科学出版社，1983．

[105] 中国社会科学院历史研究所．清代台湾农民起义史料选编［M］．福州：福建人民出版社，1983．

[106] 中国史学会．洋务运动［M］．上海：上海人民出版社，1961．

[107] 中国史学会．中法战争［M］．上海：上海人民出版社，2000．

[108] 中国史学会．中日战争［M］．上海：上海书店，2000．

[109] 周凯．厦门志［M］．厦门：鹭江出版社，1996．

[110] 周婴．远游篇［M］．北京：国家图书馆藏胶片．

[111] 朱寿朋．光绪朝东华录［M］．北京：中华书局，1984．

[112] 庄建平．近代史资料文库［M］．上海：上海书店，2009．

附录　本卷涉及的战役战斗名录

1. 中荷澎湖之役（1604，1624）
2. 郭怀一起义（1651）
3. 郑荷海陆大战（1661）
4. 热兰遮城围困战（1661）
5. 金厦争夺战（1663）
6. 乌沙港之战（1663）
7. 郑氏进犯沿海（1674）
8. 海澄围困战（1678）
9. 澎湖决战（1681）
10. 朱一贵反清（1721）
11. 鹿耳门之战（1721）
12. 林爽文暴动（1786）
13. 台湾府城争夺战（1786）
14. 诸罗城之战（1787）
15. 凤山之战（1787）
16. 大里杙之战（1787）
17. 基隆之战（1884）
18. 淡水大捷（1884）
19. 基隆反封锁战（1884）
20. 反日军登台战（1895）
21. 基隆抗日之战（1895）
22. 新竹之战（1895）
23. 尖笔山之战（1895）
24. 大甲溪之战（1895）
25. 嘉义之战（1895）
26. 台南之战（1895）

后　　记

　　一个王朝的兴衰史某种程度上也是王朝的一部战争史，深入了解和研究一个王朝的内在发展和具体实况，以战争作为切入点和观察视角是一个极好的方法和途径，这便是"清代战争全史"丛书立意之所在。

　　我有幸参与该项目，并承担了其中的一项。从接受任务开始，心中便十分惶恐，"惶"的是怕辜负两位主编的期望和信任；"恐"的是本人所承担的任务并不是自己的专长，若完不成任务或质量达不到要求，不仅影响了整套丛书的出版进度，更拖累了两位主编和其他作者。因此，这两三年来，我如履薄冰，日以继夜成了家常便饭。在撰写过程中，往往因为一条史料、一个概念、一个地名的不清楚，动辄花费几个星期的时间进行比对和考证，类似的情况在这两三年中已成了我学习、工作和生活的一部分。

　　根据丛书撰写要求，每一部书在强调学术性和质量至上的原则下还要兼顾可读性和生动性。因此，语言表达和书写风格都要从传统的学术研究的路径中跳出来，同时还要保证内容的学术性和严谨性，这对之前未有经验的我来说无疑是一个大挑战。从刚开始的"依葫芦画瓢"到书稿的完成，其间篇章结构反复调整，语言表达和书写风格几次推翻重来，一个章节完稿后，从框架结构到语言文字再到章节句读，都要进行多次字斟句酌的修改。此中甘苦，只有经历过才能明白和体会。

　　本书的顺利撰写得益于两位主编的大力帮助，尤其是主编之一的李治亭教授，从框架结构到语言表达再到文字句读，他以长者的和蔼和智者的敏锐一一指出其中的不足和需要完善之处。中山大学出版社从社长、总编到责任编辑，这两三年来与我们一直保持着良好的沟通和友好合作，他们以其独特的眼界和传承优秀传统文化的责任担当为本书的顺利出版提供了支持和保障，在此一并致谢。

  本人的工作单位安徽蚌埠学院是地处淮河之滨的一所年轻的地方应用型高校，里面有一批志同道合的同事朋友，在我的成长发展道路上，他们不断给予我鼓励和帮助，让我在困难面前不再犹豫彷徨，在失败面前不再灰心丧气，向他们表达最诚挚的谢意。最后感谢我的母亲、爱人和女儿，尤其是我的爱人，她承担了家中的各种琐碎杂事，让我可以心无旁骛地从事科研工作。

  谨以此书献给各位师长、朋友和我的家人。

袁　飞
2020 年 5 月 31 日于蚌埠学院